कर्मशाला/विनिर्माण अभ्यास

लैब मैन्युअल सहित

वीरण्णा डी. केंचक्कनवर

KHANNA BOOK PUBLISHING CO. (P) LTD.
PUBLISHER OF ENGINEERING AND COMPUTER BOOKS
4C/4344, Ansari Road, Darya Ganj, New Delhi-110002
Phone: 011-23244447-48 **Mobile:** +91-99109 09320
E-mail: contact@khannabooks.com
Website: www.khannabooks.com

ISBN: 978-93-5538-123-1
Book Code: UG071HI

Workshop/Manufacturing Practices *by* Veeranna D. Kenchakkanavar
[Hindi Edition]

First Edition: 2021
Reprint: Jan 2023

Published by:
Khanna Book Publishing Co. (P) Ltd.
CIN: U22110DL1998PTC095547

Visit us at: **www.khannabooks.com**
Write us at: **contact@khannabooks.com**

To view complete list of books,
Please scan the QR Code:
KPH

Printed in India.

प्रो. अनिल डी. सहस्रबुद्धे
अध्यक्ष
Prof. Anil D. Sahasrabudhe
Chairman

सत्यमेव जयते

अखिल भारतीय तकनीकी शिक्षा परिषद्
(भारत सरकार का एक सांविधिक निकाय)
(शिक्षा मंत्रालय, भारत सरकार)
नेल्सन मंडेला मार्ग, वसंत कुंज, नई दिल्ली–110070
दूरभाष : 011–26131498
ई–मेल : chairman@aicte-india.org

ALL INDIA COUNCIL FOR TECHNICAL EDUCATION
(A STATUTORY BODY OF THE GOVT. OF INDIA)
(Ministry of Education, Govt. of India)
Nelson Mandela Marg, Vasant Kunj, New Delhi-110070
Phone : 011-26131498
E-mail : chairman@aicte-india.org

प्राक्कथन

इंजीनियरिंग ने सदियों से समाज की प्रगति और विस्तार में बहुत महत्वपूर्ण भूमिका निभाई है। भारतीय उपमहाद्वीप में उपजे इंजीनियरिंग विचारों ने संपूर्ण विश्व के चिंतन को प्रभावित किया है।

अखिल भारतीय तकनीकी शिक्षा परिषद (अभातशिप) ने वर्ष 1987 में अपने स्थापना से ही तकनीकी विद्यार्थियों को सर्व संभव सहायता देने में अग्रणी भूमिका का निर्वहन किया है। अभातशिप का लक्ष्य गुणवत्तापूर्ण तकनीकी शिक्षा को प्रोत्साहन देते हुए इसके माध्यम से उद्योग जगत को नवीन उत्कर्ष पर पहुँचाना एवं अंततः मातृभूमि भारत को एक आधुनिक विकसित राष्ट्र के रूप में स्थापित करना है| यहां यह उल्लेख करना अनुचित नहीं होगा कि इंजीनियर आधुनिक समाज की रीढ़ हैं - बेहतर इंजीनियर अर्थात बेहतर उद्योग और उद्योग जितने बेहतर होंगे राष्ट्र उतना ही विकास करेगा।

राष्ट्रीय शिक्षा नीति 2020 की परिकल्पना है कि सभी के लिए क्षेत्रीय भाषा में शिक्षा उपलब्ध हो, जो सुनिश्चित करती है कि प्रत्येक विद्यार्थी समग्र रूप से सक्षम एवं दक्ष हो ताकि राष्ट्रीय विकास में सकल योगदान दे सके।

अभातशिप का विगत कुछ वर्षों से यह अथक प्रयास रहा है कि, इंजीनियरिंग के सभी विद्यार्थियों को उच्च गुणवत्ता वाली अंतरराष्ट्रीय स्तर की पुस्तकें क्षेत्रीय भाषाओं में तैयार कर, उचित मूल्य पर उपलब्ध कराई जाएँ। ये पुस्तकें न केवल सरल भाषा में व्यावहारिक जीवन के उदाहरणों तथा समृद्ध विषय सामग्री को ध्यान में रखकर तैयार की गई हैं, अपितु इनमें दिन प्रति दिन बदलते वैश्विक परिदृश्य तथा उद्योग जगत की आवश्यकताओं का भी ध्यान रखा गया है। क्षेत्रीय भाषाओं में तैयार की गई ये पुस्तकें, अभातशिप के इंजीनियरिंग एवं प्रौद्योगिकी के मॉडल पाठ्यक्रम - 2018 के अनुरूप हैं।

संपूर्ण भारत के अनुभवी एवं विषय के निष्णात प्रख्यात प्राध्यापकों द्वारा इन पुस्तकों को अकादमिक समुदाय के लाभ के लिए लिखा गया है। अभातशिप को पूर्ण विश्वास है कि, विषय सामग्री की दृष्टि से समृद्ध, ये पुस्तकें तकनीकी शिक्षा के विद्यार्थियों को अधिक सुगमता और गुणवत्ता के साथ विषयों में दक्षता प्राप्त करने में सहायक होंगी|

अभातशिप इन पुस्तकों और इंजीनियरिंग विषयों को अधिक सुस्पष्ट एवं प्रभावी बनाने के लिए सभी मूल लेखकों, समन्वयकों तथा अनुवादकों के अथक प्रयास और परिश्रम की प्रशंसा करता है।

(Anil D. Sahasrabudhe)

आभार

इंजीनियरिंग एवं प्रौद्योगिकी के विद्यार्थियों के लिए तकनीकी पुस्तकों के प्रकाशन हेतु कुशल नियोजन, संयोजन एवं क्रियान्वयन हेतु अखिल भारतीय तकनीकी शिक्षा परिषद् के प्रति लेखक हृदय से कृतज्ञ हैं।

पुस्तक को विद्यार्थियों के अनुकूल रोचक एवं कलात्मक रूप देने में पुस्तक के समीक्षक प्रो. मनीष चतुर्वेदी के बहुमूल्य योगदान के प्रति भी लेखक हृदय से आभारी है।

लेखक के लिए अत्यंत गौरव का विषय है कि, यह पुस्तक एआईसीटीई के मॉडल पाठ्यक्रम एवं राष्ट्रीय शिक्षा नीति (NEP) - 2020 के दिशानिर्देशों के अनुरूप तैयार की गई है। साथ ही क्षेत्रीय भाषाओं में शिक्षा को बढ़ावा देने के लिए इस पुस्तक का अनुसूचित भारतीय क्षेत्रीय भाषाओं में भी अनुवाद किया जा रहा है।

हम इस पुस्तक के हिंदी भाषा में अनुवाद के लिए डॉ. भुपेन्द्र गुप्ता एवं समीक्षा के लिए डॉ. हेमंत परमार के प्रति आभार व्यक्त करते हैं।

हम श्री बुद्धा चंद्रशेखर, मुख्य समन्वय अधिकारी (CCO), NEAT, एआईसीटीई के प्रति हार्दिक सम्मान व्यक्त करते हैं जिनके द्वारा विकसित आर्टिफिशियल इंटेलिजेंस (AI) आधारित ट्रांसलेशन टूल का उपयोग अनुवाद के लिए किया गया।

अंत में, लेखक, खन्ना बुक पब्लिशिंग कंपनी प्राइवेट लिमिटेड, नई दिल्ली, के सभी सदस्यों जिन्होंने प्रकाशन के दौरान तत्परता से सहयोग प्रदान किया एवं इसे एक स्मरणीय अनुभव बनाया, के प्रति भी हार्दिक धन्यवाद ज्ञापित करते हैं।

वीरण्णा डी. केंचक्कनवर

प्रस्तावना

"कर्मशाला/विनिर्माण अभ्यास" पाठ्य पुस्तक 21वीं सदी के युवा सोच की जरूरतों को पूरा करने के लिए तैयार की गई है। कर्मशाला वह जगह है जहां विभिन्न सामग्रियों, औजारों, उपकरणों और तकनीकों के बारे में सीखने का मूलभूत ज्ञान प्राप्त होता है। मूल रूप से कर्मशाला का उपयोग हाथ के औजारों द्वारा छोटे घटकों/पुर्जो को तैयार करने के लिए किया जाता है। कभी-कभी वे बड़ी मशीनों के पुर्जे या प्रतिस्थापन/मरम्मत के लिए पुर्जे हो सकते हैं। प्रौद्योगिकी में प्रगति सभी टेक्नोक्रेट और पेशेवरों को विनिर्माण में उन्नत उपकरणों और प्रौद्योगिकी का उपयोग करने के लिए प्रेरित करती है, लेकिन मूल बातें जाने बिना यह कुछ भी संभव नहीं है। इसलिए इस पाठ्य पुस्तक में कर्मशाला प्रौद्योगिकी के मूल सिद्धांतों को उन्नत मशीन टूल्स से जोड़ने का प्रयास किया गया है।

प्रासंगिक उदाहरणों के साथ सामग्री के सभी विषयों में सैद्धांतिक और व्यावहारिक मिश्रण किया गया है। इस पाठ्य पुस्तक की सामग्री को डिजाइन करने में अभातशिप मॉडल पाठ्यक्रम का पालन किया गया है। नई राष्ट्रीय शिक्षा नीति-2020 तकनीकी शिक्षा में पथ प्रदर्शक बनेगी; यह पाठ्यक्रम में छात्र केंद्रित और स्वयं सीखने की गतिविधियों को शामिल करने की आशा करती है। इस पुस्तक को वर्तमान परिदृश्य में अधिक सार्थक और प्रासंगिक बनाने के लिए इस तरह की पहल को यहां बखूबी शामिल किया गया है।

आपको इस पाठ्य पुस्तक के भाग-अ में सिद्धांत के पांच मॉड्यूल और भाग-ब में प्रयोगशाला प्रयोगों को पृथक से दिया गया है। **मॉड्यूल-1:** कास्टिंग, फॉर्मिंग, मशीनिंग, जॉइनिंग और उन्नत मशीनिंग प्रक्रियाओं जैसी विनिर्माण विधियों से संबंधित है। आज हम जिन उत्पादों का दैनिक जीवन में उपयोग करते हैं उनमें से कई उत्पादों की निर्माण प्रक्रियाओं को हम नहीं जानते होंगे। उदाहरण के लिए ऑटोमोबाइल का मिश्र धातु पहिया, मंदिर की घंटी ढलाई विधि से बनाये जाते है! पाठकों की उत्सुकता बढ़ाने के लिए ऐसे ही रोचक उदाहरण उद्धृत किए गए हैं। **मॉड्यूल-2:** उन्नत विनिर्माण मशीनरी जैसे सी.एन.सी. मशीनिंग और एडिटिव मैन्युफैक्चरिंग से संबंधित है। 3-डी प्रिंटिंग और रैपिड प्रोटोटाइपिंग के बारे में विस्तार से चर्चा की गई है। फिटिंग ऑपरेशंस और पावर टूल्स इस मॉड्यूल में एक और विषय है जो वर्कशॉप में हैंड टूल्स से लेकर पावर टूल्स के उपयोग की जानकारी देता है। **मॉड्यूल-3:** विद्युत और इलेक्ट्रॉनिक्स इंजीनियरिंग के बारे में चर्चा करता है, जहां मूलभुत बातों से लेकर अनुप्रयोगों तक की चर्चा की गई है। प्रासंगिक अनुप्रयोगों के साथ विद्युत और इसकी कनेक्टिविटी को समझाया गया है। **मॉड्यूल-4:** बढ़ईगीरी, प्लास्टिक मोल्डिंग और कांच काटने के ऑपरेशन्स पर केंद्रित होगा। तथा विभिन्न औद्योगिक अनुप्रयोगों पर चर्चा की गई है। **मॉड्यूल-5:** यह कास्टिंग डिजाइन, वेल्डिंग और ब्रेज़िंग कार्यों के लिए बना है। जिसमे कास्टिंग के प्रकार और अनुप्रयोगों पर विस्तार से चर्चा की गई है। वेल्डिंग और ब्रेज़िंग की आवश्यकता की पहचान एवं उनके अनुप्रयोगों पर विस्तार से चर्चा की गई है।

पाठ्य पुस्तक नई पीढ़ी के पाठकों के अनुसार बनाई गई है; प्रत्येक विषय की प्रासंगिकता के उपर प्रत्येक विषय के 'उपशीर्षक तर्क' में चर्चा की गई है। प्रत्येक विषय में 'रोचक तथ्य' आपको उस विषय के बारे में अनसुने तथ्यों के बारे में बताएंगे। प्रत्येक मॉड्यूल के अंत में 'संक्षिप्त सारांश' उस मॉड्यूल के विषय की तत्काल झलक देगा। वीडियो संसाधन डिजिटल पाठकों को ध्यान में रखते हुए जोड़ा गया है, जो विषयों के डिजिटल उपयोग से अच्छी तरह वाकिफ हैं। यहाँ 'अभ्यास' ब्लूम्स टैक्सोनॉमी के बढ़ते क्रम एवं अभातशिप परीक्षा सुधार दस्तावेज के अनुरूप तैयार किया गया है।

हालांकि गलतियों और गलत प्रिंट से बचने के लिए हर संभव सावधानी बरती गई है, फिर भी पूर्णता का दावा करना मुश्किल है। यदि कोई त्रुटि इंगित की जाती है तो मैं पाठकों का आभारी रहूंगा। पुस्तक में और सुधार के लिए सुझावों को कृतज्ञतापूर्वक स्वीकार किया जाएगा।

वीरण्णा डी. केंचक्कनवर

परिणाम आधारित शिक्षा

परिणाम आधारित शिक्षा (आउटकम बेस्ड एजुकेशन) के क्रियान्वयन के लिए प्रथम आवश्यकता है परिणाम आधारित पाठ्यक्रम विकसित करना एवं शिक्षा प्रणाली में परिणाम आधारित मूल्यांकन का समावेश करना। परिणाम आधारित आकलन के माध्यम से मूल्यांकनकर्ता यह मूल्यांकन करने में सक्षम हो सकेंगे कि क्या विद्यार्थियों ने उल्लेखित मानक, विशिष्ट और मापने योग्य लक्ष्यों (परिणाम) को प्राप्त कर लिया है। परिणाम-आधारित शिक्षा के उचित समावेश से सभी विद्यार्थियों में कार्यक्रम को बीच में छोड़े बिना, न्यूनतम मानक अर्जित करने के लिए एक निश्चित प्रतिबद्धता होगी। परिणाम आधारित शिक्षा युक्त प्रोग्राम के अंत में, विद्यार्थी निम्नलिखित लक्ष्यों (परिणामों) तक पहुंचने में सक्षम होगे।

PO-1. **इंजीनियरिंग ज्ञान:** गणित, विज्ञान, इंजीनियरिंग के आधारभूत ज्ञान और इंजीनियरिंग विशेषज्ञता कों इंजीनियरिंग के जटिल समस्याओं के समाधान के लिए अनुप्रयोग करना।

PO-2. **समस्या विश्लेषण:** गणित, प्राकृतिक विज्ञान और इंजीनियरिंग विज्ञान के प्रथम सिद्धांतों का उपयोग कर जटिल समस्याओं की पहचान, उनका प्रतिपादन, शोध साहित्य की समीक्षा तथा विश्लेषण कर प्रमाणित निष्कर्षों तक पहुंचना।

PO-3. **समाधानों की रूपरेखा / विस्तार:** जटिल इंजीनियरिंग समस्याओं के ऐसे समाधान तथा प्रणाली के घटकों या प्रक्रियाओं की रूपरेखा (डिजाईन) तैयार करना जो सार्वजनिक स्वास्थ्य एवं सुरक्षा, सांस्कृतिक, सामाजिक और पर्यावरणीय विचारों को ध्यान में रखते हुए निर्दिष्ट आवश्यकताओं को पूरा करे।

PO-4. **जटिल समस्याओं का परीक्षण:** वैध निष्कर्ष प्रदान करने के लिए प्रयोगों के डिजाईन (डिजाईन ऑफ़ एक्स्पेरिमेंट्स), आंकड़ों के विश्लेषण एवं विवेचना, और सूचना के संश्लेषण सहित शोध-आधारित ज्ञान और शोध विधियों का उपयोग।

PO-5. **आधुनिक साधनों का उपयोग:** जटिल इंजीनियरिंग कार्यों के लिए अनुमान एवं मॉडलिंग सहित उपयुक्त तकनीकों की सीमाओं की समझ के साथ संसाधनों, आधुनिक इंजीनियरिंग और आईटी साधनों का सृजन, चुनाव और अनुप्रयोग करना।

PO-6. **इंजीनियर और समाज:** व्यावसायिक इंजीनियरिंग कार्य के अनुरूप सामाजिक, स्वास्थ्य, सुरक्षा, विधिक एवं सांस्कृतिक मुद्दों और परिणामी उत्तरदायित्वो का आकलन करने के लिए प्रासंगिक ज्ञान आधारित तर्क का उपयोग करना।

PO-7. **पर्यावरणीय स्थायित्व:** सामाजिक और पर्यावरणीय संदर्भों में व्यावसायिक इंजीनियरिंग समाधानों के प्रभाव को समझना और सतत विकास के ज्ञान और आवश्यकता का निरूपण करना।

PO-8. **नैतिकता:** नैतिक सिद्धांतों का उपयोग, व्यावसायिक नैतिकता तथा उत्तरदायित्व और इंजीनियरिंग कार्य के मानदंडों के प्रति प्रतिबद्ध होना।

PO-9. **व्यक्तिगत और टीम वर्क:** बहु-विषयक स्थितियों में व्यक्तिगत रूप से और विभिन्न समूहों में एक सदस्य या प्रतिनिधि के रूप में प्रभावशाली ढंग से कार्य करना।

PO-10. **सम्प्रेषण:** जटिल इंजीनियरिंग गतिविधियों पर इंजीनियरिंग समुदाय और समाज के साथ प्रभावी रिपोर्ट और डिजाईन अभिलेखों कों समझने और लिखने में सक्षम होने, प्रभावी प्रस्तुतियों (प्रेजेंटेशन) बनाने और स्पष्ट निर्देश देने और प्राप्त करने हेतु प्रभावी ढंग से सम्प्रेषण करना।

PO-11. **परियोजना प्रबंधन एवं वित्त:** इंजीनियरिंग और प्रबंधन सिद्धांतों के ज्ञान और समझ का निरूपण करना, व्यक्तिगत कार्यों और बहु-विषयक परिप्रेक्ष्य में समूह के सदस्य और परियोजना प्रमुख के रूप में परियोजनाओं के प्रबंधन करना।

PO-12. **जीवन-पर्यन्त सीखना:** जीवन-पर्यन्त सीखने की महत्ता को पहचानना, और तकनीकी परिवर्तन के व्यापक संदर्भ में स्वतंत्र और जीवन-पर्यन्त सीखने में संलग्न होने की तैयारी एवं योग्यता रखना।

कोर्स आउटकम्स (COs)

पाठ्यक्रम पूरा करने के बाद विद्यार्थी सक्षम होंगे:

CO-1: विभिन्न विनिर्माण विधियों जैसे ढलाई, फॉर्मिंग, मशीनिंग, जॉइनिंग और उन्नत विनिर्माण विधियों में अंतर करना ।

CO-2: सी.एन.सी. मशीनिंग का अभ्यास, विभिन्न एडिटिव मैन्युफैक्चरिंग विधियों का वर्गीकरण और हाथ/पॉवर उपकरणों द्वारा विभिन्न फिटिंग ऑपरेशन्स का संचालन करना।

CO-3: विद्युत सर्किट बनाना एवं बुनियादी इलेक्ट्रिकल और इलेक्ट्रॉनिक्स कंपोनेंट्स पर टिप्पणी करने में सक्षम होंगे।

CO-4: बढ़ईगीरी, प्लास्टिक मोल्डिंग और कांच काटने के ऑपरेशन्स और संबंधित उपकरणों के उपयोग का प्रदर्शन करना।

CO-5: धातु ढलाई ऑपरेशन्स और विभिन्न वेल्डिंग (आर्क वेल्डिंग और गैस वेल्डिंग), ब्रेज़िंग ऑपरेशन्स का अभ्यास।

नीचे दी गई तालिका के अनुसार कोर्स आउटकम्स (COs) का प्रोग्राम आउटकम्स (POs) के साथ परस्पर सम्बन्ध :

कोर्स आउटकम्स (COs)	प्रोग्राम आउटकम्स (POs) के साथ अपेक्षित सहसंबंध (1- कमजोर सहसंबंध; 2- मध्यम सहसंबंध; 3- मजबूत सहसंबंध)											
	PO-1	PO-2	PO-3	PO-4	PO-5	PO-6	PO-7	PO-8	PO-9	PO-10	PO-11	PO-12
CO-1												
CO-2												
CO-3												
CO-4												
CO-5												

संक्षेपण और प्रतीक

प्रतीक	विवरण
A	सेमी टेपर एंगल
D	वर्कपीस का व्यास
I	विद्युत धारा या करंट
K	कोनिसिटी
L	शंकु की लंबाई
N	धुरी गति या स्पिंडल स्पीड
P	शक्ति या पॉवर
R	प्रतिरोध
V	काटने की गति या कटिंग स्पीड
V	वोल्ट
d_1	वर्कपीस का मूल व्यास
d_2	वर्कपीस का अंतिम व्यास
t	कट की गहराई या डेप्थ ऑफ़ कट
α	अर्द्धशंकु कोण
ρ	विशिष्ट प्रतिरोध

चित्र सूची

चित्र संख्या	विवरण	पृष्ठ संख्या
यूनिट – 1: विनिर्माण विधियाँ		
1.1	कोप एंड ड्रैग	5
1.2	कास्टिंग शब्दावली	5
1.3	अपसेटिंग फोर्जिंग ऑपरेशन	10
1.4	रोलिंग ऑपरेशन	10
1.5	एक्सट्रूज़न उत्पाद	12
1.6	डायरेक्ट और इन-डायरेक्ट एक्सट्रूज़न	12
1.7	लेथ मशीन	15
1.8	टर्निंग ऑपरेशन	15
1.9	ड्रिलिंग मशीन	18
1.10	मिलिंग मशीन	18
1.11	सोल्डरिंग	21
1.12	एब्रेसिव जेट मशीनिंग	24
1.13	लेजर बीम मशीनिंग	25
1.14	इलेक्ट्रोकेमिकल मशीनिंग	26
यूनिट – 2 : सी.एन.सी. मशीनिंग, योगात्मक विनिर्माण, फिटिंग ऑपरेशन्स और पॉवर उपकरण		
2.1	सी.एन.सी. मशीन ब्लॉक आरेख	33
2.2	एक्सिस ऑफ़ रोटेशन (अक्ष)	34
2.3	फिक्स्ड ओरिजिन विधि	35
2.4	फ्लोटिंग ओरिजिन विधि	35
2.5	इन्क्रीमेंटल कोआर्डिनेट सिस्टम	36
2.6	3-डी प्रिंटिंग तंत्र	38
2.7	बेंच वाइस	41
2.8	C - क्लैंप	41
2.9	V - ब्लॉक	41
2.10	कैलिपर्स के विभिन्न प्रकार	42
2.11	स्क्राइबर (खुरचने का औजार)	42

चित्र संख्या	विवरण	पृष्ठ संख्या
2.12	डॉट पंच	43
2.13	ट्राईस्क्वायर (गुनिया)	43
2.14	कोण /एंगल प्लेट	43
2.15	सरफेस प्लेट	44
2.16	हेक सॉ	44
2.17	छेनी के प्रकार	45
2.18	फ़ाइल नामकरण	45
2.19	फ्लैट फाइल	46
2.20	स्क्वायर फाइल	46
2.21	ट्रेंगुलर फाइल	47
2.22	राउंड फाइल	47
2.23	हाफ राउंड फाइल	47
2.24	हैमर के प्रकार	48
2.25	मैलेट	48
2.26	पावर ड्रिलर	49
2.27	पावर स्क्रू ड्राइवर	50
2.28	पावर चैन सॉं	50
2.29	न्यूमैटिक इम्पैक्ट रेंच	50
यूनिट – 3 : विद्युत और इलेक्ट्रॉनिक्स		
3.1(a)	बिजली का बल्ब	56
3.1(b)	कंप्यूटर सी.पी.यू.	56
3.1(c)	मोबाइल फोन सर्किट	56
3.2	ओम के नियम का पाई चार्ट	57
3.3	श्रृंखला में प्रतिरोध	58
3.4	समानांतर में प्रतिरोध	58
3.5	करंट नियम परिपथ	59
3.6	ट्रांसफार्मर	60
3.7	इलेक्ट्रिक मोटर्स का वर्गीकरण	61
3.8	स्टेटर और रोटर	61
3.9	इलेक्ट्रिक लोड का वर्गीकरण	63
3.10	इलेक्ट्रिक ड्राइव ब्लॉक आरेख	64
3.11	ओपन लूप कंट्रोल सिस्टम	65

चित्र संख्या	विवरण	पृष्ठ संख्या
3.12	क्लोज्ड-लूप कंट्रोल सिस्टम	66
यूनिट – 4 : बढ़ईगीरी, प्लास्टिक मोल्डिंग, ग्लास कटिंग		
4.1	फोल्डिंग रूलर	72
4.2	बढ़ई की गुनिया (ट्राईस्क्वायर)	73
4.3	बेवल स्क्वायर	73
4.4	मार्किंग गेज़	73
4.5	मिटर स्क्वायर	73
4.6	मोर्टिज़ गेज	74
4.7	रिप सॉ	74
4.8	क्रॉस कट सॉ	75
4.9	कोपिंग सॉ	75
4.10	टेनन सॉ	75
4.11(e)	फर्मर छेनी	76
4.11(f)	बेवेल्ड एज फर्मर छेनी	76
4.11(g)	पेरिंग छेनी	76
4.11(h)	मोर्टिज़ छेनी	76
4.12	गॉज छेनी	77
4.13	लकड़ी का रंदा	77
4.14	धातु का रंदा	78
4.1.5	स्मूथिंग प्लेन	78
4.16	रिबेट प्लेन	78
4.17	ब्रैडॉल टूल	79
4.18	गिमलेट टूल	79
4.19	रेचेट ब्रेस	79
4.20 (a)	लकड़ी का मैलेट	80
4.20 (b)	नायलॉन मैलेट	80
4.21	वारिंगटन हथौड़ा	80
4.22	पंजा हथौड़ा	81
4.23	कारपेंटर वाईस	81
4.24	सी- क्लैंप या जी-क्लैंप	81
4.25	सर्कुलर सॉ	82
4.26	पावर ड्रिल	82

चित्र संख्या	विवरण	पृष्ठ संख्या
4.27	टेबल सॉ	83
4.28	कील बन्दूक	83
4.29	जिग सॉ	84
4.30	रैंडम-ऑर्बिटल सैंडर	84
4.31	लकड़ी राउटर	85
4.32	एक्सट्रूज़न मोल्डिंग	87
4.33	कम्प्रेशन मोल्डिंग	87
4.34	ब्लो मोल्डिंग	88
4.35	इंजेक्शन मोल्डिंग	88
4.36	घूर्णी या रोटेशनल मोल्डिंग	89
4.37	सतत प्रक्रिया	91
4.38	बैच प्रक्रिया	92
4.39	ग्लास कटिंग का वर्गीकरण	92
4.40	ग्लास काटने की पारंपरिक विधि	93
4.41	ग्लास काटने की गैर-पारंपरिक विधि	93
यूनिट – 5: धातु ढलाई, वेल्डिंग, ब्रेज़िंग		
5.1	कास्टिंग का वर्गीकरण	100
5.2	सैंड कास्टिंग	101
5.3	शैल कास्टिंग	102
5.4	प्लास्टर कास्टिंग	102
5.5	इन्वेस्टमेंट कास्टिंग	103
5.6	डाई कास्टिंग	104
5.7	अपकेंद्री ढलाई (सेन्ट्रीफ्यूगल कास्टिंग)	104
5.8	स्क्वीज़ कास्टिंग	105
5.9	वैक्यूम कास्टिंग	105
5.10	आई- सेक्शन	105
5.11	शंकु अनुभाग (टेपर सेक्शन)	106
5.12	फ्लक्स कॉर्ड आर्क वेल्डिंग (FCAW)	109
5.13	फ्लक्स कॉर्ड आर्क वेल्डिंग का विस्तृत दृश्य	109
5.14	मेटल इनर्ट गैस (MIG) वेल्डिंग	110
5.15	प्लाज्मा आर्क वेल्डिंग	110
5.16	सबमर्ज्ड आर्क वेल्डिंग (SAW)	111

चित्र संख्या	विवरण	पृष्ठ संख्या
5.17	ऑक्सी-एसिटिलीन गैस मिक्सिंग चैम्बर	112
5.18	फ्लैम के प्रकार	112
5.19	ऑक्सी-एसिटिलीन वेल्डिंग प्रक्रिया	113
5.20	ब्रेज़िंग प्रक्रिया	115

तालिका सूची

तालिका संख्या	विवरण	पृष्ठ संख्या
4.1	काँच की संरचना और अनुप्रयोग	90
5.1	वेल्डिंग दोष कारण और उपाय	114

शिक्षकों के लिए दिशानिर्देश

परिणाम आधारित शिक्षा (OBE) की रुपरेखा के क्रियान्वयन और ब्लूम की टैक्सोनॉमी के उपयोग पर अधिक ध्यान देने के लिए आवश्यक है कि विद्यार्थियों के ज्ञान एवं व्यावसायिक कौशल को बढ़ाया जाना चाहिए। इसके उचित क्रियान्वयन के लिए शिक्षकों को एक बड़ी जिम्मेदारी लेनी चाहिए। परिणाम आधारित शिक्षा प्रणाली में शिक्षकों के असीमित उत्तरदायित्वों में से कुछ निम्न प्रकार के हो सकते है:

- यथोचित प्रतिबंधो के अंतर्गत, सभी विद्यार्थियों के सर्वोत्तम लाभ के लिए उन्हें युक्तिपूर्ण तरीके से समय का प्रबंधन करना चाहिए।
- उन्हें विद्यार्थियों का आकलन किसी भेदभाव या अन्य संभावित अपात्रता पर विचार किए बिना केवल कुछ निश्चित मानदंडों के आधार पर ही करना चाहिए।
- उन्हें विद्यार्थियों के संस्थान छोड़ने के पूर्व उनकी सीखने की क्षमता को एक निश्चित स्तर तक बढ़ाने का प्रयास करना चाहिए।
- उन्हें यह सुनिश्चित करने का प्रयास करना चाहिए कि शिक्षा पूर्ण करने तक सभी विद्यार्थी गुणवत्ता पूर्ण ज्ञान एवं योग्यता ग्रहण कर चुके हों।
- उन्हें विद्यार्थियों को उनकी श्रेष्ठ प्रदर्शन करने की क्षमताओं को विकसित करने के लिए हमेशा प्रोत्साहित करना चाहिए।
- उन्हें नए दृष्टिकोण को सुदृढ़ करने के लिए सामूहिक एवं दलगत रूप में कार्य करने के लिए सुविधा एवं प्रोत्साहन देना चाहिए।
- उन्हें आकलन के प्रत्येक चरण में ब्लूम्स टैक्सोनॉमी का पालन करना चाहिए।

ब्लूम्स टैक्सोनॉमी

स्तर	शिक्षक को जांचना चाहिए	विद्यार्थी को सक्षम होना चाहिए	आकलन का संभावित तरीका
सृजन Creating	विद्यार्थियों की सृजन क्षमता	डिजाइन या सृजन	लघु परियोजना
मूल्यांकन Evaluating	विद्यार्थियों की तर्क एवं मूल्यांकन की क्षमता	तर्क या प्रतिरक्षा	निर्दिष्ट कार्य
विश्लेषण Analyzing	विद्यार्थियों की विश्लेषण क्षमता	पृथक करना या भेद करना	परियोजना/प्रयोगशाला पद्धति
अनुप्रयोग Applying	विद्यार्थियों में जानकारी के उपयोग की क्षमता	प्रचालन या प्रदर्शन	तकनीकी प्रस्तुति / प्रदर्शन
समझ Understanding	विद्यार्थियों में विचारों की व्याख्या करने की क्षमता	व्याख्या/ या वर्गीकरण	प्रस्तुति/संगोष्ठी
स्मरण Remembering	विद्यार्थियों की याद करने की क्षमता (या याद रखना)	परिभाषित या याद करना	प्रश्नोत्तरी

विद्यार्थियों के लिए दिशानिर्देश

विद्यार्थियों को परिणाम आधारित शिक्षा (OBE) को लागू करने के लिए समान जिम्मेदारी लेनी चाहिए। परिणाम आधारित शिक्षा प्रणाली में विद्यार्थियों के लिए असीमित जिम्मेदारियों में से कुछ इस प्रकार हैं:

- प्रत्येक पाठ्यक्रम में यूनिट शुरू होने से पहले विद्यार्थियों को प्रत्येक UO के बारे में अच्छी तरह से अवगत होना चाहिए।
- पाठ्यक्रम शुरू होने से पहले विद्यार्थियों को प्रत्येक CO के बारे में अच्छी तरह से अवगत होना चाहिए।
- पाठ्यक्रम शुरू होने से पहले विद्यार्थियों को प्रत्येक PO के बारे में अच्छी तरह से अवगत होना चाहिए।
- विद्यार्थियों को उचित चिंतन और क्रिया के साथ आलोचनात्मक और तर्कसंगत रूप से सोचना चाहिए।
- विद्यार्थियों के सीखने को व्यावहारिक और दैनिक जीवन के परिणामों के साथ सम्बद्ध और एकीकृत किया जाना चाहिए।
- विद्यार्थियों को परिणाम आधारित शिक्षा के प्रत्येक स्तर पर अपनी योग्यता से अच्छी तरह अवगत होना चाहिए।

विषय सूची

प्राक्कथन *iii*
आभार *v*
प्रस्तावना *vii*
परिणाम आधारित शिक्षा *ix*
कोर्स आउटकम्स (COs) *x*
संक्षेपण और प्रतीक *xi*
चित्र सूची *xii*
तालिका सूची *xvi*
शिक्षकों के लिए दिशा निर्देश *xvii*
विद्यार्थियों के लिए दिशा निर्देश *xviii*

भाग-अ : विनिर्माण अभ्यास

1. विनिर्माण विधियाँ 1-30

यूनिट विशिष्ट 3
भूमिका 3
पूर्व अपेक्षित ज्ञान 3
यूनिट आउटकम्स (UOs) 4
कोर्स आउटकम्स (COs) के साथ यूनिट आउटकम्स (UOs) का परस्पर संबंध 4
प्रस्तावना 4
1.1 ढलाई (कास्टिंग) 4
1.1.1 कास्टिंग शब्दावली 5
1.1.2 कास्टिंग प्रक्रिया के लाभ और सीमाएं 6
1.2 फोर्मिंग 7
1.2.1 प्रस्तावना 7
1.2.2 फोर्मिंग प्रक्रिया वर्गीकरण 8
1.2.3 लोहारी 8
1.2.4 फोर्जिंग प्रक्रिया वर्गीकरण 9
1.2.5 फोर्जिंग प्रक्रिया के लाभ और सीमाएं 10
1.2.6 रोलिंग ऑपरेशन 10

1.2.7 लाभ और सीमाएं 11

1.2.8 एक्सट्रूज़न प्रक्रिया 11

1.2.9 एक्सट्रूज़न प्रक्रिया की विधि 12

1.2.10 फायदे और नुकसान 13

1.2.11 डीप ड्राइंग 13

1.2.12 पाइप बेन्डिंग 13

1.3 मशीनिंग प्रक्रिया 14

1.3.1 टर्निंग ऑपरेशन 14

1.3.2 लेथ का वर्गीकरण 16

1.3.3 टर्निंग ऑपरेशंस की शब्दावली 16

1.3.4 ड्रिलिंग ऑपरेशन 18

1.3.5 मिलिंग ऑपरेशन 18

1.4 जोड़ने की प्रक्रियाए (जॉइनिंग प्रोसेसेस) 19

1.4.1 अस्थायी जोड़ (टेम्परेरी जॉइंट) 19

1.4.2. स्थायी जोड़ (परमानेंट जॉइंट) 20

1.5 उन्नत विनिर्माण / गैर-पारंपरिक मशीनिंग 23

1.5.1 एब्रेसिव जेट मशीनिंग 24

1.5.2 लेजर बीम मशीनिंग 25

1.5.3 इलेक्ट्रोकेमिकल मशीनिंग (विद्युत रासायनिक मशीनिंग) 26

यूनिट सारांश 28

अभ्यास 28

विषयात्मक प्रश्न 28

बहुविकल्पीय प्रश्न 29

अधिक जानिए 30

संदर्भ एवं अध्ययन हेतु सुझाव 30

2. सी.एन.सी. मशीनिंग, योगात्मक विनिर्माण, फिटिंग ऑपरेशन्स और पॉवर उपकरण 31-53

यूनिट विशिष्ट 31

भूमिका 31

पूर्व अपेक्षित ज्ञान 32

यूनिट आउटकम्स (UOs) 32

कोर्स आउटकम्स (COs) के साथ यूनिट आउटकम्स (UOs) का परस्पर संबंध 32

2.1 सी.एन.सी. मशीनिंग 32

2.1.1 सी.एन.सी. मशीनिंग सिद्धांत 33

2.1.2 एक्सिस ऑफ़ रोटेशन (अक्ष) 34
2.1.3 टूल की गति के लिए कोआर्डिनेट सिस्टम 34
2.1.4 सी.एन.सी. मशीन की कार्यप्रणाली 36
2.1.5 सी.एन.सी. मशीनों के फायदे और नुकसान 36
2.2 योगात्मक विनिर्माण (एडिटिव मैन्युफैक्चरिंग) 37
2.2.1 योगात्मक विनिर्माण प्रक्रियाएं (एडिटिव मैन्युफैक्चरिंग प्रोसेसेस) 38
2.2.2 अनुप्रयोग 39
2.3 फिटिंग ऑपरेशन्स 40
2.3.1 होल्डिंग टूल्स 40
2.3.2 मापन और अंकन उपकरण 42
2.3.3 कटिंग टूल्स 44
2.3.4 फिनिशिंग टूल्स (परिष्करण उपकरण) 45
2.3.5 प्रहार उपकरण (स्ट्राइकिंग टूल्स) 48
2.4 पॉवर उपकरण 49
यूनिट सारांश 51
अभ्यास 52
विषयात्मक प्रश्न 52
बहुविकल्पीय प्रश्न 52
अधिक जानिए 53
संदर्भ एवं अध्ययन हेतु सुझाव 53

3. विद्युत और इलेक्ट्रॉनिक्स 54-68

यूनिट विशिष्ट 54
भूमिका 54
पूर्व अपेक्षित ज्ञान 55
यूनिट आउटकम्स (UOs) 55
कोर्स आउटकम्स (COs) के साथ यूनिट आउटकम्स (UOs) का परस्पर संबंध 55
3.1 प्रस्तावना 55
3.2 बुनियादी शब्दावली 56
3.3 श्रृंखला में प्रतिरोध (सीरीज में रेजिस्टेंस) 58
3.4 समानांतर में प्रतिरोध (पैरेलल में रेजिस्टेंस) 58
3.5 किरचॉफ का नियम 59
3.5.1 करंट नियम 59
3.5.2 वोल्टेज नियम 59
3.6 ट्रांसफार्मर 60

3.6.1 अनुप्रयोग 60

3.7 विद्युत मोटर 60

3.7.1 विद्युत मोटर का वर्गीकरण 61

3.7.2 तीन फेज़ प्रेरण मोटर (थ्री फेज़ इंडक्शन मोटर) 61

3.7.3 तीन फेज़ प्रेरण मोटर के अनुप्रयोग 62

3.8 इलेक्ट्रिक लोड 62

3.8.1 इलेक्ट्रिक लोड का वर्गीकरण 62

3.9 विद्युत ड्राइव (इलेक्ट्रिक ड्राइव) 63

3.9.1 विद्युत ड्राइव के अनुप्रयोग 64

3.10 इलेक्ट्रॉनिक्स इंजीनियरिंग 64

3.10.1 नियंत्रण प्रणाली (कण्ट्रोल सिस्टम) 65

यूनिट सारांश 67

अभ्यास 67

विषयात्मक प्रश्न 67

बहुविकल्पीय प्रश्न 68

अधिक जानिए 68

संदर्भ एवं अध्ययन हेतु सुझाव 68

4. बढ़ईगीरी, प्लास्टिक मोल्डिंग, ग्लास कटिंग 69-96

यूनिट विशिष्ट 69

भूमिका 69

पूर्व अपेक्षित ज्ञान 70

यूनिट आउटकम्स (UOs) 70

कोर्स आउटकम्स (COs) के साथ यूनिट आउटकम्स (UOs) का परस्पर संबंध 70

4.1 बढ़ईगीरी (कारपेंट्री) 70

4.1.1 लकड़ी के फायदे 71

4.1.2 लकड़ी के अनुप्रयोग 71

4.1.3 लकड़ी का काम करने वाले उपकरण (वुड वर्किंग टूल्स) 72

4.1.4 मार्किंग और मापन उपकरण 72

4.1.5 काटने के उपकरण 74

4.1.6 प्लेनिंग उपकरण 77

4.1.7 बोरिंग / ड्रिलिंग उपकरण 79

4.1.8 प्रहार उपकरण 80

4.1.9 पकड़ने/जकड़ने के उपकरण (होल्डिंग टूल्स) 81

4.1.10 पॉवर उपकरण 82
4.2 प्लास्टिक मोल्डिंग 85
4.2.1 प्लास्टिक के प्रकार 86
4.2.2 प्लास्टिक के लाभ 86
4.2.3 प्लास्टिक के अनुप्रयोग 86
4.2.4 प्लास्टिक मोल्डिंग की विधियाँ 87
4.3 कांच कटिंग 90
4.3.1 कांच के प्रकार 90
4.3.2 कांच विनिर्माण (ग्लास मैन्युफैक्चरिंग) 91
4.3.3 कांच कटिंग (ग्लास कटिंग) 92
यूनिट सारांश 94
अभ्यास 94
विषयात्मक प्रश्न 94
बहुविकल्पीय प्रश्न 95
अधिक जानिए 96
संदर्भ एवं अध्ययन हेतु सुझाव 96

5. धातु ढलाई, वेल्डिंग, ब्रेज़िंग 97-118

यूनिट विशिष्ट 97
भूमिका 97
पूर्व अपेक्षित ज्ञान 98
यूनिट आउटकम्स (UOs) 98
कोर्स आउटकम्स (COs) के साथ यूनिट आउटकम्स (UOs) का परस्पर संबंध 98
5.1 ढलाई (कास्टिंग) 99
5.1.1 कास्टिंग प्रकिया 99
5.1.2 धातु कास्टिंग का वर्गीकरण 99
5.1.3 एक्सपेंडेबल मोल्ड / अस्थाई मोल्ड ढलाई 100
5.1.4 स्थायी मोल्ड कास्टिंग 103
5.1.5 ढलाई अभिकल्पन के विचार (कास्टिंग डिजाईन कन्सिडरेशंस) 105
5.1.6 कास्टिंग दोष 106
5.2 वेल्डिंग 107
5.2.1 आर्क वेल्डिंग 108
5.2.2 गैस वेल्डिंग 111
5.2.3 वेल्डिंग दोष 113
5.3 ब्रेज़िंग 115

5.3.1 ब्रेज़िंग के फायदे 115

5.3.2 ब्रेज़िंग के अनुप्रयोग 116

यूनिट सारांश 116

अभ्यास 117

विषयात्मक प्रश्न 117

बहुविकल्पीय प्रश्न 117

अधिक जानिए 118

संदर्भ एवं अध्ययन हेतु सुझाव 118

भाग-ब : कर्मशाला अभ्यास प्रयोगशाला

कर्मशाला अभ्यास प्रयोगशाला 121-142

भूमिका 121

प्रयोगशाला लर्निंग आउटकम्स 122

मशीन शॉप 122

लेथ मशीन 122

मिलिंग मशीन और शेपिंग मशीन 123

फिटिंग शॉप 124

बढ़ईगीरी (कारपेंट्री) 126

विद्युत और इलेक्ट्रॉनिक्स 130

फ्लोरोसेंट लाइट के बारे में 131

सर्किट आरेख 131

दो-तरफा स्विच (टू वे स्विच) के कामकाज के बारे में 132

वेल्डिंग शॉप 133

ढलाई या कास्टिंग 136

लोहारी या स्मिथी 139

प्लास्टिक मोल्डिंग और ग्लास कटिंग 141

CO और PO अटैनमेंट तालिका 143

अनुक्रमणिका 144-146

परिशिष्ट 147-148

भाग-अ

विनिर्माण अभ्यास

1 विनिर्माण विधियाँ

यूनिट विशिष्ट

इस यूनिट में निम्नलिखित विषयों पर विस्तार से चर्चा की गई है:

- ढलाई
- फोर्मिंग
- मशीनिंग
- जोड़ने की विधियाँ
- उन्नत विनिर्माण

अधिक जिज्ञासा और रचनात्मकता पैदा करने के साथ-साथ समस्या समाधान क्षमता में सुधार के लिए विषयों के व्यावहारिक अनुप्रयोगों पर चर्चा की गई है। प्रत्येक विषय में समाहित सिद्धांत के आधार पर मॉडलों का प्रदर्शन आसानी से किया जा सकता है।

भूमिका

प्रिय मित्रों !

हम सभी एक तकनीकी रूप से उन्नत दुनिया में रह रहे हैं जिसमें हमने **गर्भ से कब्र तक की यात्रा** में एक या अन्य निर्मित वस्तुओं / सेवाओं को देखा है !

यदि आप सुबह से रात तक एक दिन की गतिविधियों को याद करते हैं तो आपको पता चलेगा कि आप कितने उत्पाद/सेवाओं से गुजरते है । टूथ ब्रश, बाथरूम के नल, बाल्टी, मग, साबुन का डिब्बा, बरतन, घरेलू उपकरण, टेलीविजन, मोबाइल फोन, फर्नीचर, खेल उपकरण, कार, बाइक, किताबें आदि की सूची अंतहीन है, सभी उद्योग में उपयोग की जाने वाली एक या दूसरी विधि द्वारा निर्मित हैं । अब यह जानना दिलचस्प हो जाता है कि विनिर्माण गतिविधि क्या है, सरल इंजीनियरिंग शब्दों में यह एक मूल्य वर्धित गतिविधि है जहां कच्चे माल को तैयार/अर्द्ध-तैयार उत्पाद में कुछ मशीनरी के साथ उद्योग में बनाया जाता है । ऐसी कई गतिविधियाँ हैं जो विनिर्माण प्रक्रिया को नियंत्रित करेंगी । आजकल अधिकांश उद्योगों में "शून्य दोष और शून्य प्रभाव" पर अभ्यास केंद्रित किया जाता है ।

पूर्व अपेक्षित ज्ञान

- ड्राइंग
- सामान्य सुरक्षा उपाय
- हाथ के उपकरण
- मैटेरियल्स के बारे में जानकारी: स्टील, लकड़ी, प्लास्टिक और कांच

यूनिट आउटकम्स (UOs)

विद्यार्थी सक्षम होंगे:

U1-O1:	विभिन्न कास्टिंग पार्ट्स की पहचान ।
U1-O2:	फोर्मिंग प्रक्रियाओं को समझना ।
U1-O3:	कर्मशाला में मशीनिंग ऑपरेशन्स का प्रदर्शन ।
U1-O4:	कर्मशाला में विभिन्न जॉइनिंग प्रक्रियाओं का अभ्यास ।
U1-O5:	कुछ उन्नत विनिर्माण विधियों की तुलना ।

कोर्स आउटकम्स (COs) के साथ यूनिट आउटकम्स (UOs) का परस्पर संबंध

यूनिट-1 आउटकम्स (UOs)	कोर्स आउटकम्स (COs) के साथ अपेक्षित संबंध (1- कमजोर सहसंबंध; 2- मध्यम सहसंबंध; 3- मजबूत सहसंबंध)				
	CO-1	CO-2	CO-3	CO-4	CO-5
U1-O1	1				
U1-O2	1				
U1-O3	2				
U1-O4	2				
U1-O5	1				

प्रस्तावना

विनिर्माण एक सार्वभौमिक गतिविधि है जो कच्चे माल, मानव संसाधन, जलवायु परिस्थितियों, उपभोक्ता बाजार आदि की उपलब्धता के आधार पर विनिर्माण संयंत्रों के अस्तित्व को तय करती हैं। विनिर्माण एक वैश्विक गतिविधि है, विनिर्माण में लगे उद्योग का उद्देश्य समय, सामग्री, धन, स्थान, संसाधनों यहां तक कि श्रम के मामले में कम से कम अपशिष्ट के साथ सबसे कुशल तरीके से मूल्य जोड़ना है। अपशिष्ट न्यूनीकरण और उत्पादकता वृद्धि को पूरा करने के लिए, उद्योग में संसाधनों के सुचारू और नियंत्रित प्रवाह के लिए प्रक्रियाओं और ऑपरेशंस को ठीक से चुनने और व्यवस्थित करने की आवश्यकता है। इन लक्ष्यों को पूरा करने के लिए एक ऐसे इंजीनियर की आवश्यकता होती है जो एक कुशल निर्माण प्रणाली को समझे, डिजाइन और संचालित कर सके। किसी भी उत्पाद में तीन प्रकार की विशेषताएं होने की आवश्यकता होती है जिसे मनुष्य द्वारा उपयोग के लिए बनाया जा रहा है। इसलिए, आकार और प्रकार देने के लिए प्रक्रियाओं के एक सेट का, वांछित गुण प्रदान करने के लिए दूसरे सेट का और इसी तरह सतह फिनिशिंग एवं वांछित टोलेरंसेस प्राप्त करने के लिए तीसरे सेट का उपयोग किया जाता है।

1.1 ढलाई (कास्टिंग)

मंदिर बेल

मिश्र धातु के पहिए

रेल के पहिये

ऊपर की पंक्तियों में चित्र ढलाई उत्पादों के कुछ उदाहरण हैं जो आमतौर पर रोज़मर्रा की ज़िंदगी में देखते हैं । फिर कास्टिंग क्या है ? हम सभी जानते हैं कि तरल उस कटोरे का आकार लेता है जिसमें इसे डाला जाता है । कास्टिंग प्रक्रिया में इसी तरह के सिद्धांत को अपनाया जाता है "पिघला हुआ तरल कंटेनर का आकार लेता है" । तो कास्टिंग प्रक्रिया में, एक सामग्री को पहले पिघलाया या उचित तापमान पर गर्म किया जाता है, और कभी-कभी इसकी रासायनिक संरचना को संशोधित करने के लिए भी किया जाता है। पिघला हुआ पदार्थ तब एक कैविटी में डाला जाता है जिसे मोल्ड कहते है, जिसका आकार पूर्व निर्धारित वांछित होता है । एक बार जब कैविटी भर जाती है और निश्चित अवधि के लिए जमने की अनुमति दी जाती है तो ढलाई एक अन फिनिश्ड रूप में उत्पन्न होगी। कई संरचनात्मक विशेषताएं जो अंततः उत्पाद गुणों को नियंत्रित करती हैं, जमने के दौरान निर्धारित की जाती हैं । जो भाग जटिल होते हैं और उनमें अधिक आन्तरिक संरचनाएं होती हैं तो कास्टिंग प्रक्रिया का उपयोग करना किफायती होता है ।

1.1.1 कास्टिंग शब्दावली

कास्टिंग में प्रयुक्त विभिन्न शब्दों को निम्नलिखित आकृति 1.1 और 1.2 के साथ वर्णित किया गया है:

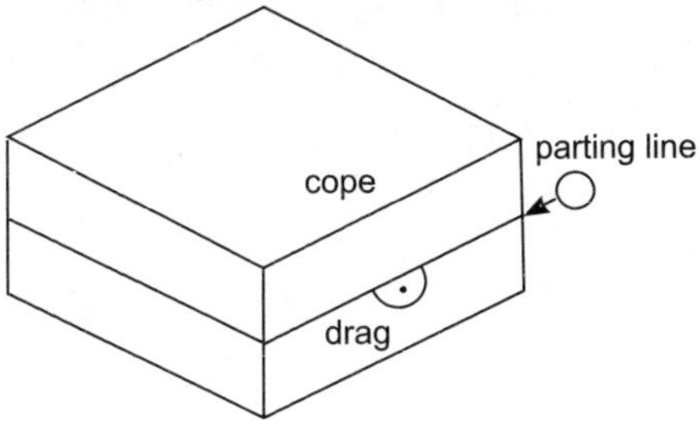

Metal Casting

चित्र 1.1 : कोप और ड्रैग

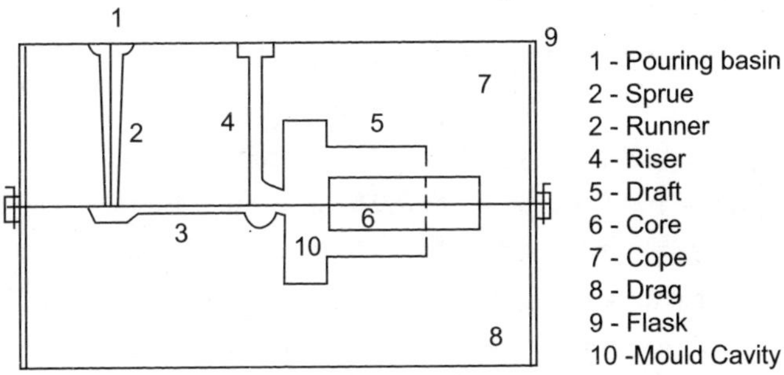

चित्र 1.2 : कास्टिंग शब्दावली

- **पैटर्न:** यह उत्पादित होने वाली अंतिम कास्टिंग की अनुमानित प्रतिकृति है ।
- **फ्लास्क:** कठोर धातु / लकड़ी का फ्रेम जो मोल्डिंग समुच्चय रखता है ।
- **कोप:** एक क्षैतिज रूप से विभाजित दो-भाग वाले मोल्ड में, पैटर्न का ऊपरी आधा भाग ।
- **ड्रैग:** एक क्षैतिज रूप से विभाजित दो-भाग वाले मोल्ड में, पैटर्न का निचला आधा भाग ।
- **कोर:** कोर रेत / धातु का आकार होता है जिसे कास्टिंग में आंतरिक फीचर, जैसे होल या मार्ग बनाने के लिए मोल्ड में डाला या रखा जाता है ।
- **राइजर:** राइजर मोल्ड में एक अतिरिक्त पाइप है जहां से पिघला हुआ धातु कैविटी भर जाने के बाद बाहर आता है । यह अतिरिक्त पिघले हुए तरल के लिए एक जलाशय के रूप में कार्य करता है जो जमने के दौरान होने वाले किसी भी संकोचन की भरपाई के लिए मोल्ड कैविटी में प्रवाहित हो सकता है ।

- **गेटिंग सिस्टम:** पिघली हुई धातु को मोल्ड कैविटी में पहुंचाने के लिए उपयोग किए जाने वाले इंटर कनेक्टेड चैनलों के नेटवर्क को गेटिंग सिस्टम के रूप में जाना जाता है ।
- **डालने का प्याला:** डालने वाला कप / बेसिन, गेटिंग सिस्टम का वह हिस्सा है जो पिघली धातु को पौरिंग बर्तन से प्राप्त करता है और बाकी मोल्ड में इसकी डिलीवरी को नियंत्रित करता है । पिघली हुई धातु, एक अधोलंब स्प्रू के माध्यम से फिर क्षैतिज चैनलों के माध्यम से जिसे रनर कहा जाता है, और अंत में गेट्स के माध्यम से मोल्ड कैविटी में जाती है ।
- **मोल्डिंग सैंड:** मोल्डिंग रेत/सैंड मोल्ड बनाने के लिए उपयोग की जाने वाली अग्निरोधक सामग्री है । यह सिलिका, मिट्टी और नमी का मिश्रण है जिससे आवश्यक गुण प्राप्त हो सके ।
- **बेकिंग सैंड:** बेकिंग सैंड में अग्निरोधक सामग्री होती है, और यह प्रयुक्त हुई या जली हुई सैंड से बना होता है ।
- **फेसिंग सैंड:** फेसिंग सैंड कार्बनयुक्त पदार्थ है जिसको बेहतर सतह प्राप्त करने के लिए मोल्डिंग कैविटी की आंतरिक सतहों पर छिड़का जाता है ।
- **लोंम सैंड:** कम से कम 50% मिट्टी वाली, ग्रीन या सूखी सैंड़ सख्त होने पर लोंम सैंड (दोमट रेत) कहलाती है । इसमें फायर क्ले भी मिली होती है । इसमें 18 से 20% नमी होती है और अच्छी सतह फिनिश प्रदान है ।
- **पार्टिंग सैंड:** सांचों को एक दूसरे से चिपकने से अलग रखने के लिए महीन सूखी सैंड का उपयोग किया जाता है जिसे पार्टिंग सैंड कहते है । इसका उपयोग ग्रीन सैंड को पैटर्न से चिपकने से दूर रखने के लिए किया जा सकता है । यह स्वच्छ मिट्टी मुक्त सिलिका सैंड है ।

1.1.2 कास्टिंग प्रक्रिया के लाभ और सीमाएं

लाभ

- जटिल आकार आसानी से बनाया जा सकता है।
- व्यावहारिक रूप से कोई भी सामग्री ढाली जा सकती है।
- समान शीतलन के कारण ढलाई उत्पाद के गुण सभी दिशाओं में समान होते हैं ।
- 200 टन तक किसी भी आकार की ढलाई का उत्पादन किया जा सकता है ।
- कुछ वांछित यांत्रिक गुणों (मैकेनिकल प्रॉपर्टीज) के साथ आकार बनाने का सबसे सस्ता और सबसे सीधा तरीका ढलाई है।
- कुछ धातुओं और मिश्र धातुओं पर यांत्रिक रूप से काम नहीं किया जा सकता है इन्हें केवल कास्ट किया जा सकता है, कुछ विशेष अनुप्रयोगों जैसे गैस टर्बाइनों के लिए धातुए और मिश्र धातुए ।
- विभिन्न दिशाओं में विभिन्न गुणों की आवश्यकता वाले मिश्रित घटकों के निर्माण के लिए कास्टिंग सबसे उपयुक्त विधि है ।
- ये कास्टिंग में बेहतर इंसर्ट को शामिल करके बनाए जाते हैं । उदाहरण के लिए, इलेक्ट्रिक मोटर्स के लिए लोहे के आर्मेचर के स्लॉट में एल्यूमीनियम कंडक्टर, शॉक प्रतिरोधी घटकों पर वियर प्रतिरोधी खाल ।

सीमाएं

- सामान्य सैंड कास्टिंग प्रक्रिया में, आयामी सटीकता और सतह फिनिश कमजोर होती है ।
- डिजाइनिंग में उचित देखभाल के बावजूद भी कुछ दोष अपरिहार्य हैं ।
- सैंड कास्टिंग श्रम गहन गतिविधि है ।

रोचक तथ्य

- कास्टिंग प्रक्रिया 5000 साल से भी अधिक पुरानी है । सबसे पुरानी विध्यमान ढलाई 3200 ईसा पूर्व का तांबे का मेंढक है ।
- रेत की ढलाई की प्रक्रिया को पहली बार 1540 के आसपास लिखी गई एक किताब में वन्नोसियो बिरिंगुशियो (फाउंड्री उद्योग के जनक) द्वारा प्रलेखित किया गया था ।

- मोटर वाहन और मशीन निर्माण उद्योगों के तेजी से विस्तार के साथ 20 वीं शताब्दी की शुरुआत में रेत की ढलाई वास्तव में शुरू हुई । 1924 में, फोर्ड मोटर कंपनी ने दस लाख कारों का उत्पादन किया और यह अमेरिका में कुल रेत कास्टिंग उत्पादन का एक तिहाई हिस्सा था ।
- आजकल, सभी धातु कास्टिंग का 70% से अधिक सैंड कास्टिंग के माध्यम से उत्पादित किया जाता है ।
- सबसे आम कास्टिंग धातु एल्यूमीनियम, लोहा, टिन, स्टील, कांस्य और तांबा हैं ।

वीडियो संसाधन

Metal Casting   Contineous Casting   Sand Casting

1.2 फोर्मिंग

रूफिंग शीट्स

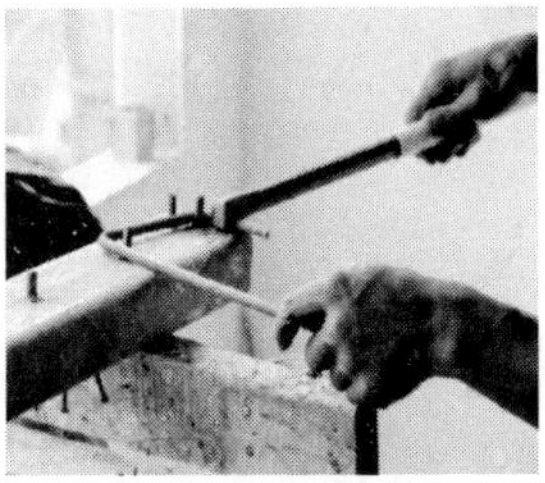

बार बेंडिंग वर्क

स्मिथी वर्क

उपरोक्त चित्र ग्रामीण से शहरी क्षेत्र तक किसी भी व्यक्ति के जीवन गतिविधि की बहुत ही सामान्य छवियां हैं । हो सकता है कि ये आपके सामने आए हों या कभी-कभी आपने अपने जीवन में जाने-अनजाने इनका इस्तेमाल किया हो । इमारतों में छत की चादरें बहुत आम सामग्री हैं । भवन निर्माण शुरू करने के लिए बार बेन्डिंग का काम एक सामान्य गतिविधि है । ग्रामीण क्षेत्र में कृषि उपकरण बनाने के लिए स्मिथी गतिविधि आम है । कंपाउंड वॉल गेट बनाने में बहुत सारी प्रक्रियाएँ शामिल होती हैं ।

1.2.1 प्रस्तावना

आज की जीवन गतिविधि में उद्योग और अन्य में उपयोग की जाने वाली सबसे आम विनिर्माण प्रक्रियाओं में से एक है फोर्मिंग। फॉर्मिंग, किसी तैयार / अर्ध-तैयार उत्पाद के आकार और प्रकार को बदलने की एक विधि है जिसमे बल, दबाव और गर्मी का उपयोग होता है । फॉर्मिंग में शामिल विभिन्न विधियों को नीचे दिखाया गया है ।

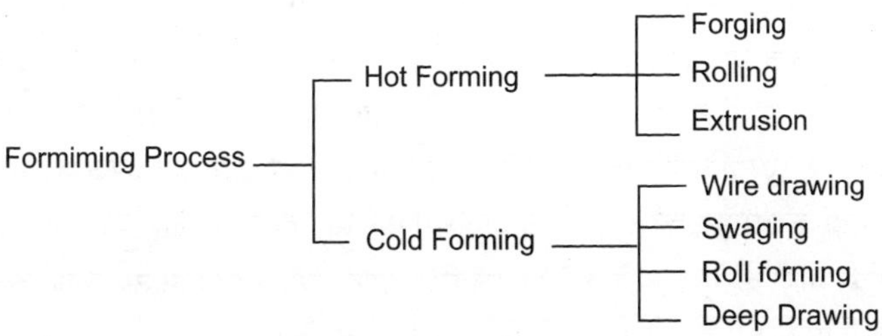

सभी सामग्रियों में एक विशेष प्रॉपर्टी होती है जिसे प्लास्टिसिटी (प्लास्टिसिटी भाह्य बल की कार्रवाई के तहत एक ठोस को बिना टूटे स्थायी विरूपण प्राप्त करने में सक्षम बनाती है) के रूप में जाना जाता है । फोर्मिंग प्रक्रिया कुछ इंजीनियरिंग सामग्रियों की इस उल्लेखनीय प्रॉपर्टी प्लास्टिसिटी का फायदा उठाती है । जहां ठोस अपने गुणों में गिरावट के बिना ठोस के रूप में बहने की क्षमता रखते हैं । चूंकि सभी प्रक्रियाए ठोस अवस्था में की जाती है, इसलिए पिघली हुई सामग्री को संभालने या पहले बताई गई ढलाई प्रक्रिया में सोलिडीफिकेशन की जटिलताओं से जूझने की कोई आवश्यकता नहीं है । अवांछित मटेरियल को काटने के विपरीत, यहां सामग्री को आकार प्राप्त करने के लिए सिर्फ पुनर्व्यवस्थित किया जाता है; कचरे की माला को काफी हद तक कम किया जा सकता है ।

फोर्मिंग प्रक्रिया को, लागू भार के प्रकार और इनपुट मटेरियल को दी जाने वाली हीट की माला, के आधार पर वर्गीकृत किया जा सकता है । एक और वर्गीकरण, उत्पाद बनने और बनने की दर, आदि के अनुसार होता है ।

1.2.2 फोर्मिंग प्रक्रिया वर्गीकरण

फोर्मिंग प्रक्रिया का वर्गीकरण, उपयोग किए गए उपकरणों के प्रकार और विरूपण के लिए मटेरियल पर स्ट्रेस देने के तरीके पर आधारित है ।

संपीड़न फोर्मिंग की प्रक्रियाए

- फोर्जिंग
- एक्स्ट्रूशन
- स्ट्रेच फोर्मिंग
- संयुक्त टेंशन फोर्मिंग और कम्प्रेशन फोर्मिंग
- ट्यूब ड्राइंग
- बेंड फोर्मिंग
- सर्कुलर बेन्डिंग
- एम्बोसिंग
- रोलिंग
- टेंशन फोर्मिंग
- हाइड्रोलिक फोर्मिंग से दबाव
- वायर ड्राइंग
- डीप ड्राइंग
- पाइप बेन्डिंग
- शियर फोर्मिंग
- डाई शियर फोर्मिंग

आइए निम्नलिखित पैराग्राफ में प्रमुख फोर्मिंग प्रक्रियाओ का अध्ययन करें ।

1.2.3 लोहारी

फोर्जिंग या लोहारी एक विनिर्माण प्रक्रिया है जिसमे उच्च स्ट्रेंग्थ पुर्जे बनाने के लिए धातु को अत्यधिक दबाव में दबाया जाता है, बढ़ाया जाता है (पौन्डेड) या निचोड़ा जाता (स्क्वीज़्ड) है । फोर्जिंग ऑपरेशन करने के लिए ज्यादातर समय कंप्रेसिव फोर्स लगाया जाता है । इसमें उपकरण हथौड़ों, प्रेसों या विशेष फोर्जिंग मशीनों के रूप में हो सकते हैं । यह ऑपरेशन गर्म, ठंडे, उष्ण और आइसो थर्मल स्थिति से लगभग सभी तापमानों की रेंज में किया जा सकता है । आमतौर पर फोर्जिंग, वर्कपीस मटेरियल के पुनर्क्रिस्टलीकरण तापमान पर की जाती है ।

फोर्जिंग, सबसे पुरानी ज्ञात धातु प्रक्रियाओं में से एक है । परंपरागत रूप से, फोर्जिंग एक लोहार द्वारा हथौड़े और एनविल का उपयोग करके किया जाता था (स्मिथी भी एक प्रकार का फोर्जिंग ऑपरेशन है, जिसमे छोटे जॉब्स बनाने के लिए छोटे-छोटे हैण्ड टूल्स का उपयोग किया जाता है), हालांकि बारहवी शताब्दी में लोहे के उत्पादन और कामकाज के लिए जल शक्ति की शुरुआत ने बड़े ट्रिप हथौड़ों या पावर हथौड़ों के उपयोग की अनुमति दी, जिससे फोर्जड उत्पादों में लोहे की माला और आकार में वृद्धि हुई ।

आधुनिक उद्योग की मांगों को पूरा करने के लिए इंजीनियर प्रक्रियाओं, उत्पादन उपकरण, टूलींग, कच्चे माल और उत्पादों के साथ एक सुविधा बनने के लिए स्मिथी या फोर्ज सदियों में विकसित हुआ है ।

आधुनिक समय में, औद्योगिक फोर्जिंग या तो प्रेस के साथ या कंप्रेस्ड एयर, बिजली, हाइड्रोलिक्स या स्टीम द्वारा संचालित हथौड़ों से किया जाता है । इन हथौड़ों का वजन हजारों किलोग्राम में हो सकता है । 230 किग्रा या कम के छोटे पावर हथौड़े, रेसीप्रोकेटिंग भार, और हाइड्रोलिक प्रेसें, कला स्मिथियों में भी आम हैं ।

फोर्जिंग तकनीक की कला कम से कम 4000 ईसा पूर्व और उससे पहले की है । सभी धातुओं की गर्म फोर्जिंग मेसोपोटामिया की भूमि में शुरू हुई । हालाँकि सबसे पहले मनुष्य द्वारा आग से फोर्जड की गई धातु गोल्ड दर्ज थी ।

धातु को आकार देने के लिए, चट्टान का उपयोग फोर्जिंग हथौड़े के रूप में किया जाता था । बाद में धातुओं का उपयोग हथियार बनाने के लिए किया गया । औद्योगिक क्रांति के बाद, धातुओं को फोर्जड करने के लिए हाइड्रोलिक और न्युमटिक शक्तियों का उपयोग किया गया । फोर्जिंग का अनुप्रयोग साधारण ग्राम से लेकर मीट्रिक टन वजन वाले पुर्जो तक होता है । निम्नलिखित उदाहरण, आपको विभिन्न विधियों से निर्मित, फोर्जिंग उत्पादों के अनुप्रयोग का एक विचार दे सकते हैं ।

कनेक्टिंग रॉड

सिक्का

मोटर केसिंग

फोर्जिंग ऑपरेशन या तो ड्रॉन आउट किया जा सकता है - जहां लंबाई बढ़ाई जाती है और क्रॉस सेक्शन कम किया जाता है, अपसेटिंग- जहां ड्रॉन आउट का उल्टा क्रॉस सेक्शन को को बढ़ाया जाता है जाता है और लंबाई कम की जाती है, क्लोज्ड इंप्रेशन डाई में स्कुईज़ (निचोड़ा) किया जाता है, जिससे वांछित पैटर्न के लिए मल्टीडायरेक्शनल प्रवाह उत्पाद प्राप्त होता है ।

1.2.4 फोर्जिंग प्रक्रिया वर्गीकरण

उद्योगों में प्रचलित सबसे अधिक इस्तेमाल की जाने वाली फोर्जिंग प्रक्रियाएं निम्नलिखित हैं ।

- ड्रॉप-हैमर फोर्जिंग
- प्रेस फोर्जिंग
- अपसेट फोर्जिंग
- रोल फोर्जिंग
- नेट-शेप फोर्जिंग
- इंप्रेशन-डाई ड्रॉप-हैमर फोर्जिंग
- कक्षीय या ऑर्बिटल फोर्जिंग
- स्वचालित गर्म फोर्जिंग
- स्वागिंग

एक उद्योग में सबसे अधिक इस्तेमाल की जाने वाली फोर्जिंग विधि अपसेटिंग फोर्जिंग है, जिसे नीचे समझाया गया है ।

अपसेटिंग फोर्जिंग में किसी जॉब मटेरियल की लंबाई को कम करके उसका व्यास बढ़ाया जाता है । बड़ी संख्या में फास्टनरों में इसका उपयोग होने के कारण, यह सभी फोर्जिंग प्रक्रियाओं में सबसे ज्यादा उपयोग की जाती है, उत्पादित टुकड़ों की संख्या के आधार पर। फोर्जिंग को गर्म और ठंडे दोनों स्थितियों में किया जा सकता है । आवश्यकता के आधार पर फोर्जिंग गति क्षैतिज या लंबवत हो सकती है । ऑपरेशन को निम्नलिखित आकृति 1.3 में समझाया गया है।

ऑपरेशन या तो खुले डाई या बंद डाई में किया जा सकता है, जॉब के टुकड़े को दबाने के लिए हाइड्रोलिक, न्यूमाटिक या यांत्रिक स्रोतों का उपयोग किया जाता है, एक बार जॉब के टुकड़े को वांछित आकार मिलने के बाद हथौड़े अगले ऑपरेशन के लिए जल्दी से वापस आ जाते है । अपसेट-फोर्जिंग का उपयोग अक्सर बोल्ट हेड और अन्य प्रकार के फास्टनरों को बनाने और वाल्व, कपलिंग एवं कई अन्य ऑटोमोटिव पुर्जो को आकार देने के लिए किया जाता है ।

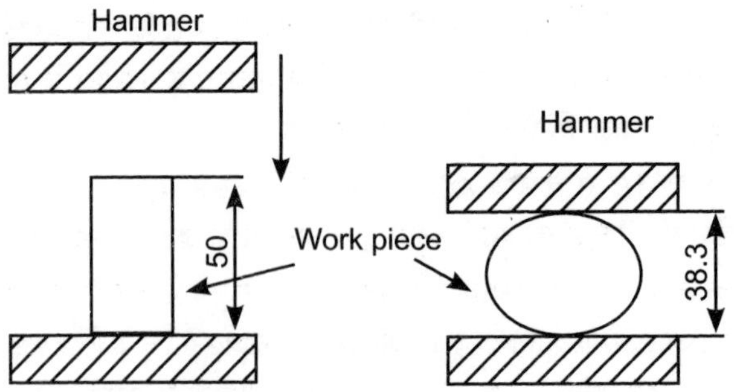

चित्र 1.3: अपसेटिंग फोर्जिंग ऑपरेशन

1.2.5 फोर्जिंग प्रक्रिया के लाभ और सीमाएं

लाभ

- आम तौर पर कास्टिंग उत्पादों की तुलना में कड़ा/सख्त ।
- कास्टिंग से बेहतर इम्पैक्ट लोड को संभालेंगे ।
- फोर्जिंग का टाइट ग्रेन स्ट्रक्चर इसे यांत्रिक रूप से मजबूत बनाता है । हाई स्ट्रेंग्थ वाले पुर्जों को प्राप्त करने के लिए महंगी मिश्र धातुओं की कम आवश्यकता होती है ।
- उच्च वियर रेजिस्टेंस प्रदान करता है ।
- कम लागत संचालन ।
- इस प्रक्रिया के लिए विशेष कुशल ऑपरेटर की आवश्यकता नहीं होती है ।
- इस प्रक्रिया द्वारा विभिन्न प्रकार की आकृतियाँ बनाई जा सकती हैं ।

सीमाएं

- बड़े फोर्जिंग प्रेसस के लिए उच्च प्रारंभिक लागत ।
- हॉट फोर्जिंग में सेकेंडरी फिनिशिंग प्रोसेस की आवश्यकता होती है ।
- यह जटिल आकार नहीं बना सकती ।
- प्रेस के आकार के कारण उत्पाद का आकार सीमित है ।
- भंगुर या ब्रिटल धातु फोर्ज्ड नहीं हो सकती ।

Rolling Process

1.2.6 रोलिंग ऑपरेशन

रोलिंग ऑपरेशन का उपयोग किसी मटेरियल की मोटाई को कम करने या उसके क्रॉस सेक्शन को बदलने के लिए किया जाता है जिसमे रोलर या रोलर के सेट द्वारा कोम्प्रेस्सिव फ़ोर्स लगाया जाता है। जैसा कि चित्र 1.4 में दिखाया गया है, ठंडे या गर्म रूप में वर्कपीस को दो रोलर्स के बीच से गुजारा जाता है जो विपरीत दिशाओं में घूमते हैं। रोलर्स के बीच का गैप, आउटपुट मटेरियल की मोटाई तय करता है । रोलर्स गैप कई उद्योगों में एडजस्टेबल हो सकता है । रोलर में प्रवेश

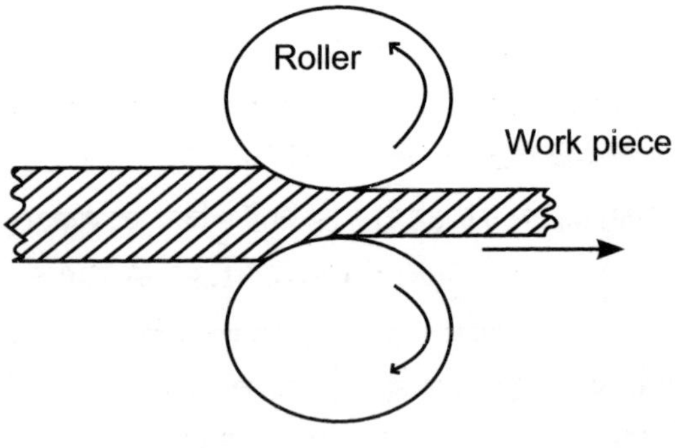

चित्र 1.4: रोलिंग ऑपरेशन

करने वाले मटेरियल की मोटाई आमतौर पर रोलर गैप से अधिक होती है । रोलर्स की सतह का वेग, रोलर गैप में प्रवेश करने वाले मटेरियल की गति को बढाता है, तथा संपर्क इंटरफ़ेस पर घर्षण, मटेरियल को आगे बढ़ाने के लिए मदद करता है । जब मटेरियल को रोलर्स के बीच से गुजरा जाता है तो स्क्वीज़ एक्शन द्वारा क्रॉस-सेक्शनल क्षेत्र में कमी को, लम्बाई में बढ़त द्वारा समायोजित कीया जाता है । कभी-कभी रोलर्स की क्लस्टर व्यवस्था, रोलर डिज़ाइन के आधार पर, छोटे वर्किंग रोलर को सहारा देने के लिए बैकअप रोलर्स का उपयोग करती है ।

हॉट-रोलिंग प्रक्रिया में मटेरियल को उसके पुन: क्रिस्टलीकरण तापमान से ऊपर फीड किया जाता है । इनपुट मटेरियल को स्क्वीज़ आपरेशन से पहले, ऊंचे तापमान पर एक समान रूप से गर्म किया जाना चाहिए । कोल्ड रोलिंग प्रकिया में इनपुट मटेरियल को सीधे रोलर्स के बीच फीड करके आउटपुट प्राप्त किया जाता है । अधिकतर इसका उपयोग शीट, स्ट्रिप, बार और रॉड प्रकार के उत्पादों के निर्माण के लिए किया जाता है जिसमें स्मूथ सरफेस फिनिश और सटीक डाईमेंशंस प्राप्त होते हैं ।

इस विधि से एल्यूमीनियम, जिंक और अन्य प्रकार की शीट का उत्पादन किया जाता है, जिसका उपयोग मकान की छत के निर्माण के लिए किया जाता है । इस प्रक्रिया द्वारा पाइप, विभिन्न खंड, स्लॉटस, चैनल्स का उत्पादन किया जा सकता है । हॉट रोलिंग प्रक्रिया ऑटोमोटिव फ्रेम, फर्श, रेल ट्रैक, गार्ड रेल, दरवाजे, भवन निर्माण सामग्री, में अपना अनुप्रयोग पाती है । तथा कोल्ड रोलिंग प्रक्रिया इंजन कैनोपी, कंप्यूटर कैबिनेट, रेफ्रिजरेटर दरवाजे और केसिंग, ऑटोमोटिव ब्रैकेट, डोर लैच आदि में अपना अनुप्रयोग पाती है ।

1.2.7 लाभ और सीमाएं

लाभ

- समरूप विमायें (यूनिफार्म डाईमेंश्न्स) प्राप्त किए जा सकते हैं ।
- प्रक्रिया की निगरानी आसान है ।
- रोलिंग में पुर्जो के लिए सन्निकट टोलेरेंस संभव है।
- रोलिंग प्रकिया में हाई स्पीड उत्पादन होता है ।

सीमाएं

- उपकरण की प्रारंभिक लागत अधिक है ।
- केवल बड़े पैमाने पर उत्पादन के लिए उपयुक्त है ।
- खराब सरफेस फिनिश प्राप्त होती है और इस तरह हमें फिनिशिंग के लिए सेकेंडरी ऑपरेशंस की आवश्यकता होती है ।

1.2.8 एक्सट्रूज़न प्रक्रिया

एक्सट्रूज़न भी आमतौर पर इस्तेमाल किया जाने वाला एक फोर्मिंग ऑपरेशन है, जहां धातु को उपयुक्त रूप से डिज़ाइन की गई डाई के माध्यम से कंप्रेस् और फोर्स् कर प्रवाहित किया जाता है, जिससे कम लेकिन स्थिर क्रॉस सेक्शन वाले उत्पाद बनाये जा सके । चित्र 1.5 में दिखाए गए निम्नलिखित उत्पाद आमतौर पर कई व्यावसायिक गतिविधियों में पाए जाते हैं । आमतौर पर खिड़कियों के लिए एल्युमीनियम रेल, रेल, ग्रिल, अलमारियाँ आदि रोजमर्रा के जीवन में पाए जाते हैं । जलेबी और चकली जैसी खाद्य सामग्री बनाना भी एक्सट्रूज़न प्रक्रिया का एक उदहारण है ।

एक्सट्रूज़न प्रक्रिया को समझने का सबसे आसान तरीका एक ट्यूब से टूथपेस्ट को निचोड़ने जैसा है ! एक्सट्रूज़न या तो हॉट या कोल्ड परीस्थिति में किया जा सकता है । हॉट एक्सट्रूज़न प्रक्रिया का लाभ यह है की इसमें धातु को पुश करने के लिए कम फ़ोर्स और कम दिशात्मक गुणों की आवश्यकता होती है ।

चित्र 1.5: एक्सट्रूज़न उत्पाद

1.2.9 एक्सट्रूज़न प्रक्रिया की विधि

एक्सट्रूज़न प्रक्रिया की विभिन्न विधियों को नीचे समझाया गया है ।

धातुओं के मामले में, एक सामान्य व्यवस्था यह है कि एक गर्म बिलेट को एक परिसीमन/सीमाबद्ध कक्ष के अंदर रखा जाए । जब एक रेम एक छोर से आगे बढ़ता है, जिससे बिलेट में पहले अपसेटिंग होता है और वह सीमित कक्ष के अनुरूप हो जाता है । जैसे-जैसे रेम आगे बढ़ता है, दबाव तब तक बनता है जब तक कि मटेरियल, डाई के माध्यम से प्लास्टीकली रूप से प्रवाहित न हो जाए और वांछित आकार और प्रकार में एक्सट्रूड होकर बाहर न निकल जाए ।

डायरेक्ट एक्सट्रूज़न

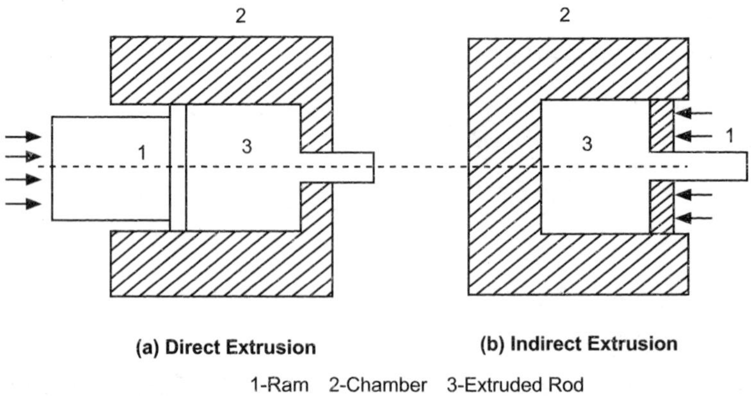

चित्र 1.6: (a & b) डायरेक्ट और इन-डायरेक्ट एक्स्ट्रूज़न

इस विधि में, जैसा कि चित्र-1.6(a) में दिखाया गया है, एक ठोस रेम, पूरे बिलेट को एक स्थिर डाई तक और डाई में ले जाता है और फिर आउटपुट मटेरियल को रैम चलन के दूसरी तरफ प्राप्त किया जाता है । साथ ही रेम को अतिरिक्त शक्ति प्रदान करने की स्थिति में होना चाहिए ताकि गतिमान बिलेट की सतह और सीमित कक्ष के बीच घर्षण प्रतिरोध को दूर किया जा सके ।

इनडायरेक्ट एक्सट्रूज़न

इसे रिवर्स, बैकवर्ड या इनवर्टेड एक्सट्रूज़न विधि से भी जाना जाता है । जैसा कि चित्र 1.6 (b) में दिखाया गया है, एक खोखला रेम एक स्थिर, परिसीमन बिलेट के माध्यम से डाई को पीछे धकेलता है । क्योंकि गतिमान बिलेट की सतह और परिसीमन कक्ष के बीच कोई सापेक्ष गति नहीं होती है । अत: बिलेट और चैम्बर के बीच यहाँ घर्षण समाप्त हो जाता है । इसलिए आवश्यक बल कम है, और शक्ति और दक्षता पर कोई समझौता किए बिना लंबे बिलेट्स का उपयोग किया जा सकता है ।

हाइड्रोस्टेटिक एक्सट्रूज़न

इस प्रक्रिया में, उच्च दाब द्रव, बिलेट (वर्क पीस) को घेर लेता है और डाई के माध्यम से इसे बाहर निकालने के लिए आवश्यक बल लगाता है ।

कंटीन्यूअस/निरंतर/सतत एक्सट्रूज़न

पारंपरिक एक्सट्रूज़न एक असतत प्रक्रिया है, परन्तु यहाँ कुछ व्यवस्थाओं के साथ बिलेट को निरंतर आउटपुट देने लायक बनाया जाता है ।

1.2.10 फायदे और नुकसान

फायदे

- कम लागत प्रति पुर्जा उत्पादन ।
- संचालन का लचीलापन ।
- हॉट एक्सट्रूज़न में, पोस्ट निष्पादन परिवर्तन आसान होते हैं क्योंकि उत्पाद गर्म स्थिति में होगा ।
- सतत संचालन ।
- उच्च उत्पादन मात्रा ।
- कई प्रकार के कच्चे माल का उपयोग किया जा सकता है ।
- अच्छा मिश्रण ।
- अच्छी सरफेस फिनिश ।
- कोल्ड एक्सट्रूज़न में अच्छे यांत्रिक गुण प्राप्त होते है ।

नुकसान

- उत्पाद के आकार में बदलाव ।
- उत्पाद सीमाएं क्योकि एक समय में केवल एक प्रकार के क्रॉस सेक्शन उत्पाद प्राप्त कीये जा सकते हैं ।
- सेटअप की उच्च प्रारंभिक लागत

1.2.11 डीप ड्राइंग

हम सभी जानते हैं कि बेलनाकार या आयताकार कंटेनर सभी उद्योगों में आमतौर पर शीट मेटल की मदद से बनते हैं । जब उत्पाद की गहराई उसके व्यास से कम होती है तो प्रक्रिया को उथला/शेलो ड्राइंग माना जाता है। यदि गहराई व्यास से अधिक है, तो इसे डीप/गहरा ड्राइंग के रूप में जाना जाता है ।

1.2.12 पाइप बेन्डिंग

यह वह प्रक्रिया है जिसमें विशेष उपकरणों की सहायता से ट्यूबों या पाइपों को मोड़ा जाता है । हाइड्रोलिक पावर या मैनुअल पावर का उपयोग विशेष रूप से डिज़ाइन किए गए जिग्स और फिक्स्चर के साथ किया जाता है ।

रोचक तथ्य

- एक्सट्रूज़न की प्रक्रिया 1797 के आसपास की है जब जोसेफ ब्रामा ने इस पद्धति का पेटेंट कराया था ।
- इसका उपयोग मोमबत्ती बनाने में भी किया जाता है ।
- 1820 में हाइड्रोलिक प्रेस के आविष्कार तक इसे बड़े पैमाने पर मैन्युअल रूप से निष्पादित किया जाता था ।
- प्लास्टिक और पॉलिमर का उपयोग उन्नत उपकरणों के निर्माण के लिए एक्सट्रूज़न में किया जाता है ।

वीडियो संसाधन

Metal Forming

Forging

Extrusion

1.3 मशीनिंग प्रक्रिया

वर्कपिस से अवांछित मटेरियल को चिप्स के रूप में हटाने की प्रक्रिया को मशीनिंग कहते है । यदि वर्कपीस धातु है, तो इस प्रक्रिया को अक्सर मेटल कटिंग या मेटल रिमूवल कहा जाता है । आजकल अधिकांश फर्नीचर और लकड़ी के काम, लकड़ी की लेथ की मदद से किए जाते हैं । निम्नलिखित चित्र, आम तौर पर हर दिन की गतिविधि में देखे जाने वाले टर्निंग ऑपरेशन उत्पादों का एक विचार देती हैं ।

लकड़ी पर नक्काशी द्वारा बनाये उत्पाद

टर्निंग ऑपरेशन-स्पार्क प्लग

अधिकांश मशीनरी भागों का निर्माण मशीनिंग ऑपरेशंस द्वारा किया जाता है ! मशीनिंग सबसे पुरानी विनिर्माण पद्धति है जो आज भी कई उद्योगों में कई कार्यों के लिए प्रचलित है । सात बुनियादी मशीनिंग प्रक्रियाएं होती है: टर्निंग, मिलिंग, ड्रिलिंग, सॉइंग, ब्रोचिंग, शेपिंग और ग्राइंडिंग । इस विषय में हम बाद के पैराग्राफों में कुछ महत्वपूर्ण संक्रियाओं पर चर्चा करेंगे ।

1.3.1 टर्निंग ऑपरेशन

टर्निंग एक मशीनिंग प्रक्रिया है, जिसका उपयोग दो केंद्रों के बीच वर्कपीस को घुमाकर और वर्क पीस एक्सिस के समानांतर सिंगल पॉइंट कटिंग टूल को चलाकर, बेलनाकार और कोनिकल सतहों को उत्पन्न करने के लिए किया जाता है । बेलनाकार व्यास और चित्र 1.7 में आमतौर पर छोटे उद्योगों और शैक्षणिक संस्थानों में पाई जाने वाली लेथ / खराद मशीन को दर्शाया गया है ।

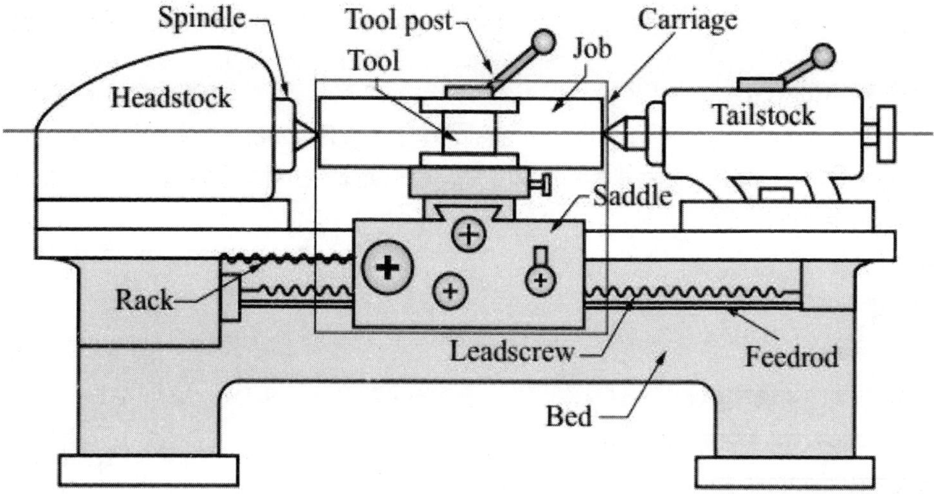

चित्र 1.7: लेथ मशीन (सोर्स: rgpvonline.com)

टर्निंग ऑपरेशन आमतौर पर सिंगल पॉइंट कटिंग टूल की मदद से लेथ मशीन पर किया जाता है । कटिंग टूल को घूमते हुए वर्कपीस के विरुद्ध फीड किया जाता है । ऑपरेशन का सिद्धांत चित्र 1.8 में दिखाया गया है, वर्कपीस को लेथ मशीन के दोनों केंद्रों के बीच मजबूती से लगाया जाता है जिसे हेड स्टॉक और टेल स्टॉक कहते है । कटिंग टूल को अनुदैर्ध्य (लोंगिट्यूडिनल) और

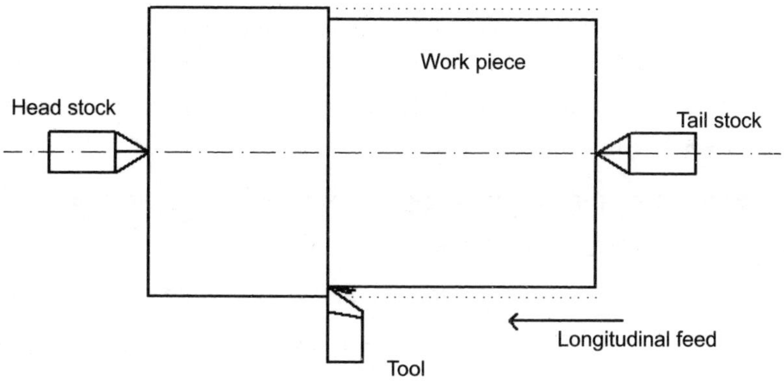

Turning Operation

चित्र 1.8: टर्निंग ऑपरेशन

अनुप्रस्थ (ट्रांस्वर्स) चलाया जाता है, जबकि वर्क पिस को उपयुक्त गति से घुमाया जाता है । वर्कपीस से अवांछित मटेरियल को चिप्स के रूप में हटा दिया जाता है । साथ ही, मटेरियल को ठीक से काटने के लिए, कटिंग टूल मटेरियल को वर्कपीस मटेरियल से हार्ड (कठोर) होना चाहिए ।

टूल की गति के आधार पर टर्निंग ऑपरेशन द्वारा तीन अलग-अलग प्रकार की सतहों को प्राप्त किया जा सकता है:

बेलनाकार सतह - जब कटिंग टूल वर्कपीस की धुरी के समानांतर चलता है तो बेलनाकार सतह (सिलिंड्रीकल सरफेस) प्राप्त की जा सकती है । इस ऑपरेशन को बेलनाकार या साधारण टर्निंग कहा जाता है ।

टेपर सरफेस - जब कटिंग टूल को वर्क पीस रोटेशन की धुरी पर एक कोण में चलाया जाता है तो टेपर्ड सतह प्राप्त होती है । इस ऑपरेशन को टेपर टर्निंग ऑपरेशन कहा जाता है ।

सपाट सतह - जब कटिंग टूल को वर्कपीस की धुरी के लंबवत ले जाया जाता है तो एक छोर पर सपाट सतह प्राप्त होती है । यह केवल हेड स्टॉक में वर्कपीस को फिक्स करके किया जा सकता है । इस ऑपरेशन को फेसिंग ऑपरेशन कहा जाता है ।

1.3.2 लेथ का वर्गीकरण

लेथ को विभिन्न अनुप्रयोगों के अनुरूप विभिन्न प्रकार और आकारों में डिज़ाइन किया गया है, उन्हें निश्चित श्रेणी में वर्गीकृत करना मुश्किल है, हालांकि निर्माण विधियों और कार्यों के आधार पर, लेथ को निम्नांकित रूप में वर्गीकृत किया जा सकता है ।

- इंजन/सेंटर लेथ
- स्पीड लेथ
- बेंच लेथ
- टूल रूम लेथ
- उत्पादन लेथ (प्रोडक्शन लेथ)
- विशेष प्रयोजन लेथ (स्पेशल पर्पस लेथ)
- स्वचालित/आटोमेटिक लेथ

1.3.3 टर्निंग ऑपरेशंस की शब्दावली

- **हेडस्टॉक:** इसमें पावर सोर्स, सभी पावर ट्रांसमिशन, गियर बॉक्स और स्पिंडल होते हैं । यह बेड के बायीं ओर लगा होता है।
- **टेलस्टॉक:** यह बेड के दाहिने ओर स्थित है जिसमे टेलस्टॉक स्पिंडल लगा होता है जिसका उपयोग केंद्रों के बिच लंबे वर्कपीस को लगाने के लिए होता है ।
- **कैरिज:** यह सतहों को उत्पन्न करने के लिए कटिंग टूल को आवश्यक अनुदैर्ध्य गति प्रदान करता है ।
- **बेड:** यह मशीन में मौजूद सभी पार्ट्स को एक सपोर्ट प्रदान करता है । बेड आमतौर पर कास्ट आयरन या मिश्र धातु कास्ट आयरन का उपयोग करके बनाए जाते हैं जिसमें निकील, क्रोमियम और मोलिब्डेनम जैसे मिश्र धातु तत्व होते हैं ।
- **कॉलम:** कॉलम वे होते हैं जिनमें बेड फिक्स होता है ।
- **वर्क-होल्डिंग डिवाइस:** वे आम तौर पर उपयुक्त स्थान पर प्रभावी क्लैंपिंग और आवश्यकता पड़ने पर सपोर्ट के लिए उपयोग किए जाते हैं । उदाहरण: चक, मेंड्रल आदि ।
- **लीड स्क्रू:** लीड स्क्रू का उपयोग थ्रेड कटिंग के लिए किया जाता है । इसका उपयोग कटिंग टूल को रोटेशन की धुरी के समानांतर दिशा में फीड करने के लिए किया जा सकता है, कई बार इस फ़ंक्शन के लिए एक अलग फीड रॉड प्रदान किया जाता है ।
- **कटिंग स्पीड:** यह प्रति इकाई समय में, वर्कपीस की परिधीय गति है ।

$$V = \frac{\pi DN}{1000} \text{ मीटर / मिनट}$$

जहां, D = वर्कपीस का व्यास, N = आर.पी.एम. में वर्कपीस की गति है ।

- **फ़ीड:** यह वर्कपीस के प्रत्येक चक्र के दौरान टूल द्वारा तय की गई दूरी है । यह मिमी / चक्र के संदर्भ में मापी जाती है ।
- **डेप्थ ऑफ़ कट (कट की गहराई):** यह मशीनिंग की हुई सतह से मूल सतह तक मापी गई लंबवत दूरी है ।

$$t = \frac{(d_1 - d_2)}{2} \text{ मिली मीटर}$$

जहां d_1 = वर्क पीस का मूल व्यास, d_2 = वर्क पीस का अंतिम व्यास (मिलीमीटर में)

- **कोनिसिटी:** यह एक शब्द है जिसका उपयोग टेंपर टर्निंग ऑपरेशन में किया जाता है; यह टेपर के व्यास में अंतर का इसकी लंबाई से अनुपात है ।

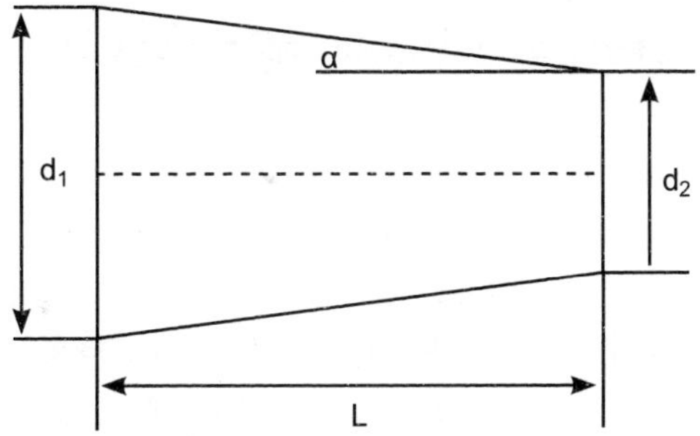

जहाँ d_1 = बड़ा व्यास, d_2 = छोटा व्यास, L = शंकु/टेपर की लंबाई, α = अर्ध शंकु कोण, K = कोनिसिटी है

$$K = \frac{(d_1 - d_2)}{L}$$

अर्ध शंकु कोण /सेमी टेपर एंगल,

$$\tan\alpha = \frac{(d_1 - d_2)}{2L} \text{ डिग्री में}$$

टेपर टर्निंग को कंपाउंड स्लाइड स्वीवेलिंग विधि या टेल स्टॉक ऑफसेट विधि द्वारा प्राप्त किया जा सकता है ।

- **नरलिंग ऑपरेशन:** एक टूल जिसे नरलिंग टूल कहा जाता हे की मदद से सिलेंडर की सतह पर हीरे जैसी खुरदरी सतह और इसी तरह के पैटर्न को उभारकर बनाना ।
- **थ्रेड कटिंग ऑपरेशन:** बेलनाकार सतह पर वांछित पिच के वी-थ्रेड्स या स्क्वायर थ्रेड्स का निर्माण करना ।

रोचक तथ्य

- आधुनिक लेथ की उत्पत्ति 13वीं या 14वीं शताब्दी ईसा पूर्व में प्राचीन ग्रीस में हुई थी । बेशक, यह एक बहुत ही अल्पविकसित लेथ थी, जिसमें घूमने वाली एक छड़ के साथ एक बेंचवर्क के अलावा और कुछ नहीं था । बहरहाल, इसने नए, ज्यादा आधुनिक लेथों का मार्ग प्रशस्त किया, जिनमें से अधिकांश अभी भी इसी मूल डिजाइन का उपयोग करते हैं ।
- औद्योगिक क्रांति के दौरान, लेथ को बोलचाल की भाषा में "मशीन टूल्स की जननी" के रूप में जाना जाता था क्योंकि ये अन्य मशीन टूल्स के निर्माण का कारण बनी । यदि यह लेथ न होते, तो शायद अन्य मशीन टूल्स का आविष्कार नही हुआ होता ।
- औद्योगिक क्रांति के दौरान निर्माण कंपनियों के बीच लेथ एक अमूल्य उपकरण बन गया । हालांकि इसने, इन कंपनियों को अन्य उपकरण बनाने के लिए विचार दिया, इसलिए उन्हें "मशीन टूल्स की जननी" कहा गया ।

वीडियो संसाधन

1.3.4 ड्रिलिंग ऑपरेशन

ड्रिलिंग एक ऐसा ऑपरेशन है जिसमें ड्रिल जिसको घूर्णन कटर टूल भी कहा जाता है का उपयोग करके ठोस सामग्री में छेद/होल बनाने के लिए किया जाता है । उद्योग में विभिन्न प्रकार की ड्रिलिंग मशीनें उपलब्ध हैं । चित्र 1.9 में बेंच ड्रिलिंग मशीन को दिखाया गया है ।

ड्रिलिंग ऑपरेशन करने के लिए, वर्कपीस पर छेद की स्थिति चिन्हित की जाती हे, वर्कपीस को उपयुक्त फिक्सचर का उपयोग करके वर्क टेबल पर फिक्स किया जाता है । उपयुक्त ड्रिल बिट और शीतलक/कुलेंट का चयन किया जाता है । ड्रिल को स्पिंडल में फिट किया जाता है। टूल हेड आर्म को घुमा-फिरा कर आवश्यक स्थिति में वर्कपीस के ऊपर लाया जाता है । ड्रिल हेड ड्राइव मैकेनिज्म पर आवश्यक फीड और स्पीड सेट की जाती है । तब मशीन शुरू करते है और फिर वर्कपीस पर ड्रिलिंग की जा सकती है ।

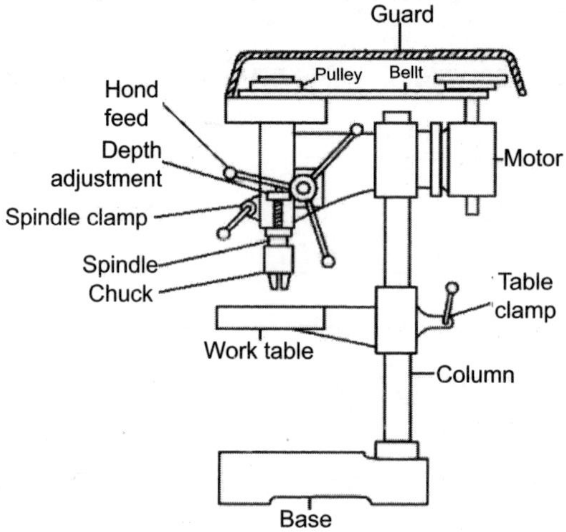

चित्र 1.9: ड्रिलिंग मशीन (सोर्स : learnmechanical.com)

1.3.5 मिलिंग ऑपरेशन

यह एक ऐसी प्रक्रिया है जिसके द्वारा मिलिंग कटर का उपयोग करके अवांछित धातु को वर्कपीस से हटा दिया जाता है । अधिकांश गियर दांतें (गियर टीथ) और स्लॉट (ग्रूव) इसी मशीन से बनाए जाते हैं । चित्र 1.10 एक प्रकार की मिलिंग मशीन को दर्शाता है । यहां वर्कपीस को मशीन टेबल पर रखा गया है; टेबल क्षैतिज और लंबवत दोनों तरह से स्लाइड कर सकती है । मिलिंग कटर स्पिंडल पर लगा होता है । स्पिंडल मोटर द्वारा संचालित होता है जिसके माध्यम से कटर स्पिंडल की धुरी पर घूमता है । डिजाइन के आधार पर, वर्कपीस को कटर के विरुध ले जाया जाता है, और मल्टीपल पास कट की वांछित गहराई प्रदान करता है । वर्कपीस को ठंडा करने के लिए कूलेंट/शीतलक की आपूर्ति रुक-रुक कर की जाती है और यह ऑपरेशन को प्रभावी बनाता है ।

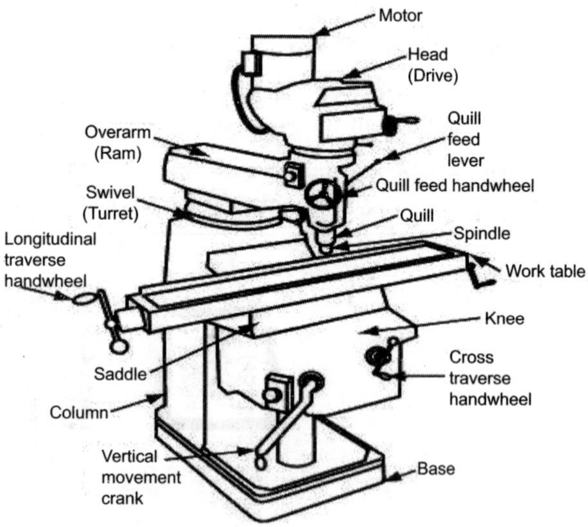

चित्र 1.10: मिलिंग मशीन (सोर्स: in.pinterest.com)

रोचक तथ्य

- 1700 मध्य के दौरान फ्रांसीसी आविष्कारक जैक्स डी वौकेनसन ने एक रोटरी फाइल के लिए एक पेटेंट दायर किया जो आधुनिक-दिन की मिलिंग मशीनों के संचालन की नकल करता है । उसके कुछ दशक बाद, सैमुअल रेहे ने एक कार्यात्मक मिलिंग मशीन का आविष्कार किया । तब से, मिलिंग मशीन निर्माण उद्योग में सबसे अधिक इस्तेमाल की जाने वाली मशीनों में से एक मशीन के रूप में उभरी है ।
- यद्यपि कई प्रकार की मिलिंग मशीनें हैं, उनमें से अधिकांश को उनके संबंधित कटिंग टूल के संरेखण के आधार पर क्षैतिज या ऊर्ध्वाधर के रूप में वर्गीकृत किया जा सकता है । ऊर्ध्वाधर मिलिंग मशीनें एक ऊर्ध्वाधर संरेखण से परिभाषित होती है, जबकि क्षैतिज मिलिंग मशीनें एक क्षैतिज संरेखण से परिभाषित होती है । एक ऊर्ध्वाधर मिलिंग मशीन में, कटिंग टूल को लंबवत रूप से लगाया जाता है । एक क्षैतिज मिलिंग मशीन में, कटिंग टूल को क्षैतिज रूप से लगाया जाता है ।

वीडियो संसाधन

Metal Cutting

Tools Construction

Mechanics of Machining

1.4 जोड़ने की प्रक्रियाए (जोइनिंग प्रोसेसेस)

यह वह प्रक्रिया है जिसमें एक या एक से अधिक घटकों को स्थायी या अस्थायी रूप से किसी कारण से जोड़ा जाता है । उद्योग में उपयोग किए जाने वाले जोड़ों के प्रकार निम्नलिखित हैं । जोड़ने की प्रक्रिया महत्वपूर्ण है क्योंकि उत्पाद के छोटे टुकड़े निर्माण करना ज्यादातर आसान और किफायती होता है। जटिल बड़े पार्ट्स को बनाने के लिए छोटे पार्ट्स को जोड़ने/संयोजन करने के साथ-साथ विभिन्न मटेरियल पार्ट्स को जोड़ने के लिए, जोड़ने की प्रक्रिया की आवश्यकता होती है । इस प्रकार असेंबली करना, निर्माण प्रक्रिया का एक महत्वपूर्ण अभिन्न अंग है, जिसके द्वारा विभिन्न आवश्यकताओं को पूरा करने के लिए विभिन्न प्रकार की समेकन प्रक्रियाओं को विकसित किया गया है । उद्योगों में निम्नलिखित बुनियादी जुड़ने की प्रक्रियाओं का अभ्यास होता हैं ।

1. **अस्थायी जोड़ (टेम्परारी जॉइंट):** ये वे जोड़ हैं जो कभी-कभी मरम्मत या प्रतिस्थापन के लिए खोले जाते हैं जैसे: नट और बोल्ट जोड़, पेंचदार जोड़, थ्रेडेड जोड़, कुंडी और स्प्रिंग्स के साथ जोड़ ।
2. **स्थायी जोड़ (परमानेंट जॉइंट):** ये उत्पाद के जीवनकाल में कभी नहीं खोले जाते हैं । उदाहरण के लिए: रिवेटेड जोड़, वेल्डेड जोड़, ब्रेज़्ड जोड़, चिपकने वाले जोड़ (एडहेसिव जॉइंट) ।

1.4.1 अस्थायी जोड़ (टेम्परारी जॉइंट)

आमतौर पर इन्हें यांत्रिक जोड़ कहा जाता है । ये विभिन्न प्रकार की तकनीकों और फास्टनरों के साथ बनाए जाते हैं जिन्हें व्यक्तिगत या असेंबली आवश्यकताओं के अनुरूप बनाया गया है । ये फास्टनर अभिन्न फास्टनर्स, थ्रेडेड असतत फास्टनर्स हो सकते हैं जिनमें स्क्रू, बोल्ट, स्टड और इंसर्ट, गैर-थ्रेडेड असतत फास्टनर्स जैसे रिवेट्स, पिन, रिटेनिंग रिंग, कील, स्टेपल और वायर टांके शामिल हैं। निम्नलिखित चित्र अस्थायी जोड़ों के कुछ उदाहरण के रूप में दिखाए गए है ।

विशिष्ट फास्टनर या फास्टनिंग विधि का चयन मुख्य रूप से जोड़ने वाले मटेरियल, जॉइंट के कार्य, ताकत और विश्वसनीयता आवश्यकताओं, वजन सीमाओं, पार्ट्स के डायमेंशंस और पर्यावरणीय परिस्थितियों के साथ साथ लागत मूल्य, अभिगम्यता, सौंदर्यता

आदि पर निर्भर करता है । आसान असेंबली और डिस्असेंबली के लिए, थ्रेडेड फास्टनर्स, स्नैप फिट्स, या अन्य फास्टनरों को निर्दिष्ट किया जाना चाहिए जिन्हें जल्दी और आसानी से हटाया जा सके । एक यांत्रिक जोड़, या तो क्लैंपिंग बल के परिणामस्वरूप उत्पन्न इंटरलॉकिंग से या मैकेनिकल इंटरलॉकिंग के माध्यम से अपनी ताकत प्राप्त करता है । विभिन्न अनुप्रयोगों में ऑटोमोबाइल, विनिर्माण, एयरोस्पेस, समुद्री क्षेत्र शामिल हैं तथा अधिकांश उपकरणों जिनमें कम से कम उनके एक हिस्से में इस तरह के जोड़ होते हैं ।

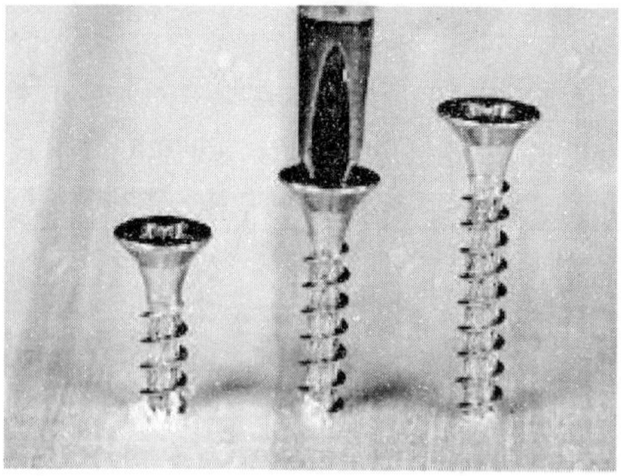

1.4.2. स्थायी जोड़ (परमानेंट जॉइंट)

ये जोड़ स्थायी प्रकृति के होते हैं और सतहों को गर्म और सफाई करने की आवश्यकता होती है । इस श्रेणी में रिवेटिंग, सोल्डरिंग, ब्रेजिंग, वेल्डिंग और चिपकने वाले जोड़ (एडहेसिव बॉन्डिंग) शामिल है । आमतौर पर, वेल्डिंग का उपयोग स्थायी जोड़ों को प्राप्त करने के लिए किया जाता है, लेकिन कुछ मामलों में जहाँ वेल्डिंग सबसे अच्छा विकल्प नहीं है और आपत्तिजनक माना जाता है: और जहाँ मटेरियल की वेल्डेबिलिटी खराब होती है, या जहाँ वेल्डिंग बहुत महंगा होता है, या जहाँ जोड़ में पतले या भिन्न-भिन्न मटेरियल शामिल होते है । ऐसे मामलों में, कम तापमान पर जोड़ने वाली प्रकियाओ को प्राथमिकता दी जा सकती है । इनमें ब्रेजिंग, सोल्डरिंग, एडहेसिव बॉन्डिंग शामिल हैं । निम्नलिखित चित्र स्थायी जोइनिंग प्रक्रिया उत्पादों का वर्णन करती हैं । आइए इन पर निम्नलिखित पैराग्राफों में चर्चा करें ।

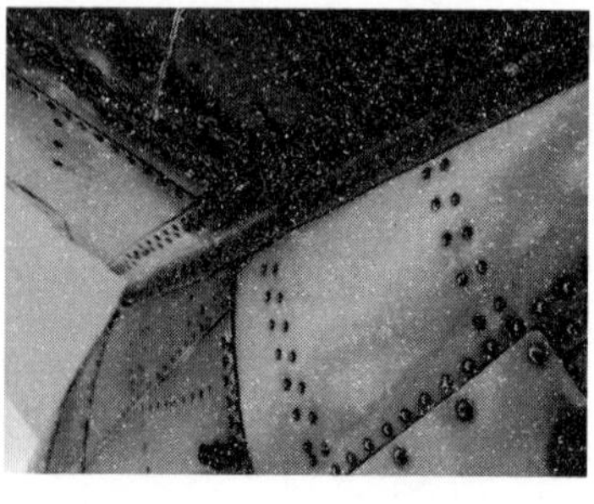

विमानन अनुप्रयोग में रिवेटेड जोड़

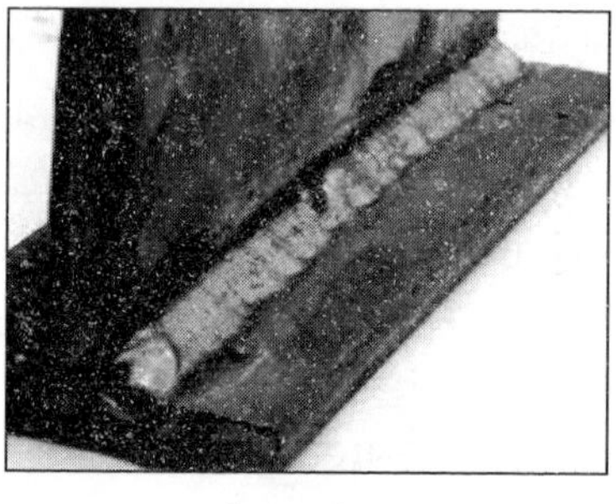

वेल्डेड जोड़

सोल्डरिंग

यह एक जोड़ने की प्रक्रिया है जिसमें दो या दो से अधिक टुकड़े सोल्डर और फ्लक्स की मदद से गर्म होते है । तापमान सीमा आमतौर पर 450 डिग्री सेंटीग्रेड से कम होती है । टांका लगाने के स्थान पर धातु के ऑक्सीकरण को रोकने के लिए फ्लक्स का उपयोग किया जाता है । आमतौर पर इस्तेमाल की जाने वाली फ्लक्स पदार्थ जिंक क्लोराइड, अमोनियम क्लोराइड, हाइड्रोक्लोरिक एसिड, बोरेक्स आदि है । सोल्डरिंग ऑपरेशन नीचे चित्र 1.11 में दिखाया गया है ।

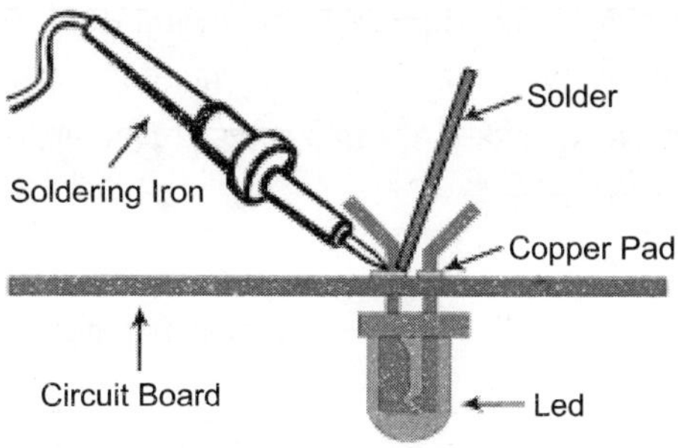

चित्र 1.11: सोल्डरिंग

सोल्डरिंग को निम्नलिखित चरणों में प्रदर्शित किया जा सकता है :

- टांका लगाने के लिए धातु की सतह को साफ करें
- सोल्डरिंग गन को पर्याप्त रूप से गर्म किया जाना है
- सोल्डरिंग गन की नोक को फ्लक्स में डुबोना है और सोल्डर पर टिन टिप तक रगड़ना है ।
- पिघले हुए सोल्डर को जोड़ पर जमा करना है
- इस प्रकार ऑपरेशन पूर्ण किया जाता है

सोल्डरिंग किफायती और सरल है, इसमें कम तापमान के संचालन के कारण थर्मल विकृतियां कम होती हैं । कंप्यूटर, टीवी और अन्य इलेक्ट्रॉनिक सामानों में पीसीबी को सोल्डर किया जा सकता है ।

ब्रेज़िंग (टांकना)

ब्रज़िंग भी सोल्डरिंग ऑपरेशन के समान है केवल अंतर उपयोग किये जाने वाले तापमान का है । यह 450 डिग्री सेंटीग्रेड तापमान से ऊपर काम करता है । प्रक्रिया में स्पेल्टर और फ्लक्स का उपयोग किया जाता है । स्पेल्टर एक कठोर भराव सामग्री है जो बोरेक्स, राख आदि के रूप में हो सकती है । सोल्डरिंग की तुलना में यह जोड़ अधिक मजबूत होते हैं । इस विधि का उपयोग टैंक, रेडिएटर्स की जोइनिंग में होता है ।

ब्रज़िंग ऑपरेशन निम्नलिखित चरणों के साथ किया जाता है:

- ब्रेजिंग पार्ट्स की सतहों को साफ करें ।
- सतह पर फ्लक्स लगायें ।
- ब्रेज़्ड किए जाने वाले पुर्जों को क्लैंप द्वारा जकड़ें ।
- वर्कपीस को ब्लो टार्च से गर्म करें ।
- पिघले हुए स्पेलर को जोड़ों में प्रवाहित होने दें ।
- वर्कपीस को धीरे-धीरे ठंडा होने दें ।

वेल्डिंग

यह दो समान या असमान धातुओं को, हीट और प्रेशर के साथ या बिना, जोड़ने की प्रक्रिया है । यह ध्यान रखना महत्वपूर्ण है कि सभी जोईनिंग प्रक्रियाएं, प्रत्येक इंजीनियरिंग मटेरियल के अनुकूल नहीं होती हैं । वेल्डेबिलिटी या जॉइनबिलिटी का तात्पर्य किसी सामग्री की वेल्ड या जुड़ने की क्षमता का एक विश्वसनीय माप है, वे वास्तव में काफी अस्पष्ट हैं । एक प्रक्रिया उत्कृष्ट परिणाम दे सकती है जब

दिए गए मटेरियल पर लागू होती हैं, जबकि दूसरी प्रक्रिया निराशाजनक विफलता उत्पन्न कर सकती है । किसी दी गई प्रक्रिया में, प्रक्रिया मापदंडों में भिन्नता के साथ परिणाम की गुणवत्ता बहुत ज्यादा बदल सकती है, जैसे इलेक्ट्रोड सामग्री, परिरक्षण गैस, वेल्डिंग गति और शीतलन दर । अनुकूलता के आधार पर, प्रक्रिया और मटेरियल को, विशेष जोइनिंग प्रक्रिया के लिए चुना जाता है ।

वेल्डिंग को निम्नानुसार वर्गीकृत किया जा सकता है

(a) ऑक्सी ईंधन गैस वेल्डिंग
- ऑक्सी-एसेटिलीन वेल्डिंग (OAW)
- प्रेशर गैस वेल्डिंग (PGW)

(b) आर्क वेल्डिंग (AW)
- शिल्डेड धातु आर्क वेल्डिंग (SMAW)
- गैस मेटल आर्क वेल्डिंग (GMAW)
- पल्स्ड आर्क (GMAW-P)
- गैस टंगस्टन आर्क वेल्डिंग (GTAW)
- फ्लक्स-कोर्ड आर्क वेल्डिंग (FCAW)
- सबमर्जड आर्क वेल्डिंग (SAW)
- प्लाज्मा आर्क वेल्डिंग (PAW)
- स्टड वेल्डिंग (SW)

(c) प्रतिरोध वेल्डिंग/रेजिस्टेंस वेल्डिंग (RW)
- प्रतिरोध स्पॉट वेल्डिंग (RSW)
- प्रतिरोध सीम वेल्डिंग (RSW)
- प्रोजेक्शन वेल्डिंग (RPW)

(d) सॉलिड-स्टेट वेल्डिंग (SSW)
- फोर्ज वेल्डिंग (FOW)
- कोल्ड वेल्डिंग (CW)
- घर्षण/फ्रिक्शन वेल्डिंग (FRW)
- अल्ट्रासोनिक वेल्डिंग (USW)
- विस्फोट/एक्स्प्लोशन वेल्डिंग (EXW)
- रोल वेल्डिंग (ROW)

(e) विशेष प्रयोजन/स्पेशल पर्पस वेल्डिंग
- थर्मिट वेल्डिंग (TW)
- लेजर-बीम वेल्डिंग (LBW)
- इलेक्ट्रोस्लैग वेल्डिंग (ESW)
- फ्लैश वेल्डिंग (FW)
- प्रेरण/इंडक्शन वेल्डिंग (IW)
- इलेक्ट्रॉन-बीम वेल्डिंग (EBW)

पाठ्यक्रम के अनुसार यहां सामग्री की पुनरावृत्ति से बचने के लिए यूनिट -5 में आर्क और गैस वेल्डिंग प्रक्रिया पर चर्चा की जाएगी ।

एडहेसिव जॉइनिंग (चिपकने वाली जुड़ाई)

एडहेसिव बोन्डिंग मटेरियल जोड़ने की एक प्रक्रिया है जिसमें दो सतहों के बीच एक चिपकने वाला पदार्थ रखा जाता है जिसे आम तौर पर ऐडेरेन्डस कहा जाता है । किसी मटेरियल के लिए आदर्श एडहेसिव बांड में सतह की तैयारी की आवश्यकता नहीं है, यह तेजी से ठीक करता है, और सभी परिचालन स्थितियों के तहत एक उच्च बंधन शक्ति बनाए रखता है । एडहेसिव सीमेंट, गोंद, पौधों से प्राप्त तरल पदार्थ या रासायनिक पेस्ट के रूप में हो सकता है । हालांकि कार्बनिक और अकार्बनिक दोनों मूल के प्राकृतिक एडहेसिव उपलब्ध हैं, सिंथेटिक कार्बनिक पॉलिमर आमतौर पर धातुओं को जोड़ने में उपयोगी होते हैं ।

एडहेसिव का विकास प्रारंभिक अनुप्रयोगों जैसे प्लाइवुड जॉइनिंग ऑपरेशंस से लेकर स्ट्रक्चरल एडहेसिव जॉइनिंग के उपयोग तक हुआ । एडहेसिव्स का उपयोग हर क्षेत्र में किया जाता है जैसे ऑटोमोटिव, एयरोस्पेस, निर्माण, पैकेजिंग, फर्नीचर, उपकरण, इलेक्ट्रॉनिक्स, बुकबाइंडिंग, उत्पाद असेंबली, और यहां तक कि चिकित्सा, दंत चिकित्सा जैसे क्षेत्रों में । इसके अलावा, क्योंकि

एडहेसिव बॉन्डिंग में विविध प्रकार के मैटेरियल्स को बांधने की क्षमता होती है, प्लास्टिक और कंपोजिट के लगातार बढ़ते अनुप्रयोगों के साथ इसका उपयोग काफी बढ़ गया है ।

रोचक तथ्य

- प्राचीन यूनानियों के समय में पेंच/स्क्रू पहली बार मशीनरी में दिखाई दिया । स्क्रू का इस्तेमाल सबसे पहले जैतून प्रेस और अंगूर प्रेस में किया जाता था । मध्य युग में, इस तंत्र को प्रिंटिंग प्रेस और पेपर प्रेस में उपयोग हेतु अनुकूलित पाया गया था। स्क्रू तंत्र न्यूनतम प्रयास के साथ दबाए जा रहे वस्तु पर जबरदस्त बल लगाता है ।
- इस बात के प्रमाण हैं कि 5,000 साल पहले मेसोपोटामिया में सोल्डरिंग का इस्तेमाल किया गया था । माना जाता है कि सोल्डरिंग और ब्रज़िंग की उत्पत्ति धातु-कार्य के इतिहास में बहुत पहले हुई थी, शायद 4000 ईसा पूर्व से पहले । 3000 ईसा पूर्व से सुमेरियन तलवारें हार्ड सोल्डरिंग का उपयोग करके बनाई गई थीं ।
- अर्न्स्ट सैक्स (जर्मनी) ने उद्योग के लिए पहला इलेक्ट्रिक सोल्डरिंग आयरन विकसित करने का दावा किया है और ई.आर. एस.ए. ने 200 वाट इलेक्ट्रिक सोल्डरिंग आयरन का व्यावसायिक उत्पादन शुरू किया ।
- लौह युग के दौरान मिस्र और पूर्वी भूमध्य क्षेत्र के लोगों ने लोहे के टुकड़ों को वेल्ड करके आपस में जोड़ना सीखा । कई उपकरण पाए गए जो लगभग 1000 ई.पू. में बनाए गए थे । मध्य युग के दौरान, लोहारी कला विकसित हुई और लोहे की कई वस्तुओं का उत्पादन किया गया जिन्हें हथौड़े से वेल्ड किया गया था ।
- 1881 में, फ्रांसीसी वैज्ञानिक ऑगस्टे डी मेरिटेंस ने एक आर्क से उत्पन्न गर्मी का उपयोग करके सीसा प्लेटों को फ्यूज करने में सफलता प्राप्त की । बाद में, रूसी वैज्ञानिक निकोलाई एन. बेनार्डोस और उनके हम वतन स्टैनिस्लॉस ओल्स्ज़वेस्की द्वारा विकसित किया गया ।

वीडियो संसाधन

Joining Technologies

Brazing

Soldering

1.5 उन्नत विनिर्माण / गैर-पारंपरिक मशीनिंग

हम सभी जानते हैं कि निर्माण प्रक्रियाएं दो प्रकार की होती हैं, एक ट्रेडिशनल या पारंपरिक मशीनिंग प्रक्रिया है जो लेथ, ड्रिलिंग, मिलिंग, शेपिंग और अन्य मशीनों का उपयोग करती है । दूसरा एक अपरंपरागत या गैर-पारंपरिक विनिर्माण प्रक्रिया है, जिसे उन्नत विनिर्माण प्रक्रिया के रूप में भी जाना जाता है । इसे प्रक्रियाओं के एक समूह के रूप में परिभाषित किया जाता है जो यांत्रिक, थर्मल, विद्युत या रासायनिक ऊर्जा या इन ऊर्जाओं के संयोजन से जुड़ी विभिन्न तकनीकों द्वारा अतिरिक्त अवांछित मटेरियल को हटा देता है, लेकिन एक तेज काटने वाले कटिंग टूल का उपयोग नहीं करता है जिसकी पारंपरिक निर्माण प्रक्रियाओं में उपयोग की आवश्यकता होती है ।

ये (अपरंपरागत या गैर-पारंपरिक विनिर्माण प्रक्रियाए) वहां कार्यरत हैं जहां पारंपरिक मशीनिंग प्रक्रियाएं विशेष कारणों से संभव, संतोषजनक या किफायती नहीं हैं ।

पारंपरिक मशीनिंग ज्यादातर उन टूल्स का उपयोग करके मटेरियल को हटाने पर आधारित होती है जो स्वयं मटेरियल की तुलना में कठोर होते हैं । जैसा की उद्योग गतिविधियों, मैटेरियल्स और मशीनों में प्रगति होने से, इसने नई मैटेरियल्स और प्रक्रियाओं को बनाने के लिए नई चुनौतियां दी है । नई और नवीन मैटेरियल्स अपने अत्यधिक उन्नत रासायनिक, यांत्रिक और थर्मल गुणों के कारण कभी-कभी पारंपरिक मशीनिंग प्रक्रियाओं द्वारा मशीनिंग असंभव होती है । पारंपरिक मशीनिंग विधियां अक्सर सिरेमिक और कंपोजिट जैसे कठोर पदार्थ को को मशीनिंग करने में अप्रभावी होती हैं, तथा माइक्रो मशीन पार्ट्स जहाँ बहुत शुक्ष्म टॉलरेंसेस नियंत्रित करने होते है अप्रभावी होती है । गैर-पारंपरिक मशीनिंग नये और कठोरतम मैटेरियल्स के लिए आशा की किरण बन गई है। इनका वर्गीकरण तीन शीर्षकों के तहत यांत्रिक, थर्मल और रासायनिक प्रक्रिया के रूप में किया जाता है ।

मैकेनिकल मशीनिंग में वाटर जेट मशीनिंग (WJM), एब्रेसिव जेट मशीनिंग (AJM) और अल्ट्रासोनिक मशीनिंग (USM) है । थर्मल श्रेणी में इलेक्ट्रॉन डिस्चार्ज मशीनिंग (EDM), इलेक्ट्रॉन बीम मशीनिंग (EBM), लेजर बीम मशीनिंग (LBM), प्लाज्मा बीम मशीनिंग (PBM) शामिल हैं । रासायनिक श्रेणी में इलेक्ट्रो केमिकल मशीनिंग (ECM), रासायनिक मशीनिंग (CHM) है ।

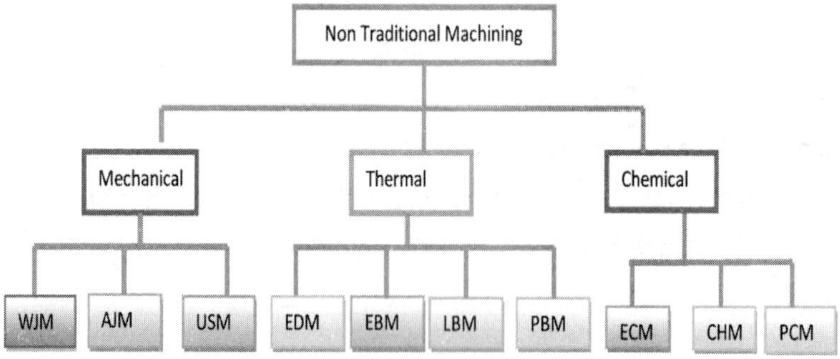

प्रत्येक श्रेणी से एक प्रक्रिया को नीचे उप-विषयों में समझाया गया है ।

Abrasive Jet Machining (AJM)

1.5.1 एब्रेसिव जेट मशीनिंग

एब्रेसिव वॉटर जेट कटिंग, वॉटर जेट मशीनिंग का एक विस्तारित संस्करण है; वाटर जेट मशीनिंग की तुलना में मटेरियल हटाने की दर को बढ़ाने के लिए यहां पानी के जेट के साथ-साथ सिलिकॉन कार्बाइड या एल्यूमीनियम ऑक्साइड जैसे घर्षण कण/ एब्रेसिव पार्टिकल्स मिले होते हैं । कठोरतम भंगुर मटेरियलस जैसे कांच, सिरेमिक्स की चीजों से लेकर अत्यंत नरम सामग्री जैसे फोम और रबर सामग्री की विस्तृत श्रृंखला को अब्रसिवे वाटर जेट कटिंग से काटा जा सकता है । संकीर्ण काटने की धारा और कंप्यूटर नियंत्रित गति, इस

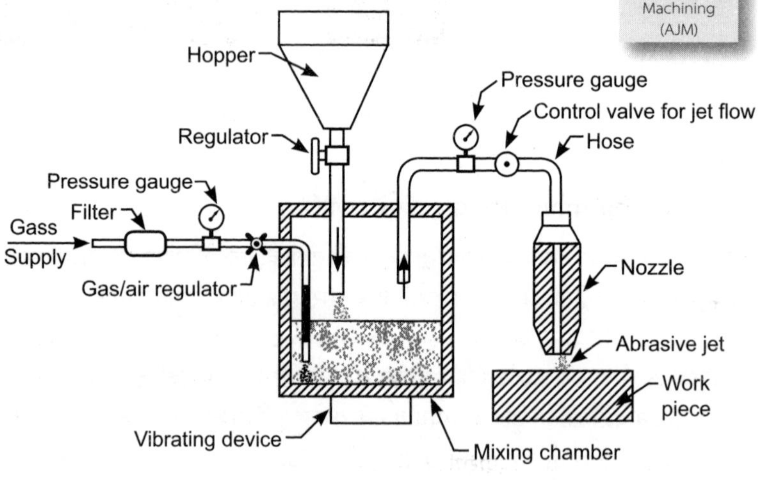

चित्र 1.12: एब्रेसिव जेट मशीनिंग

प्रक्रिया को सटीक और कुशलता से पार्ट्स का उत्पादन करने में सक्षम बनाती है । यह मशीनिंग प्रक्रिया विशेष रूप से उन सामग्रियों को काटने के लिए आदर्श है जिन्हें लेजर या थर्मल कट द्वारा नहीं काटा जा सकता है । इस प्रक्रिया द्वारा विभिन्न मोटाई के धात्विक, अधात्विक और उन्नत मिश्रित मैटेरियल्स को काटा जा सकता है । यह प्रक्रिया गर्मी संवेदनशील मैटेरियल्स के लिए विशेष रूप से उपयुक्त है जिसे मशीनिंग करते समय गर्मी उत्पन्न करने वाली प्रक्रियाओं द्वारा मशीनीकृत नहीं किया जा सकता है । एब्रेसिव वॉटर जेट कटिंग तंत्र का आरेख चित्र 1.12 में दर्शाया गया है ।

कक्ष/चैम्बर में पानी और अपघर्षक घोल (एब्रेसिव स्लरी) होता है; नियंत्रित दबाव और पूर्व निर्धारित ऊंचाई पर अपघर्षक घोल के कण, वर्कपीस पर सतह के कणों को हटाने के लिए, रुक-रुक कर वर्कपीस से टकराएंगे ।

एब्रेसिव जेट मशीनिंग एयरोस्पेस, ऑटोमोटिव और इलेक्ट्रॉनिक्स उद्योगों में अनुप्रयोगिक है । एयरोस्पेस उद्योगों में, सैन्य विमानों के लिए टाइटेनियम बॉडी, इंजन के घटक एल्यूमीनियम बॉडी पार्ट्स और आंतरिक केबिन भागों को एब्रेसिव वाटर जेट मशीनिंग का उपयोग करके बनाया जाता है । ऑटोमोटिव उद्योगों में इंटीरियर ट्रिम और फाइबर ग्लास बॉडी कंपोनेंट्स और बंपर बनाए जाते हैं । इसी तरह, इलेक्ट्रॉनिक्स उद्योगों में, सर्किट बोर्ड और केबल स्ट्रिपिंग को एब्रेसिव जेट मशीनिंग द्वारा बनाया जाता है।

1.5.2 लेजर बीम मशीनिंग

लेजर-बीम मशीनिंग (LBM) थर्मल-मेटल-निष्कासन प्रक्रियाओं में से एक है, जहां धातु और गैर-धातु के वर्कपीस की सतह पर कणों को पिघलाने और वाष्पीकृत करने के लिए उच्च ऊर्जा, सुसंगत प्रकाश किरण का उपयोग किया जाता है । अधिकांश समय लेजर का उपयोग काटने, ड्रिलिंग, वेल्डिंग और मार्किंग के लिए किया जाता है । लेजर-बीम मशीनिंग (LBM) चादरों पर सटीक रूप से छेद बनाने के लिए अधिक उपयुक्त है ।

चित्र 1.13 लेजर बीम उत्पादन को योजनाबद्ध रूप से दर्शाता है; यहां फ्लैश लैंप के बीच लेजर डिस्चार्ज ट्यूब लगाई गई है । जब फ्लैश लैंप को बिजली की आपूर्ति की जाती है तो लेजर डिस्चार्ज ट्यूब से किरणें निकलने लगती हैं । डिस्चार्ज ट्यूब शीर्ष पर 100% परावर्तक दर्पण से सुसज्जित है, जो सभी बीमों को नीचे आने और नीचे आंशिक रूप से परावर्तक दर्पण से गुजरने के लिए प्रतिबिंबित करती है । यह उच्च ऊर्जा किरणें, लेंस से गुजरने के लिए बनाई जाती हैं, जो वर्कपीस के पास लगा होता हैं । फोकस दूरी का समायोजन आवश्यक प्रकाश की तीव्रता देता है । मोनोक्रोमैटिक प्रकाश की उच्च आवृत्ति उस बिंदु पर सतही स्तर पर गिरती है, उस बिंदु पर सामग्री का ताप, पिघलना और विघटित होना फोटॉनों के टकराने के कारण होता है । जब वर्कपीस के एक बिंदु पर किरणें पड़ती हैं तो यह सतह को मिटा देती है, और छेद बनाती है । ऑपरेशन बहुत तात्कालिक है ।

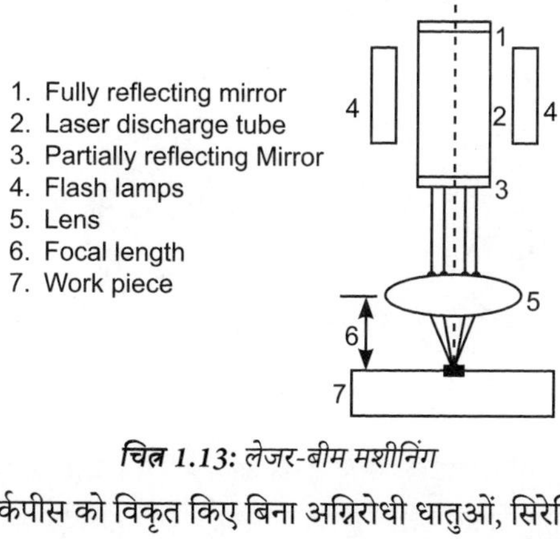

Laser Beam Machining Process

चित्र 1.13: लेजर-बीम मशीनिंग

लेजर-बीम मशीनिंग (LBM) वर्कपीस को विकृत किए बिना अग्निरोधी धातुओं, सिरेमिक की चीज़ें और कम्पोजिट मटेरियल में 0.005 मिमी जितना छोटा और बहुत सटीक छेद बना सकता है । इस प्रक्रिया का धातु और गैर-धातु सामग्री की ड्रिलिंग और

कटिंग के लिए व्यापक रूप से उपयोग किया जाता है । इलेक्ट्रॉनिक और ऑटोमोटिव उद्योगों में लेजर बीम मशीनिंग का बड़े पैमाने पर उपयोग किया जा रहा है ।

फायदे

- लेजर बीम का उपयोग सभी प्रकार की सामग्रियों को काटने के लिए किया जाता है ।
- विभिन्न प्रकार के लेज़रों के अलग-अलग उपयोग होता हैं ।
- यह उच्च सटीकता प्रदान करता है ।
- लेजर मशीनों की रखरखाव लागत तुलनात्मक रूप से कम है ।

नुकसान

- उच्च प्रारंभिक लागत ।
- लेजर बीम को अनुरक्षीत करने के लिए उच्च कुशल श्रमिकों की आवश्यकता होती है ।
- बड़े पैमाने पर धातु प्रक्रियाओं के लिए उपयुक्त नहीं है ।
- अधिक ऊर्जा खपत ।

1.5.3 इलेक्ट्रोकेमिकल मशीनिंग (विद्युत रासायनिक मशीनिंग)

यह रासायनिक मशीनिंग प्रक्रियाओं में से एक है, इलेक्ट्रोकेमिकल मशीनिंग (ECM) रिवर्स इलेक्ट्रोप्लेटिंग के सिद्धांत पर आधारित एक धातु हटाने की प्रक्रिया है । इस प्रक्रिया में, कण एनोडिक सामग्री (वर्क पीस) से कैथोडिक सामग्री (मशीनिंग टूल) की ओर जाते हैं । मशीनिंग उपकरण तक पहुंचने का मौका मिलने से पहले इलेक्ट्रोलाइट तरल पदार्थ की एक धारा क्षीण हुई सामग्री को दूर ले जाती है । चित्र 1.14 विद्युत रासायनिक मशीनिंग संचालन को योजनाबद्ध दर्शाता है ।

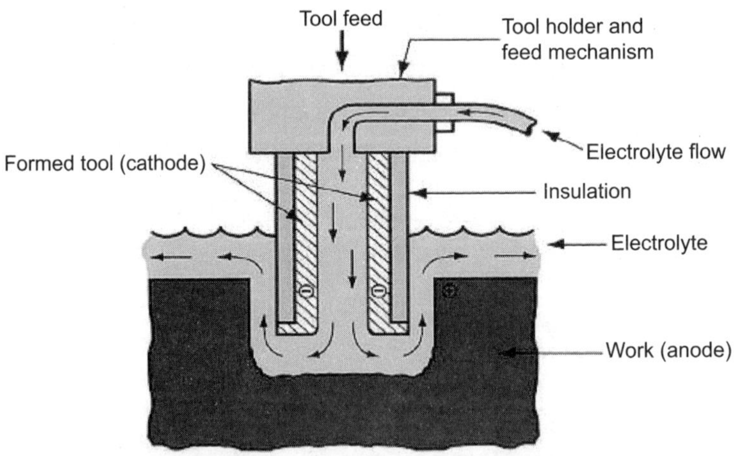

Electro-chemical Machine (ECM)

चित्र 1.14 : इलेक्ट्रोकेमिकल मशीनिंग (ECM) (सोर्स: machinemfg.com)

पंप का उपयोग करके सिस्टम को इलेक्ट्रोलाइट की आपूर्ति की जाती है । पंप और सिस्टम के बीच में एक फिल्टर लगाया जाता है जिसका उपयोग सिस्टम तक पहुंचने से पहले इलेक्ट्रोलाइट को फिल्टर करने के लिए किया जाता है । फिल्टर और फ्लो रेगुलेटर

से गुजरने के बाद, इलेक्ट्रोलाइट वर्कपीस और टूल के बीच के स्थान पर पहुंच जाता है । जैसे ही इलेक्ट्रोलाइट एनोड और कैथोड के बीच की खाई तक पहुंचता है, एनोड और कैथोड के बीच विद्युत संपर्क स्थापित हो जाता है । विद्युत संपर्क स्थापित होने के बाद, सकारात्मक आयन वर्कपीस से टूल की ओर बहने लगते हैं और नकारात्मक आयन टूल से वर्कपीस की ओर बहने लगते हैं । जब धनात्मक आयन वर्कपीस से उपकरण की ओर प्रवाहित होते हैं, तो इलेक्ट्रोलाइट धनात्मक आयनों को अपने साथ ले जाता है और उपकरण तक पहुँचने से रोकता है । इसलिए सामग्री वर्कपीस से निकालना शुरू कर देती है क्योंकि वर्कपीस से सकारात्मक आयन घुल जाते हैं और इलेक्ट्रोलाइट द्वारा दूर ले जाते हैं और उपकरण से आने वाले नकारात्मक आयनों की मारक शक्ति के कारण सामग्री को हटा दिया जाता है । वर्कपीस से अवांछित मटेरियल हटाने की यह प्रक्रिया तब तक जारी रहती है जब तक कि वर्कपीस में एक कैविटी नहीं बन जाती जो इस प्रक्रिया में इस्तेमाल किए गए टूल की प्रतिकृति होती है ।

फायदे

- घटक/कंपोनेंट्स, थर्मल या यांत्रिक तनाव के अधीन नहीं होते ।
- ECM प्रक्रिया के दौरान कोई टूल वियर नहीं होता ।
- नाज़ुक पार्ट्स को आसानी से मशीनीकृत किया जा सकता है क्योंकि इसमें कोई स्ट्रेस शामिल नहीं होता है ।
- ECM प्रक्रिया द्वारा 25 माइक्रोन तक की उच्च सतह फिनिश प्राप्त की जा सकती है ।
- विशेष रूप से एयरोस्पेस उद्योग में उच्च स्ट्रेंथ मैटेरियल्स में जटिल ज्यामितीय आकार के टरबाइन ब्लेड, जेट-इंजन भागों और नोजल के बड़े पैमाने पर उत्पादन के लिए बार-बार और सटीक रूप से मशीनीकृत किया जा सकता है ।

सीमाएं

- ECM तीक्ष्ण वर्गाकार कोनों या सपाट तलों (फ्लैट बॉटम्स) का उत्पादन करने के लिए उपयुक्त नहीं है क्योंकि इलेक्ट्रोलाइट की तीक्ष्ण प्रोफाइल को मिटाने की प्रवृत्ति होती है ।
- ECM बहुत विशिष्ट अनुप्रयोगों के लिए हो सकता है ।

रोचक तथ्य

- पारंपरिक मशीनिंग के कई नुकसान और सीमाएं हैं जैसे टूल वियर, जटिल सतह, कमजोर सतह फिनिशिंग आदि । वर्कपीस की कठोरता के कारण पारंपरिक मशीनिंग प्रक्रियाएं सीमित हैं । पारंपरिक मशीनिंग में मशीनिंग के लिए कठोर सतह हेतु कठोरतम टूल मटेरियल की आवश्यकता होती है । यह कभी-कभी अलाभकारी और कभी-कभी अनुपलब्ध भी होती है। पारंपरिक मशीनिंग की इन सीमाओं को गैर-पारंपरिक मशीनिंग प्रक्रिया द्वारा समाप्त किया जा सकता है । इन मशीनिंग प्रक्रियाओं में कुछ अन्य अपरंपरागत ऊर्जा स्रोतों का उपयोग किया जाता है जैसे लेजर, रसायन, इलेक्ट्रॉन, हाइड्रोलिक ऊर्जा आदि ।
- ऊर्जा के उपयोगी स्रोतों के रूप में पानी, भाप और बाद में बिजली की शुरूआत ने बिजली से चलने वाले मशीन टूल्स का उत्पादन किया, जिसने कई अनुप्रयोगों में मैन्युअल रूप से संचालित उपकरणों को तेजी से बदल दिया । इन उन्नत के आधार पर और कटिंग टूल मटेरियल के रूप में मिश्र धातु इस्पात के धातुकर्म विकास के साथ, अठारहवीं और उन्नीसवीं शताब्दी में एक नया मशीन उपकरण उद्योग उत्पन्न होना शुरू हुआ । इस नए उद्योग में एक प्रमुख मूल योगदान 1774 में जॉन विल्किंसन का था ।
- औद्योगिक क्रांति और नये मैटेरियल्स में उन्नति ने इंजीनियरों को अंतरिक्ष, एयरोस्पेस, रक्षा और मोटर वाहन क्षेत्र में जरूरतों को पूरा करने के लिए नई मशीनिंग प्रक्रिया पर सोचने के लिए नई चुनौतियां दी है ।

वीडियो संसाधन

Non-traditonal Abrasive Machining

Electr-Chemical Machining

Laser Beam Machining

यूनिट सारांश

- कास्टिंग आमतौर पर इस्तेमाल की जाने वाली निर्माण प्रक्रिया में से एक है जिसमें एक तरल सामग्री को पूर्व-डिज़ाइन किए गए सांचे में डाला जाता है, जिसमें वांछित आकार का एक खोखला कैविटी होता है, और फिर जमने दिया जाता है । ठोस भाग को कास्टिंग के रूप में भी जाना जाता है, जिसे प्रक्रिया पूरा होने पर मोल्ड तोड़कर बाहर निकाल लिया जाता है । अधिकांश जटिल पुर्जे आमतौर पर कास्टिंग प्रक्रिया के द्वारा निर्मित होते हैं ।
- फोर्मिंग या धातु फोर्मिंग एक निर्माण प्रक्रिया है जिसमें यांत्रिक विकृति (मैकेनिकल डीफोर्मेशन) के माध्यम से धातुओं को आवश्यक आकार दिया जाता है । सामग्री का भौतिक आकार स्थायी रूप से विकृत हो जाता है उसी समय वर्कपीस को मटेरियल जोड़े या घटाये बिना फिर से आकार दिया जाता है जिससे इसका द्रव्यमान अपरिवर्तित रहता ।
- मशीनिंग एक ऐसी प्रक्रिया है, जिसमें सामग्री को वांछित आकार और प्रकार में, एक नियंत्रित मटेरियल हटाने की प्रक्रिया द्वारा काटा जाता है । वे प्रक्रियाएं जो मटेरियल को नियंत्रित तरीके से हटाती हैं, सामूहिक रूप से योगात्मक निर्माण के विपरीत ऋणात्मक निर्माण के रूप में जानी जाती हैं ।
- जोइनिंग प्रक्रियाओं की दो या दो से अधिक कंपोनेंट्स को फ्यूज करने या जोड़ने की विशेषता को वांछित उत्पाद बनाने के लिए उपयोग किया जाता है और कभी कभी ये रेडी टू सेल उत्पाद हो सकते है । अधिकांश मैटेरियल्स को मुख्य रूप से फास्टनिंग, सोल्डरिंग, ब्रेजिंग या वेल्डिंग कई प्रक्रियाओं का उपयोग करके जोड़ा जा सकता है ।
- उन्नत विनिर्माण उत्पादों या प्रक्रियाओं को बेहतर बनाने के लिए नवीन प्रौद्योगिकी का उपयोग है, जिसमें प्रासंगिक तकनीक को उन्नत, नवीन या अत्याधुनिक बताया गया है । उन्नत विनिर्माण उद्योग ग्राहकों और सामाजिक जरूरतों को पूरा करने के लिए उत्पादों और प्रक्रियाओं दोनों में नई इनोवेटिव तकनीकों को तेजी से एकीकृत करते हैं ।

अभ्यास

विषयात्मक प्रश्न

क्र.	प्रश्न	CO	BL	PO	PI कोड*
1.	कास्टिंग क्या है ? कास्टिंग एक महत्वपूर्ण विधि क्यों है चर्चा करें ।	1	L1	1	1.4.1
2.	कास्टिंग के अनुप्रयोगों पर टिप्पणी लिखें ।	1	L1	1	1.4.1
3.	कास्टिंग ऑपरेशन के फायदे और सीमाओं पर चर्चा करें ।	1	L1	1	1.4.1
4.	फोर्मिंग क्या है और फोर्मिंग प्रक्रिया को वर्गीकृत करें ।	1	L1	1	1.4.1
5.	कोल्ड फोर्मिंग प्रक्रिया का हॉट फोर्मिंग प्रक्रिया पर चयन कब किया जाता है ?	1	L1	1	1.4.1

6.	खाद्य निर्माण उद्योगों में प्रयुक्त होने वाली विभिन्न फोर्मिंग प्रक्रियाओं को उदाहरण सहित सूचीबद्ध कीजिए ।	1	L1	1	1.4.1
7.	मशीनिंग ऑपरेशंस कब चुनते है, इस पर टिप्पणी करें ।	1	L1	1	1.4.1
8.	प्राचीन मंदिर निर्माण सामग्री को तराशने/कार्विंग के लिए उपयोग की जाने वाली विभिन्न प्रक्रियाएं क्या हैं ?	1	L1	1	1.4.1
9.	टेंपर टर्निंग ऑपरेशन के संबंध में टर्निंग ऑपरेशन पर चर्चा करें ।	1	L1	1	1.4.1
10.	आमतौर पर उपयोग की जाने वाली विभिन्न जोड़ने (जोइनिंग) की प्रक्रियाएँ क्या हैं ?	1	L1	1	1.4.1
11.	पारंपरिक मशीनिंग पर गैर-पारंपरिक मशीनिंग की आवश्यकता पर टिप्पणी करें ।	1	L1	1	1.4.1
12.	एब्रेसिव जेट मशीनिंग और उसके अनुप्रयोगों पर चर्चा करें ।	1	L1	1	1.4.1

बहुविकल्पीय प्रश्न

क्र.	प्रश्न	उत्तर	CO	BL	PO	PI कोड *
1.	कास्टिंग, वेल्डिंग, ब्रेजिंग और सोल्डरिंग की प्रक्रिया में धातुओं के लिए निम्नलिखित में से कौन सा गुण सबसे आवश्यक है ? (a) गलनीयता (b) मेलेअबिलिटी (c) तप (टेनासिटी) (d) प्लास्टिसिटी	(a)	1	L1	1	1.4.1
2.	लेथ बेड बना होता है: (a) हाई स्पीड स्टील (b) हाई कार्बन स्टील (c) माइल्ड स्टील (d) कास्ट आयरन	(d)	1	L1	1	1.4.1
3.	कौन सी कास्टिंग विधि गुणवत्ता पूर्ण डाईमेंश्नल टॉलरेंस देती है ? (a) केन्द्रापसारक (सेन्ट्रीफ्यूगल) कास्टिंग (b) इन्वेस्टमेंट कास्टिंग (c) शैल कास्टिंग (d) डाई कास्टिंग	(d)	1	L1	1	1.4.1
4.	स्थायी जोड़ (जॉइंट) ....के द्वारा बनाए जाते हैं - (a) नट और बोल्ट (b) रिवेट्स (c) लॉक नट (d) स्क्रू	(b)	1	L1	1	1.4.1
5.	गैर-पारंपरिक (नॉन कन्वेंशनल) मशीनिंग को ये भी कहा जा सकता है (a) संपर्क मशीनिंग (b) गैर संपर्क (नॉन कांटेक्ट) मशीनिंग (c) आंशिक संपर्क (पार्शियल कांटेक्ट) मशीनिंग (d) आधा संपर्क (हाफ कांटेक्ट) मशीनिंग	(b)	1	L1	1	1.4.1

*प्रदर्शन संकेतक (पी. आई.) कोड एआईसीटीई परीक्षा सुधार डाक्यूमेंट से संदर्भित है ।

अधिक जानिए

- शिक्षकों को खाद्य उद्योग, आभूषण निर्माण आदि जैसे विनिर्माण उद्योगों के अलावा अन्य उपयोग की जाने वाली विभिन्न कास्टिंग प्रक्रियाओं के बारे में पता होना चाहिए।
- विभिन्न फोर्मिंग उपकरण और उनके उपयोग, फोर्मिंग ऑपरेशन्स में गणना।
- टूल ज्योमेट्री और फीड, डेप्थ ऑफ़ कट (कट की गहराई), टेंपर टर्निंग कैलकुलेशन।
- सभी गैर पारंपरिक मशीनिंग प्रक्रियाओं और उनकी प्रासंगिकता का अध्ययन।

मुख्य पावर उपकरण कैटलॉग

BOSCH HiKOKI BLACK+DECKER DeWALT CUMI FERM

संदर्भ एवं अध्ययन हेतु सुझाव

1. J. T. Black and Ronald A. Kohser, DeGarmo's Materials and Processes in Manufacturing, Eleventh Edition, John Wiley & Sons, Inc.
2. B. L. Juneja, Workshop/Manufacturing Process, Cengage Publications, 2020.
3. NPTEL course on "Fundamentals of Manufacturing Processes" by Dr. D. K. Dwivedi, Department of Mechanical & Industrial Engineering, Indian Institute of Technology, Roorkee.

2 सी.एन.सी. मशीनिंग, योगात्मक विनिर्माण, फिटिंग ऑपरेशन्स और पॉवर उपकरण

यूनिट विशिष्ट

इस यूनिट में निम्नलिखित विषयों पर विस्तार से चर्चा की गई है:

- सी.एन.सी. मशीनें
- सी.एन.सी. मशीन का कार्य
- योगात्मक विनिर्माण प्रक्रियाएं
- फिटिंग उपकरण और ऑपरेशन्स
- जॉइनिंग प्रक्रियाएं
- उन्नत विनिर्माण

औद्योगिक अनुप्रयोगों से अवगत कराने हेतु प्रक्रियाओं के व्यावहारिक अनुप्रयोगों पर चर्चा की गई है। जिज्ञासा एवं रचनात्मकता बनाये रखने के लिए प्रासंगिक अंतरालों पर वीडियो लिंक और क्यू.आर. कोड दिये गये हैं।

भूमिका

जैसे-जैसे मनुष्य की जीवन शैली में प्रगति होती है, समय के साथ नई और जटिल भौतिक आवश्यकताओं की मांग बढ़ जाती है। गुणवत्ता वाले उत्पाद, उच्च परिशुद्धता, आर्थिक रूप से व्यवहार्य, अधिक परिष्कृत, प्रभावी और कुशल उत्पाद की ग्राहक आवश्यकता तक पहुंचने के लिए सीमित समय सीमा के साथ बढ़ी हुई मांग और ऐसी कई अन्य आवश्यकताओं ने उन्नत मशीनों का आविष्कार किया है। कंप्यूटर न्यूमेरिकल कंट्रोल (सी.एन.सी.) मशीन उस तरह की एक है। सी.एन.सी. मशीनें समय के साथ स्वचालित शक्तिघरों में विकसित हुईं, वे पंच टेप विधि से नियंत्रित सरल उपकरणों के रूप में शुरू होकर सॉफ्टवेयर-संचालित मशीनों तक विकसित हुई है। आधुनिक सी.एन.सी. मशीनें सॉफ्टवेयर इनपुट पर भरोसा करती हैं और अपने मूल एन.सी. समकक्षों की तुलना में बहुत तेज और अधिक गतिशील हैं। मध्यम और बड़े पैमाने के संचालन के साथ काम करने वाले आधुनिक उद्योग सी.एन.सी. मशीनों पर बहुत अधिक निर्भर हैं। मशीनिंग एक वियोजक (सबट्रेकक्टिव) प्रक्रिया है जहां आवश्यक आकार और प्रकार प्राप्त करने के लिए अवांछित मटेरियल को वर्कपीस से हटा दिया जाता है, इसके विपरीत जहां नई तकनीक में मटेरियल को परत दर परत जोड़कर उत्पाद तैयार करने के लिए एडिटिव मैन्युफैक्चरिंग के रूप में जाना जाता है। कर्मशाला में उपलब्ध संसाधनों का उपयोग करके प्रोटोटाइप पार्ट्स बनाकर बेसिक असेंबली ऑपरेशंस को सीखा जा सकता है। फिटिंग ऑपरेशन विभिन्न आकार और प्रकार के उत्पादों को बनाने और उन्हें हाथ उपकरणों और बिजली उपकरणों द्वारा वांछित आकार प्राप्त करने के लिए सीखने का मौका प्रदान करता हैं। इस मॉड्यूल के ये विषय शिक्षार्थियों को विभिन्न विनिर्माण और संयोजन कार्यों को समझने और प्रदर्शित करने में मदद करते हैं।

पूर्व अपेक्षित ज्ञान

- ड्राइंग
- सामान्य सुरक्षा उपाय
- हाथ उपकरण
- मैटेरियल्स के बारे में जानकारी: स्टील, लकड़ी, प्लास्टिक और कांच

यूनिट आउटकम्स (UOs)

विद्यार्थी सक्षम होंगे:

U2-O1:	सी.एन.सी. मशीनों में विभिन्न गतियों की पहचान ।
U2-O2:	कोओर्डीनेट सिस्टम्स में अंतर करना ।
U2-O3:	योगात्मक विनिर्माण प्रक्रिया को वर्गीकृत करना ।
U2-O4:	फिटिंग ऑपरेशन्स का प्रदर्शन ।
U2-O5:	विभिन्न पॉवर उपकरणों की पहचान ।

कोर्स आउटकम्स (COs) के साथ यूनिट आउटकम्स (UOs) का परस्पर संबंध

यूनिट-2 आउटकम्स (UOs)	कोर्स आउटकम्स (COs) के साथ अपेक्षित संबंध (1- कमजोर सहसंबंध; 2- मध्यम सहसंबंध; 3- मजबूत सहसंबंध)				
	CO-1	CO-2	CO-3	CO-4	CO-5
U2-O1		1			
U2-O2		1			
U2-O3		1			
U2-O4		2			
U2-O5		1			

2.1 सी.एन.सी. मशीनिंग

प्रस्तावना

संख्यात्मक नियंत्रण (एन.सी.) का इतिहास तब शुरू हुआ जब मशीन टूल्स का स्वचालन शुरू हुआ। इसकी शुरुआत सिद्धांतिक रूप में प्रोग्रामेबल लॉजिक कंट्रोल की अवधारणाओं को शामिल करने के साथ हुई थी, और यह आज भी कंप्यूटर न्यूमेरिकल कंट्रोल (सी.एन.सी.) तकनीक के निरंतर विकास के साथ जारी है। हम जानते हैं कि पहली एन.सी. मशीनें 1940 और 1950 के दौरान बनाई गई थीं, जो मौजूदा उपकरणों के आधार पर बनाई गई थीं, जिन्हें उन मोटरों के साथ कुछ संशोधित किया गया था, जो छिद्रित टेप पर सिस्टम में फीड किए गए बिंदुओं का पालन करने के लिए नियंत्रणों को स्थानांतरित करते थे। इन प्रारंभिक सर्वोमैकेनिज्मों को एनालॉग और डिजिटल कंप्यूटरों के साथ तेजी से संवर्धित किया गया, जिससे आधुनिक सी.एन.सी. मशीन टूल्स का निर्माण हुआ, जिन्होंने मशीनिंग प्रक्रियाओं में क्रांति ला दी है।

1970 के दशक की शुरुआत में कंप्यूटरों के आगमन से नई उद्योग क्रांति हुई, कई उद्योगों और व्यवसायों में कंप्यूटरों का उपयोग बेहतर परिणाम दे रहा है। वैज्ञानिकों और इंजीनियरों ने उत्पादन गतिविधियों के लिए कंप्यूटर का उपयोग करना शुरू कर दिया, उच्च परिशुद्धता और निकट टोलेरेंस और जटिल ज्यामिति वाले घटकों को कुशलतापूर्वक 2 या 3 आयामों में उत्पादित किया गया। अन्यथा पारंपरिक मशीनों के साथ यह मुश्किल या गैर-किफायती या असंभव भी हो सकता है। इस प्रकार सी.एन.सी. ने उद्योगों पर बड़ा प्रभाव डाला है। सी.एन.सी. मशीनें एन.सी. मशीनों के व्युत्पन्न हैं, जो 1950 से 1970 के दौरान परिचित हैं। वे इनपुट प्रावधान के लिए कार्ड रीडर, टेप का उपयोग करते हैं। सी.एन.सी. मशीन कोडित निर्देशों पर अक्षर, संख्या, प्रतीक आदि के रूप में काम करती है। निर्देशों के आधार पर टूल चेंजर, टूल को बदल देगा और अगला ऑपरेशन तुरंत तैयार कर देगा।

2.1.1 सी.एन.सी. मशीनिंग सिद्धांत

सी.एन.सी. मशीन में तीन घटक होते हैं। चित्र 2.1 सी.एन.सी. मशीन ब्लॉक आरेख दिखाता है। इसके विभिन्न भाग कंप्यूटर इनपुट डिवाइस, मशीन कंट्रोल यूनिट (एम.सी.यू.) और मशीन टूल हैं।

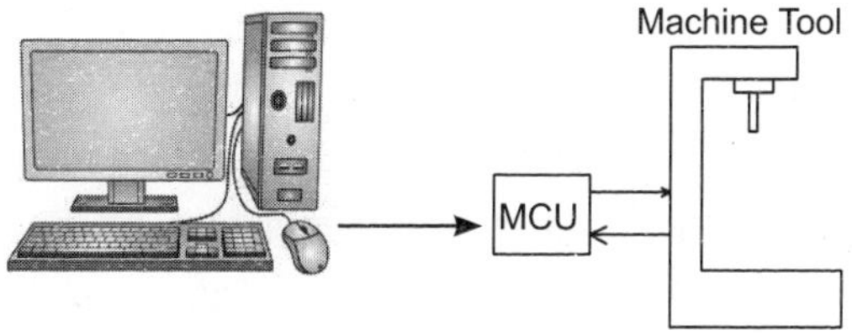

चित्र 2.1: *सी.एन.सी. मशीन ब्लॉक आरेख*

इनपुट डिवाइस: इनका उपयोग पार्ट प्रोग्राम को सी.एन.सी. मशीन में इनपुट करने के लिए किया जाता है। पार्ट प्रोग्राम अक्षरों, संख्याओं और प्रतीकों से बना निर्देशों का एक सेट है जो मशीन टूल की गति के लिए आवश्यक है। पार्ट प्रोग्राम मानव द्वारा या कंप्यूटर एडेड पार्ट प्रोग्राम द्वारा तैयार किया जा सकता है। उस व्यक्ति को एक प्रोग्रामर के रूप में जाना जाता है, जो इन कोडित निर्देशों को तैयार करने में माहिर होता है। आम तौर पर इस्तेमाल किए जाने वाले इनपुट डिवाइस है: पंच टेप रीडर, चुंबकीय टेप रीडर और कंप्यूटर के जरिए आर.एस.-232-सी. संचार हैं।

- **मशीन कंट्रोल यूनिट (एम.सी.यू.):** यह सी.एन.सी. मशीन का दिल है। यह सी.एन.सी. मशीन के सभी कार्यों को नियंत्रित करता है। एम.सी.यू. द्वारा किए जाने वाले विभिन्न कार्य हैं:
  - यह इसमें फीड किये गए कोडित निर्देशों को पढ़ता है।
  - यह कोडित निर्देश को डिकोड करता है।
  - यह अक्ष गति आदेश (एक्सिस मोशन कमांड्स) उत्पन्न करने के लिए इंटरपोलेशन (लीनियर, सर्कुलर और हेलिकल) लागू करता है।
  - यह एक्सिस मैकेनिज्म को चलाने के लिए एम्पलीफायर सर्किट को एक्सिस मोशन कमांड्स फीड करता है।
  - यह प्रत्येक ड्राइव एक्सिस के लिए स्थिति (पोसिशन) और गति (स्पीड) के फीडबैक सिग्नल प्राप्त करता है।
  - यह कूलेंट या स्पिंडल ऑन/ऑफ और टूल चेंज जैसे सहायक नियंत्रण कार्यों (ऑक्सिलरी फंक्शन्स) को लागू करता है।
- **मशीन टूल:** सी.एन.सी. मशीन टूल लेथ, ड्रिलिंग, मिलिंग मशीन के रूप में हो सकता है। स्थिति और गति को नियंत्रित करने के लिए सी.एन.सी. मशीन टूल में हमेशा एक स्लाइड टेबल और एक स्पिंडल होता है। मशीन टेबल को X और Y अक्ष दिशा में नियंत्रित किया जाता है और धुरी या स्पिंडल को Z अक्ष दिशा में नियंत्रित किया जाता है।

- **ड्राइविंग सिस्टम:** सी.एन.सी. मशीन के ड्राइविंग सिस्टम में एम्पलीफायर सर्किट, ड्राइव मोटर्स और बॉल लीड स्क्रू होते हैं। एम.सी.यू. प्रत्येक अक्ष की स्थिति और गति जैसे संकेतों को एम्पलीफायर सर्किट में फीड करता है। नियंत्रण संकेतों को तब ड्राइव मोटर्स को सक्रिय करने के लिए समायोजित किया जाता है। और एक्चुएटेड ड्राइव मोटर्स मशीन टेबल को पोजिशन करने के लिए बॉल लीड स्क्रू को घुमाते हैं।
- **प्रतिक्रिया प्रणाली:** इस प्रणाली में ट्रांसड्यूसर होते हैं जो सेंसर के रूप में कार्य करते हैं। इसे मापन प्रणाली भी कहते हैं। इसमें स्थिति और गति ट्रांसड्यूसर होते हैं जो किसी भी पल में कटिंग टूल की स्थिति और गति की लगातार निगरानी करते हैं। एम.सी.यू. इन ट्रांसड्यूसर से सिग्नल प्राप्त करता है और यह स्थिति (पोजीशन) और गति (स्पीड) त्रुटियों को ठीक करने के लिए नियंत्रण संकेतों (कण्ट्रोल सिग्नल्स) को उत्पन्न करने के लिए संदर्भ संकेतों (रेफरेन्स सिग्नल्स) और प्रतिक्रिया संकेतों (फीडबैक सिग्नल्स) के बीच अंतर का उपयोग करता है।
- **डिस्प्ले यूनिट:** सी.एन.सी. मशीन के प्रोग्राम, कमांड और अन्य उपयोगी डेटा को प्रदर्शित करने के लिए एक मॉनिटर का उपयोग किया जाता है। इसे विज़ुअलाइज़ेशन के लिए उपयुक्त स्थान पर रखा जाता है।

2.1.2 एक्सिस ऑफ़ रोटेशन (अक्ष)

सी.एन.सी. मशीन पर एक्सिस (अक्ष) की संख्या यह निर्धारित करती है कि वह किस प्रकार का काम कर सकती है, किस विस्तार स्तर तक यह काट सकती है, और वोर्कपीस की लोकेशन जहा तक समायोजित की जा सके। किन्हीं दो दिशाओं में विस्थापन वाली मशीनों को 2-अक्ष मशीन (X और Z अक्ष के साथ लेथ मशीन) के रूप में जाना जाता है, यदि मशीनों के तीनों अक्ष विस्थापित होते है तब इस मशीन को 3-अक्ष मशीन (X, Y, Z अक्ष वाली मिलिंग मशीन) के रूप में जाना जाता है। आधुनिक निर्माण में मांग 5-अक्ष वाली सी.एन.सी. मशीनों की है जहां तीन रैखिक गति जैसे X, Y, Z और दो रोटरी गति जहां वर्क टेबल स्विवेल और टूल स्पिंडल स्विवेल है। निम्नलिखित चित्र 2.2 एक्सिस ऑफ़ रोटेशन का स्पष्ट विचार देता है । X-एक्सिस मूवमेंट वर्क पीस/वर्क टेबल मूवमेंट डायरेक्शन है, Z-एक्सिस स्पिंडल मूवमेंट है और Y-एक्सिस सैडल टेबल मूवमेंट को दर्शाता है। कटिंग टूल की गति या तो एब्सोल्यूट कोआर्डिनेट सिस्टम या इंक्रीमेंटल कोआर्डिनेट सिस्टम के अनुसार होती है । इसे अगले उपशीर्षक में समझाया जाएगा।

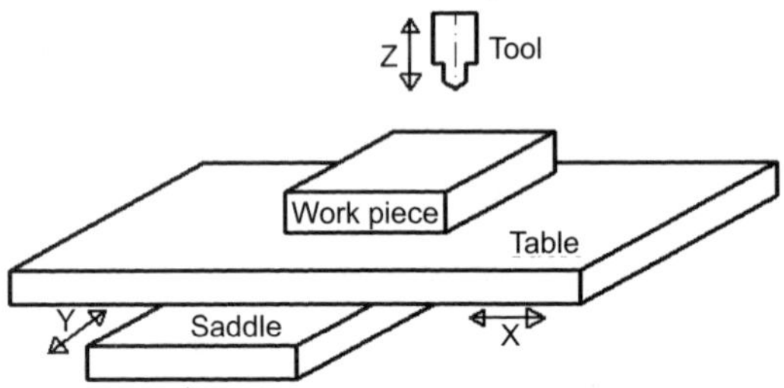

चित्र 2.2: एक्सिस ऑफ़ रोटेशन (अक्ष)

2.1.3 टूल की गति के लिए कोआर्डिनेट सिस्टम

कार्टेशियन कोआर्डिनेट सिस्टम एक मौलिक प्रणाली है जिसका उपयोग त्रि-आयामी स्थान पर कटिंग टूल और वर्कपीस की गति का वर्णन करने के लिए किया जाता है। सी.एन.सी. मशीनें X, Y और Z-अक्ष के साथ किसी एक विशेष बिंदु का पता लगाने के लिए संख्याओं का उपयोग करती हैं। वे वर्कपीस को मशीनिंग करने के लिए एक के बाद एक दिशा-निर्देशों की एक श्रृंखला प्रदर्शित करते हैं। सी.एन.सी. मशीनें एक स्थान से दूसरे स्थान पर मूवमेंट प्राप्त करने के लिए या तो इंक्रीमेंटल या एब्सोल्यूट कोआर्डिनेटस का उपयोग करती हैं। इंक्रीमेंटल कोआर्डिनेटस के साथ, वर्तमान स्थिति अगली स्थिति के लिए ओरिजिन (0, 0) के रूप में कार्य करती है। एब्सोल्यूट कोआर्डिनेटस के साथ, ओरिजिन (0, 0) एक निश्चित स्थान पर रहता है, और प्रत्येक नए

स्थान की गणना उस निश्चित स्थिति से की जाती है। अधिकांश सी.एन.सी. मशीनें कंटूर ऑपरेशन्स करने के लिए एक साथ कई एक्सिस में मूवमेंट कर सकती हैं।

एब्सोल्यूट कोआर्डिनेट सिस्टम (पूर्ण समन्वय प्रणाली)

इस कोआर्डिनेट सिस्टम में सभी माप निश्चित ओरिजिन अर्थात X=Y=Z=0 से शुरू किए जाते हैं। फिर से इस विधि को फिक्स्ड ओरोजिन विधि और फ्लोटिंग ओरिजिन विधि के रूप में वर्गीकृत किया गया है।

- **फिक्स्ड ओरोजिन विधि**

  एब्सोल्यूट कोआर्डिनेट सिस्टम की इस फिक्स्ड ओरोजिन विधि में वर्क टेबल के निचले बाएँ (बॉटम लेफ्ट) कोने पर फिक्स्ड ओरिजिन का चयन किया जाता है। आमतौर पर फिक्स्ड ओरोजिन को (0, 0) द्वारा दर्शाया जाता है। सभी मापों को इसी बिंदु से संदर्भित किया जाता है। निम्नलिखित उदाहरण से इसे ठीक से समझा जा सकता है। दिए गए वर्कपीस पर चार छेद ड्रिल किए गए हैं। एक प्लेट में ड्रिल किए गए छेद का उदाहरण चित्र 2.3 में समझाया गया है।

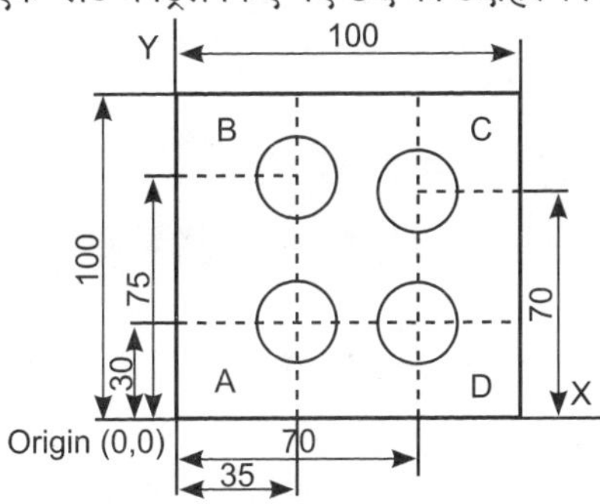

Hole Name	Coordinator	
	X	Y
A	35	30
B	35	75
C	70	70
D	70	30

चित्र 2.3: फिक्स्ड ओरिजिन विधि

- **फ्लोटिंग ओरिजिन विधि**

  इस विधि में दी गई प्लेट के सिमेट्रिक बिंदु पर ओरिजिन बिंदु स्थित होता है; कटिंग टूल का मूवमेंट प्लेट के केंद्र से होगा। ड्रिलिंग छेद के लिए दूरियों को क़्वाड्रेंट के आधार पर सकारात्मक और नकारात्मक के रूप में मापा जाता है जहां छेद स्थित है। सिस्टम को चित्र 2.4 में दिए गए निम्नलिखित उदाहरण से समझा जा सकता है।

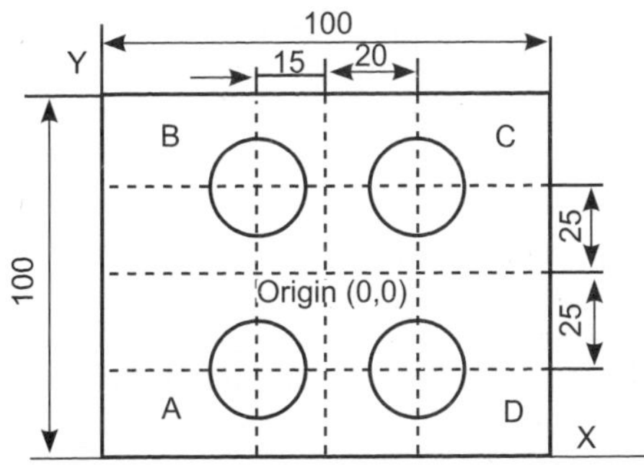

Hole Name	Coordinator	
	X	Y
A	–15	–25
B	–15	25
C	20	25
D	20	–25

चित्र 2.4: फ्लोटिंग ओरिजिन विधि

इंक्रीमेंटल कोआर्डिनेट सिस्टम (संवर्द्धित समन्वय प्रणाली)

इस पद्धति में अगली स्थिति की गणना वर्तमान स्थिति से की जाती है। इस प्रकार अंतिम पड़ाव अगले ऑपरेशन का ओरिजिन बन जाता है। ऊपर और आगे की ओर की गति को सकारात्मक माना जाता है, नीचे की ओर पीछे की गति को गणना में नकारात्मक माना जाता है। चित्र 2.5 मशीनिंग ओपरेशन में इस कोआर्डिनेट सिस्टम के लिए एक उदाहरण दर्शाता है।

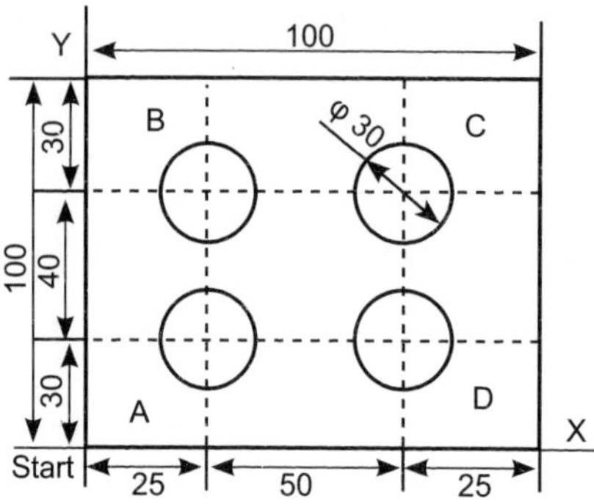

Hole Name	Coordinator	
	X	Y
A	25	30
B	0	40
C	50	0
D	0	–40

चित्र 2.5 इंक्रीमेंटल कोआर्डिनेट सिस्टम

2.1.4 सी.एन.सी. मशीन की कार्यप्रणाली

सी.एन. सी. मशीन कार्यप्रणाली के प्रक्रियात्मक चरण निम्नलिखित हैं।

- सबसे पहले, पार्ट प्रोग्राम को सी.एन.सी. के एम.सी.यू. में इन्सटाल किया जाता है।
- एम.सी.यू. में, सभी डेटा प्रक्रिया तैयार किए गए प्रोग्राम के अनुसार होती है; यह सभी मोशन कमांड तैयार करता है और इसे ड्राइविंग सिस्टम को भेजता है।
- ड्राइव सिस्टम एम.सी.यू. द्वारा भेजे गए मोशन कमांड के अनुसार काम करता है। ड्राइव सिस्टम मशीन टूल की गति और वेग को नियंत्रित करता है।
- फीडबैक सिस्टम मशीन टूल की स्थिति और वेग माप को रिकॉर्ड करता है और एम.सी.यू. को फीडबैक सिग्नल भेजता है।
- एम.सी.यू. में, फीडबैक सिग्नल की तुलना रेफरेंस सिग्नल से की जाती है और अगर कोई त्रुटि होती है, तो यह वांछित ऑपरेशन के लिए मशीन टूल को सही करता है और नए सिग्नल भेजता है।
- सभी कमांड, प्रोग्राम और अन्य महत्वपूर्ण डेटा को देखने के लिए एक डिस्प्ले यूनिट का उपयोग किया जाता है। यह मशीन की नियंत्रण आंख के रूप में कार्य करता है।

2.1.5 सी.एन.सी. मशीनों के फायदे और नुकसान

फायदे

- मशीनिंग की सटीकता (एक्यूरेसी) अधिक है।
- मशीनिंग के लिए समय मैनुअल मशीनिंग की तुलना में बहुत कम लगता है।
- ऑपरेटर और मशीन दोनों के लिए संचालन सुरक्षित होता है ।
- ऑपरेटरों को केवल प्रोग्राम बनाने की आवश्यकता होती है और इस प्रकार कम मानवीय हस्तक्षेप होता है।
- मानवीय भूल की कोई संभावना नहीं।
- सिस्टम बहुत विश्वसनीय है।
- बहुत जटिल डिजाइन बनाए जा सकते हैं।
- कम रखरखाव की आवश्यकता है क्योंकि मशीनें बहुमुखी / मजबूत हैं।
- एकरूपता और निकट टॉलरेंस हासिल कीया जा सकता है।

नुकसान

- प्रारंभिक लागत बहुत अधिक है।
- मशीन को संचालित करने के लिए प्रशिक्षित ऑपरेटर की आवश्यकता होती है।
- ब्रेकडाउन की स्थिति में समस्या को हल करने के लिए एक उच्च कुशल पेशेवर की आवश्यकता होती है।

रोचक तथ्य

- सी.एन.सी. मशीनिंग एक मशीनिंग तकनीक का उपयोग करती है जिसे 18 वीं शताब्दी में विकसित किया गया था। हालांकि, शीत युद्ध तक स्वचालन के विकास को संबोधित नहीं किया गया था। उस समय, कंपनी के व्यक्ति के काम को अमेरिकी नौसेना द्वारा हेलीकॉप्टर ब्लेड के लिए अपनी उत्पादन लाइन की उत्पादकता बढ़ाने के लिए कमीशन किया गया था ।
- पहली संख्यात्मक नियंत्रण अवधारणा 1949 तक विकसित नहीं हुई थी। जॉन टी. पार्सन्स, एक प्रारंभिक कंप्यूटिंग अग्रणी, ने इसे मैसाचुसेट्स इंस्टीट्यूट ऑफ टेक्नोलॉजी (एम.आई.टी.) में किए गए वायु सेना अनुसंधान परियोजना के हिस्से के रूप में विकसित किया। विमान के लिए हेलिकॉप्टर ब्लेड और उसकी सख्त सर्फेस का उत्पादन करने के लिए मोटरयुक्त अक्षों का उपयोग करने के लक्ष्य के साथ, संस्थान की सर्वोमैकेनिज्म प्रयोगशाला में एक प्रायोगिक मिलिंग मशीन का निर्माण किया गया था।
- इस विचार को और विकसित किया गया और 1952 में, रिचर्ड केग (एम.आई.टी. के सहयोग से) ने सिनसिनाटी हाइड्रो-टेल, एक 28-इंच वर्टिकल-स्पिंडल कंटूर मिलिंग मशीन पेश की। इसका व्यावसायिक परिचय "पोजिशनिंग मशीन टूल के साथ मोटर नियंत्रित उपकरण" के पेटेंट के साथ आया है। प्रारंभिक प्रोटोटाइप, हालांकि यह आठ-स्तंभ पेपर टेप, एक टेप रीडर और एक वैक्यूम-ट्यूब इलेक्ट्रॉनिक नियंत्रण प्रणाली का उपयोग करके संचालित किया गया था, भविष्य के विकास के लिए एक फोकस बन गया।

वीडियो संसाधन

CNC Machines

CNC Machining Process

CNC Programming

2.2 योगात्मक विनिर्माण (एडिटिव मैन्युफैक्चरिंग)

प्रस्तावना

हम सभी क्षेत्रों में परिवर्तन देख रहे हैं, अधिकांश तकनीकी प्रगति एनालॉग से डिजिटल प्रक्रियाओं में परिवर्तित हो गई है। हाल के दशकों में, संचार, इमेजिंग, वास्तुकला और इंजीनियरिंग सभी अपने-अपने डिजिटल परिवर्तनों से गुजरे हैं। अब एडिटिव मैन्युफैक्चरिंग भी मैन्युफैक्चरिंग ऑपरेशंस के क्षेत्र में डिजिटल फ्लेक्सिबिलिटी और दक्षता ला सकता है।

अब तक हमने अध्ययन किया है कि घटाव/कटौती विनिर्माण विधियों द्वारा अंतिम उत्पाद कैसे बनाया जाता है, जहां हमने उपयुक्त मशीनिंग विधियों द्वारा वर्कपीस की सतह से अवांछित सामग्री को हटाया । इसके विपरीत अंतिम उत्पाद न केवल कटौती विनिर्माण विधियों द्वारा किए जाते हैं बल्कि अंतिम उत्पाद भी सामग्रियों को जोड़कर उपयुक्त मात्रा और तकनीक में बनाये जा सकते

है। विनिर्माण के इस नए क्षेत्र को एडिटिव मैन्युफैक्चरिंग कहा जाता है। एडिटिव मैन्युफैक्चरिंग, कंप्यूटर एडेड-डिज़ाइन (सी.ए.डी.) सॉफ़्टवेयर द्वारा लिया सिस्टम से प्राप्त डेटा का उपयोग करता है या 3 डी ऑब्जेक्ट को स्कैनर द्वारा स्कैन किया जा सकता है और हार्डवेयर को सटीक वांछित ज्यामितीय आकृतियों में परत दर परत सामग्री जमा करने का निर्देश दिया जाता है। जैसा कि इसके नाम का तात्पर्य है, योजक विनिर्माण वांछित या फाइनल वस्तु बनाने के लिए सामग्री को परत दर परत जोड़ता है। निम्नलिखित में से कुछ छवियां आपको एडिटिव मैन्युफैक्चरिंग द्वारा उत्पाद संभावनाओं की किस्मों को समझने में मदद कर सकती हैं। उत्पादों में खिलौनों से लेकर चिकित्सा/इंजीनियरिंग पुर्जे तक शामिल हैं।

पंखे की ब्लेड

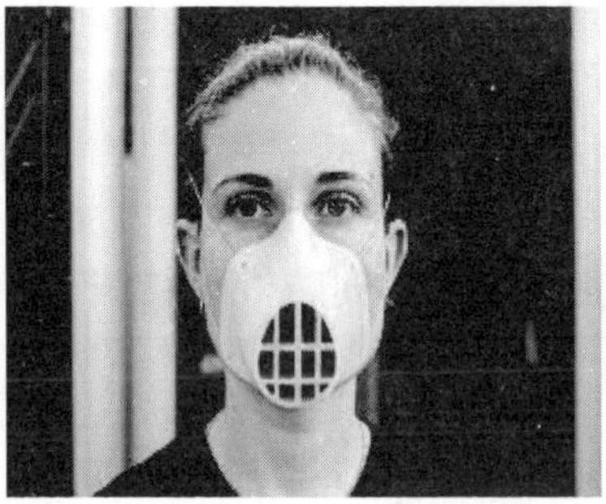

चेहरे के लिए मास्क

खिलौना (हल्क)

एडिटिव मैन्युफैक्चरिंग पर चर्चा करते समय ज्यादातर बार "3D प्रिंटिंग" और "रैपिड प्रोटोटाइपिंग" शब्दों का इस्तेमाल किया जाता है, ये दोनों वास्तव में एडिटिव मैन्युफैक्चरिंग का एक सबसेट हैं। जबकि एडिटिव मैन्युफैक्चरिंग कई लोगों के लिए नया लगता है, इसकी शुरुआत 1981 में हुई थी। एडिटिव मैन्युफैक्चरिंग विभिन्न प्रकार के उत्तम उत्पाद प्रदान करता है, जटिल ज्यामिति और सरलीकृत निर्माण प्राप्त किया जा सकता है। परिणामस्वरूप उन लोगों के लिए अवसर प्रचुर मात्रा में हैं जो सक्रिय रूप से योज्य विनिर्माण को अपनाते हैं।

2.2.1 योगात्मक विनिर्माण प्रक्रियाएं (एडिटिव मैन्युफैक्चरिंग प्रोसेसेस)

3-डी प्रिंटिंग की प्रक्रिया मुद्रित होने वाली वस्तु का ग्राफिक मॉडल बनाकर शुरू होती है। ये आमतौर पर कंप्यूटर-एडेड डिज़ाइन (CAD) सॉफ़्टवेयर पैकेजों का उपयोग करके डिज़ाइन किए जाते हैं, और यह प्रक्रिया का सबसे श्रमसाध्य हिस्सा है। इसके लिए उपयोग किए जाने वाले प्रोग्रामो में Tinker CAD, Fusion 360 और Sketch-up शामिल हैं। प्रक्रिया को चित्र 2.6 में

चित्र 2.6: *3-डी प्रिंटिंग तंत्र (सोर्स : line.17qq.com)*

योजनाबद्ध रूप से दिखाया गया है। एडिटिव मैन्युफैक्चरिंग के लिए कई मेक और मॉडल हैं; फिर भी समग्र मुद्रण प्रक्रिया समान है। इसे निम्नलिखित बिंदुओं में समझाया गया है।

चरण 1: कंप्यूटर में CAD सॉफ्टवेयर का उपयोग करके एक 3D मॉडल बनाएं।

चरण 2: एक बार एक मॉडल बन जाने के बाद, इसे स्लाइस करने का समय होता है। स्लाइसिंग सॉफ्टवेयर एक मॉडल की प्रत्येक परत का स्कैन लेता है और फिर प्रिंटर को बताएगा कि उस परत को बनाने के लिए कैसे चलना है। निर्मित CAD ड्राइंग को स्टैण्डर्ड टेसेलेशन लैंग्वेज (एस.टी.एल.) प्रारूप में परिवर्तित किया जाता है। अधिकांश 3D प्रिंटर अन्य फ़ाइल प्रकारों जैसे ZPR और ObjDF के अलावा STL फ़ाइलों का उपयोग करते हैं।

चरण 3: STL फ़ाइल आकार और अभिविन्यास को निर्दिष्ट करने के लिए कंप्यूटर नियंत्रक को स्थानांतरित कर दी जाती है, जो अंत में 3-डी प्रिंटर को जोड़ता है।

चरण 4: मटेरियल को प्रिंटिंग के लिए लोड किया जाता है जो पॉलिमर, बाइंडर और अन्य उपभोग्य वस्तुएं हो सकती हैं।

चरण 5: मशीन शुरू करें और मॉडल के पूरा होने की प्रतीक्षा करें।

चरण 6: प्रिंटेड ऑब्जेक्ट को मशीन से हटा दिया जाता है।

चरण 7: पोस्ट-प्रोसेसिंग जैसे ब्रश करना, पानी निकालना या करिंग किया जा सकता है।

2.2.2 अनुप्रयोग

- एयरोस्पेस
- मोटर वाहन
- स्वास्थ्य देखभाल
- खिलौने
- उत्पाद विकास
- टूलींग

रोचक तथ्य

- एडिटिव मैन्युफैक्चरिंग (AM) की किक-स्टार्ट कुछ लोगों की सोच से बहुत पहले शुरू हुई, लगभग 40 साल पहले 1981 में, जब नागोया नगर औद्योगिक अनुसंधान संस्थान के हिदेओ कोडामा ने एक ठोस मुद्रित मॉडल के निर्माण के बारे में जानकारी प्रकाशित की। कुछ साल बाद, चार्ल्स हल द्वारा स्टीरियोलिथोग्राफी (एस.एल.ए.) का पेटेंट कराया गया, यूवी लेजर का उपयोग करके एक तरल फोटोपॉलिमर की करिंग से मॉडल तैयार किया गया। हल ने बाद में पहली रैपिड प्रोटोटाइप प्रणाली का व्यावसायीकरण किया, जिससे डिजाइनरों और इंजीनियरों के लिए 3-डी अवधारणाओं और प्रोटोटाइप बनाने के लिए समय कम हो गया।
- यह 1999 तक नहीं था कि वेक फॉरेस्ट इंस्टीट्यूट के वैज्ञानिक चिकित्सा अनुप्रयोगों के लिए 3-डी प्रिंटिंग तकनीक का उपयोग करने में सक्षम थे - मानव मूत्राशय को विकसित करने के लिए आवश्यक सिंथेटिक मचानों को प्रिंट करना ।

वीडियो संसाधन

Additive Manufacturing

Rapid Prototyping

Additive Manufacturing Business

2.3 फिटिंग ऑपरेशन्स

फिटिंग को मूल रूप से / आमतौर पर स्थायी या अस्थायी जॉइनिंग प्रक्रिया का उपयोग किए बिना तैयार उत्पादों में शामिल होने जोड़ने/इकट्ठा करने के रूप में रेफर किया जाता है ! अधिकांश समय उत्पाद कर्मशाला में हाथ औजारों से बनाए जाते हैं और वे संचालन के लिए बहुत कम पॉवर उपकरणों का उपयोग करते हैं।

आज के जीवन में हम बहुत सारे फिटेड कंपोनेंट्स उपयोग कर रहे हैं। यहाँ तक कि जो पोशाक हम खरीदते/सिलाते हैं वह हमारे शरीर के अनुकूल होनी चाहिए !, दरवाजा बंद होने पर यह फ्रेम में फिट होना चाहिए, कंप्यूटर / मोबाइल कैबिनेट ठीक से फिट होना चाहिए, बिजली के स्विच, पानी के पाइप के जोड़, मोबाइल चार्जर पिन और सॉकेट, बिजली के सॉकेट आदि फिटिंग कंपोनेंट्स के लिए वास्तविक समय के उदाहरण हैं। निम्नलिखित छवियां आपको फिटिंग ऑपरेशन की कल्पना करने में मदद कर सकती हैं। विचार को उत्पाद में बदलते समय फिटिंग ऑपरेशन सहायक होता है। फिटिंग ऑपरेशन द्वारा प्रोटोटाइप को बहुत आसानी से किया जा सकता है।

फिटिंग ऑपरेशन किसी भी तरह की सामग्री पर किया जा सकता है, यांत्रिक कर्मशाला में धातु के हिस्सों को अंतिम वांछित फिट बनाने के लिए विभिन्न टूल्स और ऑपरेशन्स का उपयोग किया जाता है ।

फिटिंग वर्कशॉप में उपयोग किए जाने वाले विभिन्न उपकरणों को निम्नलिखित शीर्षकों के अंतर्गत वर्गीकृत किया जा सकता है।

- होल्डिंग टूल्स
- काटने के उपकरण
- प्रहारी उपकरण
- अंकन उपकरण और मापने के उपकरण
- परिष्करण उपकरण (फिनिशिंग टूल्स)

2.3.1 होल्डिंग टूल्स

विभिन्न वर्क होल्डिंग टूल्स को बेंच वाइस, हैंड वाइस, लेग वाइस, पाइप वाइस, सी-क्लैंप, वी-ब्लॉक और हैंड प्रेस के रूप में सूचीबद्ध किया जा सकता है।

बेंच वाइस

बेंच वाइस का इस्तेमाल आमतौर पर वर्कपीस को पकड़ने के लिए किया जाता है। विशिष्ट बेंच वाइस चित्र 2.7 में दिखाया गया है। इसके दो जबड़े होते हैं, एक स्थिर और दूसरा गतिमान। जब वाइस हैंडल को दक्षिणावर्त दिशा में घुमाया जाता है तो चलने वाला जबड़ा वर्क पीस को स्थिर जबड़े के खिलाफ फ़ोर्स करता है। वाइस की बॉडी कास्ट आयरन से बनी होती है और इसे वर्किंग टेबल पर बोल्ट किया जाता है।

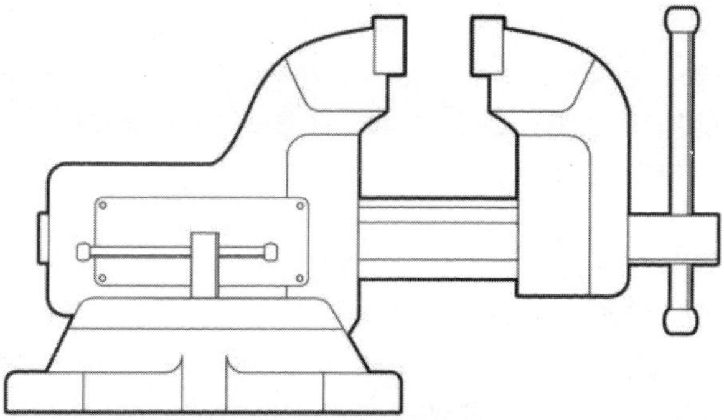

चित्र 2.7: बेंच वाइस

C-क्लैंप

इसका उपयोग वर्कपीस को वी-ब्लॉक या एंगल प्लेट के सामने पकड़ने के लिए किया जाता है। होल्डिंग डिवाइस एक अंग्रेजी वर्णमाला C के समान दिखता है, इसलिए इसका यह नाम है। C-क्लैंप चित्र 2.8 में दिखाया गया है।

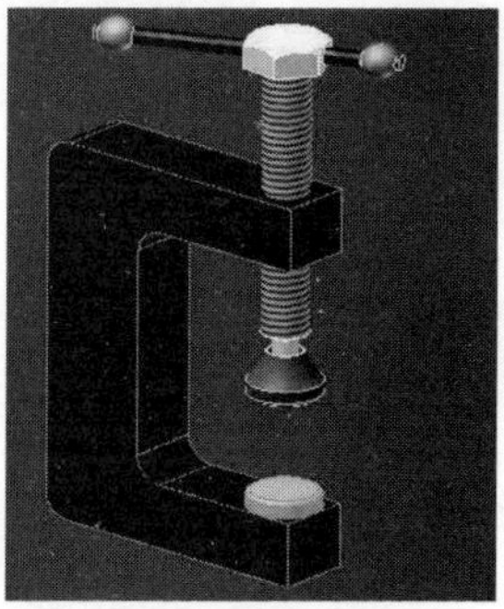

चित्र 2.8: C-क्लैंप

V-ब्लॉक

वी-ब्लॉक का उपयोग पाइपों को पकड़ने, मापने और काटने के लिए किया जाता है । यह चित्र 2.9 में दिखाया गया है । पाइप को ब्लॉकों के बीच रखा गया है। ऊपरी ब्लॉक को, बॉडी के शीर्ष पर लगे घूर्णन हैंडल की सहायता से नीचे की ओर ले जाया जाता है।

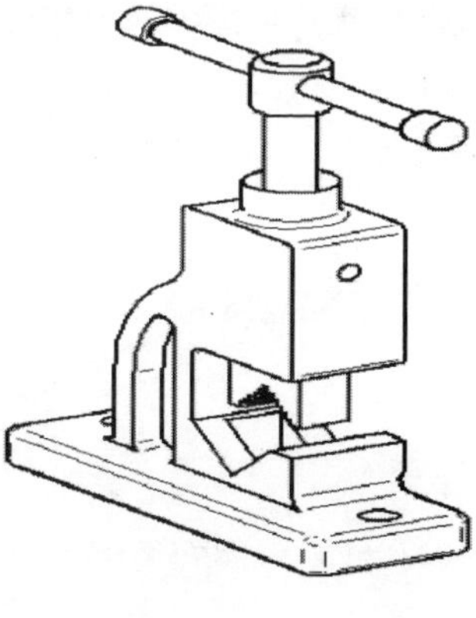

चित्र 2.9: V-ब्लॉक

हैन्ड-प्रेस

जब भी उत्पादों को असेम्बल करने के लिए हल्के दबाव या धक्के की आवश्यकता होती है तो आमतौर पर हैंड प्रेस का उपयोग किया जाता है। जर्नल बियरिंग, बियरिंग बुश, पाइप इंसर्शन, सीलिंग आदि की फिटिंग को हैंड प्रेस से किया जा सकता है। यह या तो यांत्रिक थ्रेड्स या हाइड्रोलिक पावर की सहायता से संचालित होता है।

2.3.2 मापन और अंकन उपकरण

मापन और अंकन उपकरण में स्केल, कैलिपर, माइक्रोमीटर, फीलर गेज, स्क्राइबर, डिवाइडर, डॉट पंच, ट्राई-स्क्वायर, एंगल प्लेट, सरफेस प्लेट और मार्किंग टेबल शामिल हैं। चिह्नित की जाने वाली सतह को चाक पेस्ट के साथ लगाया जाता है, ताकि चिह्नित लाइनों के लिए बेहतर दृश्यता प्राप्त की जा सके। वर्कपीस पर आवश्यक आयामों को चिह्नित करने के लिए अंकन उपकरण का उपयोग किया जाता है, अंकन गतिविधि का समर्थन करने के लिए कुछ उपकरण उपयोग किए जाते हैं। मार्किंग टूल्स को निम्नलिखित पंक्तियों में विस्तार से समझाया गया है।

कैलिपर्स (व्यासमापाक परकार)

इनका उपयोग बाहरी और अंदर के व्यास को मापने और स्थानांतरित करने के लिए संबंधित कैलिपर्स द्वारा किया जाता है। चित्र 2.10 दोनों प्रकार के कैलिपर्स को दर्शाता है।

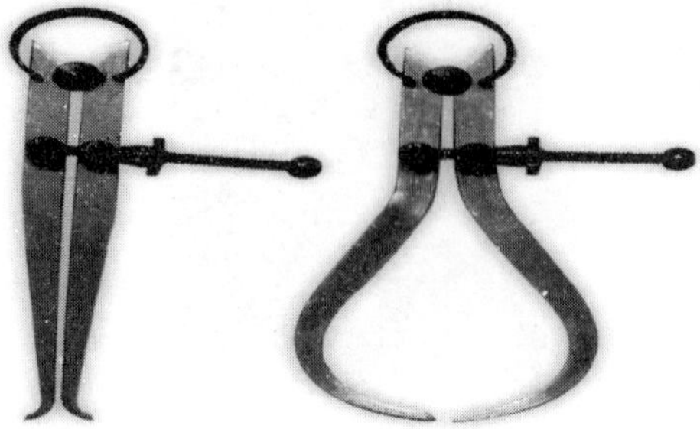

Fitting Shop tools

चित्र 2.10: कैलिपर्स के विभिन्न प्रकार

स्क्राइबर (खुरचने का औजर)

स्क्राइबर एक पतली स्टील की छड़ है जिसका उपयोग धातु के वर्कपीस पर लाइनों को बनाने या चिह्नित करने के लिए किया जाता है। इसके सिरों पर एक तेज सुई जैसी संरचना होती है। इसका एक सीधा सिरा है और दूसरी तरफ इसका मुड़ा हुआ सिरा है जो आंतरिक भागों को भी चिह्नित करने में मदद करता है। मध्य भाग को मजबूत पकड़ के उद्देश्य से नरलिंग ऑपरेशन के साथ बनाया गया है, जो ग्रिप प्रदान करता है । यह चित्र 2.11 में दिखाया गया है ।

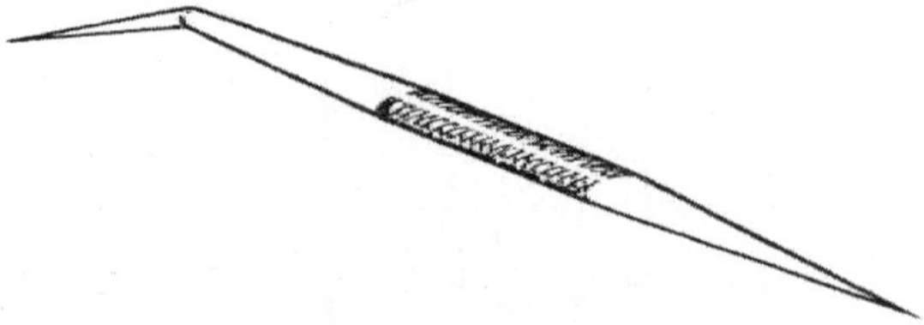

चित्र 2.11: स्क्राइबर (खुरचने का औजर)

डिवाइडर

डिवाइडर का उपयोग मेटल वर्क पीस पर वृत्त, चाप, अर्धवृत्ताकार चाप, द्विभाजित रेखा आदि को चिह्नित करने के लिए किया जाता है। यह आपके स्कूल के एक कम्पास बॉक्स के समान है। विभक्त (डिवाइडर) का उपयोग चित्रों से सतहों पर समान दूरी को स्थानांतरित करने के लिए भी किया जाता है।

डॉट पंच

डॉट पंचों का उपयोग अंकन की रूपरेखा बनाने और केंद्र बिंदुओं की स्थिति को अंकित करने में किया जाता है। पंचिंग लाइन कटिंग ऑपरेशन के दौरान कटर के लिए गाइडलाइन बनेगी। विभिन्न प्रकार के पंच उपलब्ध हैं। आमतौर पर इस्तेमाल किए जाने वाले पंच है: सेंटर पंच (केंद्र पंच) और प्रिक पंच (चुभन पंच)। दोनों पंच एक जैसे दिखते हैं, केवल अंतर है अधिक कोण का, केंद्र पंच के लिए 60 डिग्री है और चुभन पंच के लिए कोण 40 डिग्री है। लंबाई और व्यास क्रमशः 90-150 मिमी और 8-13 मिमी होते हैं। उन्हें चित्र 2.12 में दिखाया गया है। यहां तक कि पार्ट्स की पहचान के लिए अक्षरों/संख्याओं को चिह्नित करने के लिए नंबर पंच और लेटर पंच भी उपलब्ध हैं।

चित्र 2.12 : डॉट पंच

ट्राई स्क्वायर (गुनिया)

ट्राई-स्क्वायर का उपयोग वर्कपीस के स्क्वेयरनेस (वर्गाकारिता) एवं स्ट्रेटनेस (सीधापन) के निरीक्षण के लिए किया जाता है। फाइलिंग ऑपरेशन के दौरान स्क्वेयरनेस और स्ट्रेटनेस की जांच के लिए इसका उपयोग रुक-रुक कर किया जाता है। ऑपरेशन चित्र 2.13 में दिखाया गया है।

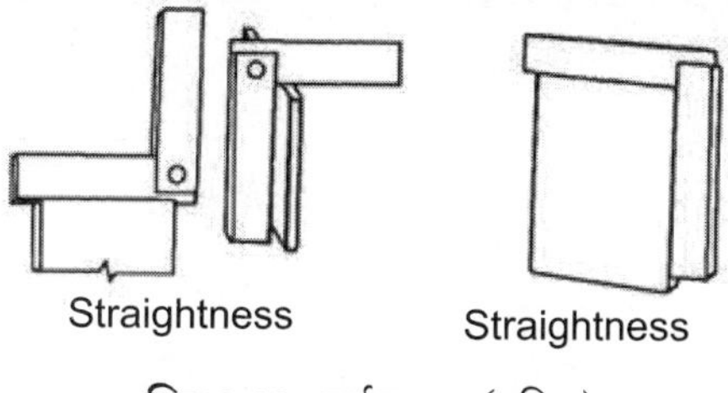

चित्र 2.13 : ट्राई स्क्वायर (गुनिया)

एंगल प्लेट (कोण प्लेट)

एंगल प्लेट कास्ट आयरन से बनी होती है। इसकी दो सतहें एक दूसरे से समकोण पर मशीनीकृत होती हैं। अंकन या निरीक्षण की सुविधा के लिए जिस वर्कपीस को चिह्नित किया जाना है, उसे एंगल प्लेट के फेस के सामने पकड़ा जाएगा। वर्कपीस को एंगल प्लेट की दीवार के विरुद्ध रखा जाना है। ऊंचाई गेज की मदद से वर्कपीस पर वांछित आयामों को चिह्नित किया जाता है। यहां तक कि वांछित ओपेरेशन के लिए वर्क पीस को क्लैंप करने के लिए एंगल प्लेट पर स्लॉट भी दिए गए हैं। चित्र 2.14 कोण प्लेट/एंगल प्लेट को दर्शाता है।

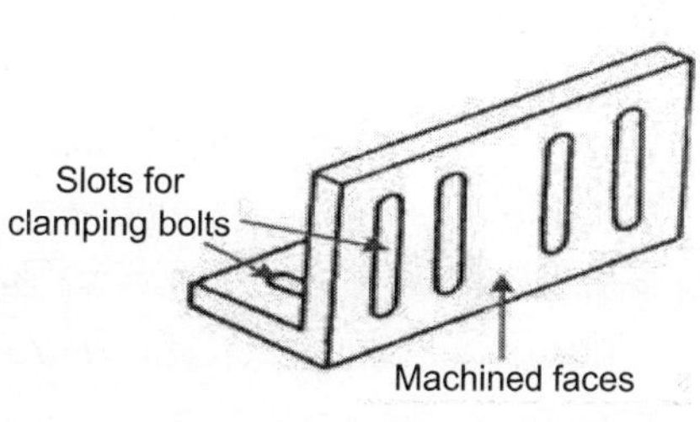

चित्र 2.14: कोण /एंगल प्लेट

सरफेस प्लेट (सतह प्लेट)

सरफेस प्लेट का उपयोग वर्कपीस की समतलता और अन्य निरीक्षण उद्देश्यों के परीक्षण के लिए किया जाता है। इसका उपयोग वर्कपीस पर अंकन के लिए किया जाता है। यह मार्किंग टेबल की तुलना में समतलता में अधिक सटीक है। सरफेस प्लेट्स कास्ट आयरन या कठोर स्टील से बनी होती हैं, जिसको आवश्यक परिशुद्धता के लिए ग्राउंड और स्क्रैप किया जाता है । आजकल विशेष ग्रेनाइट पत्थर से बनी सरफेस प्लेटें सटीक ग्रेड, रंगों और आकारों की विस्तृत श्रृंखला में निर्मित होती हैं। चित्र 2.15 सरफेस प्लेट को दर्शाता है।

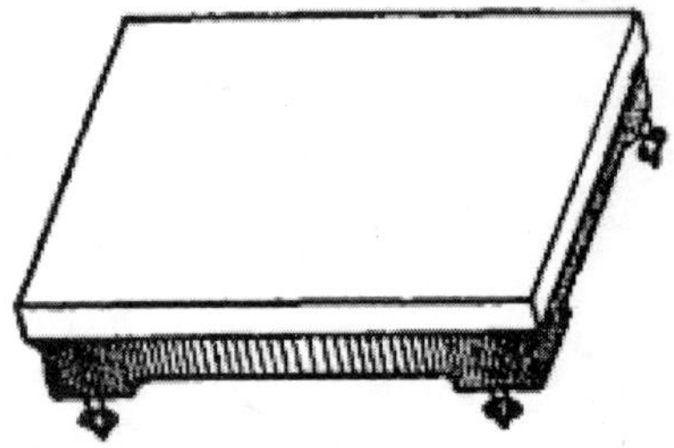

चित्र 2.15: सरफेस प्लेट

2.3.3 कटिंग टूल्स

विभिन्न कटिंग टूल्स में हैकसॉ, छेनी, कटिंग प्लायर्स शामिल हैं। कटिंग ऑपरेशन या तो मैन्युअल रूप से या पावर ऑपरेटेड हैकसॉ के साथ किया जा सकता है।

हैक सॉ (लोहा काटने की आरी)

हैकसॉ का उपयोग मैन्युअल रूप से धातु काटने के लिए किया जाता है। इसमें एक फ्रेम होता है जिसमें एक पतली ब्लेड होती है, जो मजबूती से स्थिति में होती है। समायोजन विंग नट की मदद से किया जा सकता है। हैकसॉ ब्लेड कटिंग ऑपरेशन करने के लिए जुड़ने वाला एक अतिरिक्त हिस्सा है। ब्लेड में काटने वाले कई दांते होते है। ब्लेड फॉरवर्ड दिशा में फिक्स किया गया है, इसलिए फॉरवर्ड स्ट्रोक के लिए कटिंग ऑपरेशन आसान हो जाता है। चित्र 2.16 हैकसॉ को दर्शाता है।

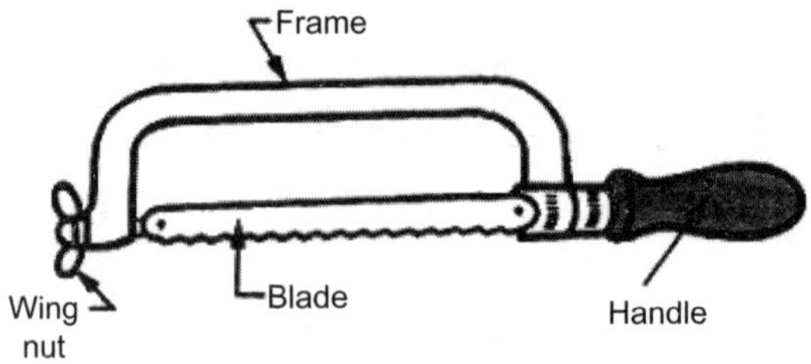

चित्र 2.16: हैक सॉ

चिसेल (छेनी)

अधिकांश समय अतिरिक्त धातु को काटने के लिए छेनी का उपयोग किया जाता है, सपाट छेनी का उपयोग पतली चादरें काटने के लिए किया जाता है। विभिन्न प्रकार की छेनी को चित्र 2.17 में दिखाया गया है। डायमंड पॉइंट छेनी जैसा कि नाम से पता चलता है, इसमें हीरे के आकार की नोक होती है और आमतौर पर इसका उपयोग "V" आकार के खांचे बनाने के लिए किया जाता है। इलेक्ट्रिक/पानी पाइपिंग के लिए खांचे बनाने के लिए ईंटवर्क पर उपयोग करने के लिए डायमंड पॉइंट छेनी बेहतर अनुकूल हो सकती है।

फ्लैट छेनी मूल रूप से एक ठंडी छेनी (कोल्ड चिसेल) का प्रकार है, जिसका उपयोग अधिकांश समय विभिन्न प्रकार की धातुओं को काटने के लिए किया जाता है। चपटी छेनी का इस्तेमाल रिवेट हेड्स, नट और मेटल रॉड्स जैसी अवांछित चीजों को तोड़ने के लिए किया जाता है। आधी-गोल (हाफ-राउंड) छेनी को गोल नाक की छेनी भी कहा जाता है। इसमें आधा गोल और शेष आधा समतल सतह के रूप में होता है। आमतौर पर नीचे की गोल सतहों का खांचे या चैनल बनाने के लिए उपयोग किया जाता है। ऐसा ही एक उदाहरण है बीयरिंग में खांचे, जो तेल रास्तों के रूप में कार्य करते हैं। केप छेनी या क्रॉस कट छेनी एक संकीर्ण आकार का

उपकरण है। इसका उपयोग चिपिंग ग्रूव्स और कीवेज़ के लिए किया जाता है। उपकरण का डिज़ाइन ऐसा है कि हैंडल काटने वाले किनारे से पतला होता है, जो एक बिंदु तक पहुंचने तक दो तरफ से संकरा होता है। इस छेनी को इस तरह से डिजाइन किया गया है कि जहां सपाट छेनी फस सकती है वहा केप छेनी नहीं फसेगी । छेनीयों को सख्त शंक और कठोर धार बनाने के लिए एनील्ड, हार्डेन्ड और टेम्पर्ड किया जाता है ।

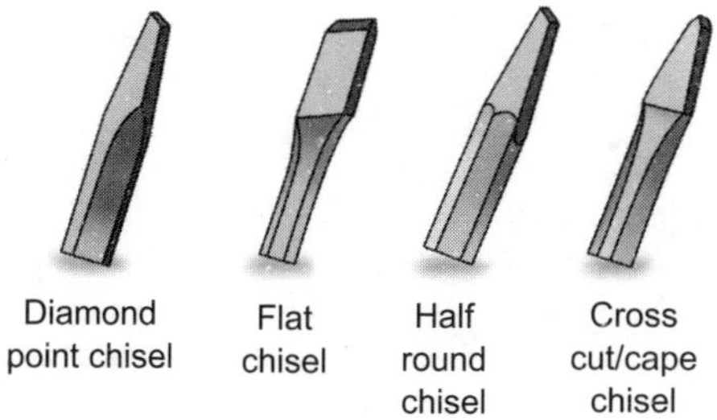

चित्र 2.17: छेनी के प्रकार

कटिंग प्लायर्स (काटने वाला सरौता)

कटिंग प्लायर्स हाथ के उपकरण होते हैं जिनका उपयोग वस्तुओं को मजबूती से पकड़ने के लिए किया जाता है। इनमें धातु के लीवर की एक जोड़ी होती है जो लीवर के एक छोर के करीब स्थित एक फलक्रम द्वारा जुड़ी होती है। फलक्रम के एक तरफ छोटे जबड़े बनते है, और दूसरी तरफ लंबे हैंडल बनते है। वे सामग्री की एक विस्तृत श्रृंखला को पकड़ने, झुकाने और संपीड़ित करने के लिए भी उपयोगी होते हैं। आम तौर पर, यह व्यवस्था एक यांत्रिक लाभ पैदा करती है।

2.3.4 फिनिशिंग टूल्स (परिष्करण उपकरण)

कर्मशाला में उपयोग किए जाने वाले परिष्करण उपकरण में विभिन्न प्रकार की फाइलें और स्क्रैपर शामिल हैं। यह ऑपरेशन प्रमुख कटिंग ऑपरेशन के अंत में किया जाता है जिससे की आवश्यक डाईमेंशनल टोलेरेंस (आयामी सहिष्णुता) प्राप्त की जा सके ।

फ़ाइलें

ये सभी कर्मशालाओं में सबसे अधिक उपयोग किए जाने वाले उपकरण हैं; मूल रूप से फ़ाइल उच्च ग्रेड कठोर स्टील के साथ बनाई जाती है। फ़ाइल में कुछ महत्वपूर्ण भाग हैं, जो चित्र 2.18 में दिखाए गए हैं। नामकरण यहाँ समझाया गया है।

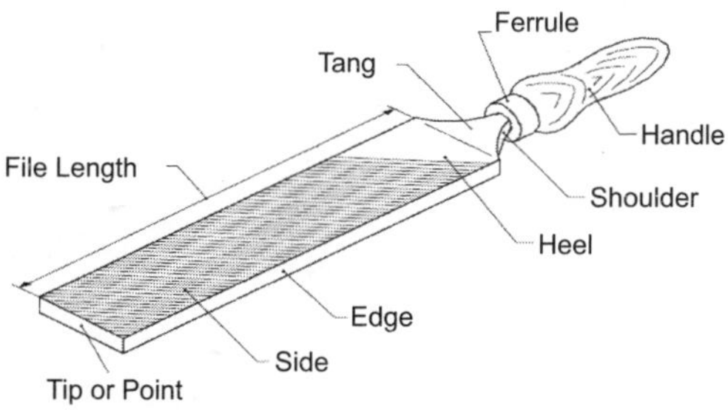

चित्र 2.18: फ़ाइल नामकरण

- **टिप या अंतिम बिंदु:** यह फ़ाइल का अंतिम छोर है जो टेंग के विपरीत है।
- **फेस या साइड :** फ़ाइल का सबसे बड़ा भाग जिसकी सतह पर विभिन्न पैटर्न में दांत कटे हुए हैं।
- **एज:** फ़ाइल की ऊंचाई या फ़ाइल की मोटाई।

- **हील (एड़ी) :** बिना दांत वाली फ़ाइल का वह भाग जिस पर दांत नहीं काटे गए हों। यह हैंडल की ओर होता है ।
- **शोल्डर (कंधा) :** बॉडी को टेंग से अलग करने वाला हिस्सा फाइल का घुमावदार भाग। यह कोने की ओर टेपर होता है।
- **टैंग:** फ़ाइल का पतला हिस्सा जो हैंडल में फिट हो जाता है।
- **हैंडल:** फ़ाइल का होल्डिंग हिस्सा, आमतौर पर लकड़ी या प्लास्टिक से बना होता है। टैंग को हैंडल में डाला जाता है।
- **सामी:** हैंडल की शुरुआत में एक सुरक्षात्मक धातु की अंगूठी हैंडल को ढीला या टूटने से बचाने में मदद करती है।

फाइलों का वर्गीकरण

फाइलों को निम्न के आधार पर वर्गीकृत किया जा सकता है

(a) दांत के कट का प्रकार

- सिंगल कट फाइल
- डबल कट फाइल
- रास्प कट

(b) खुरदरापन (रफ़नेस)

- खुरदुरा
- स्मूथ
- बास्टर्ड
- डेड स्मूथ
- सुपर स्मूथ
- दूसरा कट

(c) आकार या क्रॉस सेक्शन

फ्लैट फाइल (सपाट फ़ाइल)

यह खंड में आयताकार है और चौड़ाई और मोटाई में 1/3 लंबाई का टेपर होता है जो टिप की ओर होता है । फेसेस में डबल कटे हुए दांत होते हैं और किनारों पर सिंगल कटे हुए दांत होते हैं । यह एक सामान्य प्रयोजन फ़ाइल है । चित्र 2.19 में दिखाया गया है ।

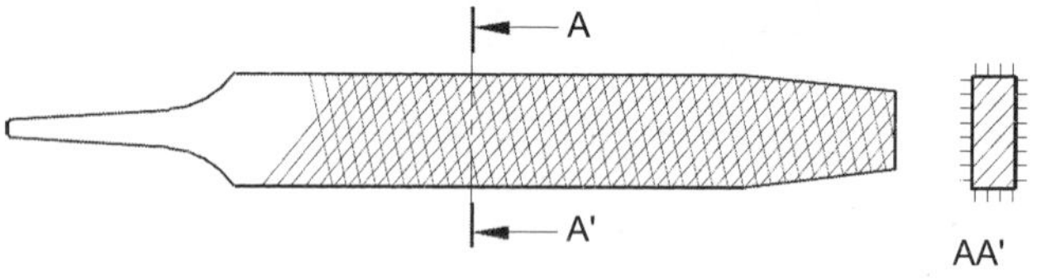

चित्र 2.19 : फ्लैट फाइल (सपाट फ़ाइल)

स्क्वायर फाइल

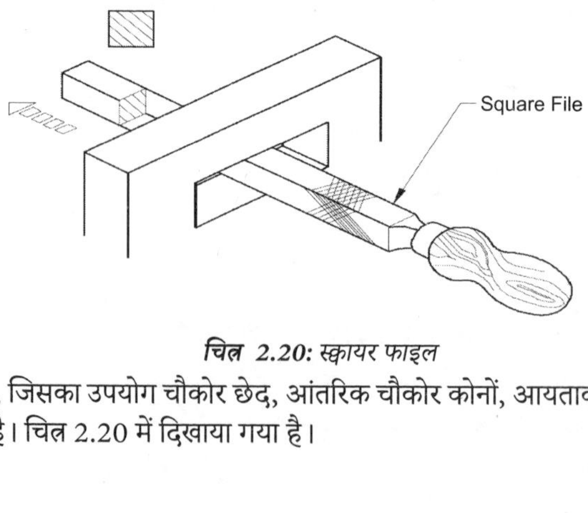

चित्र 2.20: स्क्वायर फाइल

यह क्रॉस सेक्शन में वर्गाकार है, जिसका उपयोग चौकोर छेद, आंतरिक चौकोर कोनों, आयताकार छिद्र, कीवे और स्पाइन आदि को फाईलिंग के लिए किया जाता है। चित्र 2.20 में दिखाया गया है।

ट्रेंगुलर फाइल (त्रिकोणीय फ़ाइल)

इसमें त्रिकोणीय क्रॉस सेक्शन है, जिसका उपयोग कोनों और कोणों, चैनलों और वी-आकार के खांचे आदि को फाईलिंग के लिए किया जाता है। चित्र 2.21 में दिखाया गया है।

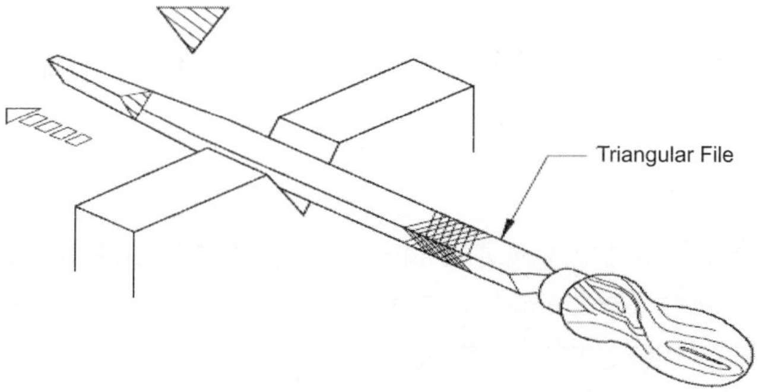

चित्र 2.21 : ट्रेंगुलर फाइल (त्रिकोणीय फ़ाइल)

राउंड फाइल (गोल फ़ाइल)

इसमें वृत्ताकार क्रॉस सेक्शन है, जिसका उपयोग वृत्ताकार छिद्रों को बड़ा करने के लिए किया जाता है और फ़िलेट्स और कोनों वाले अधिकांश प्रोफाइल इस गोल फ़ाइल के द्वारा फाईलिंग किए जाते हैं। चित्र 2.22 में दिखाया गया है।

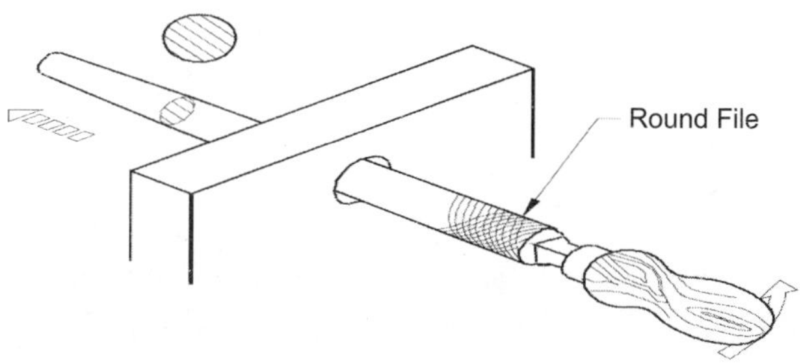

चित्र 2.22: राउंड फाइल

हाफ राउंड फाइल

हाफ राउंड फ़ाइल एक वृत्त के एक खंड के आकार में होती है। इसका उपयोग आंतरिक घुमावदार सतहों को फाईलिंग करने के लिए किया जाता है। चित्र 2.23 में दिखाया गया है।

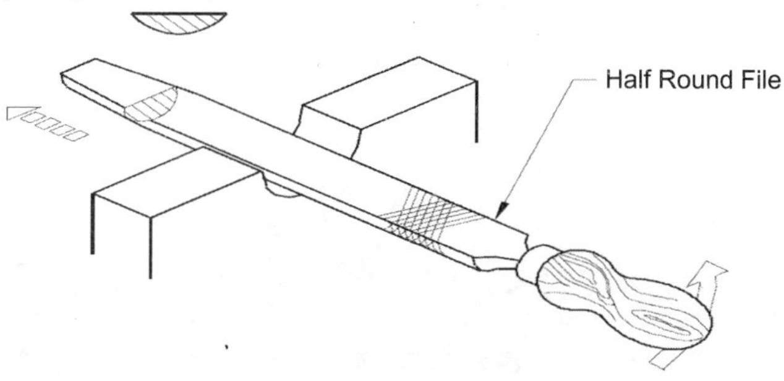

चित्र 2.23 : हाफ राउंड फ़ाइल

स्क्रेपर

ये नुकीले धार वाले उपकरण हैं जिनका उपयोग आमतौर पर सतहों पर असमान धब्बों को हटाने के लिए किया जाता है। वे विभिन्न आकृतियों के होते हैं जैसे सपाट, त्रिकोणीय और आधा गोल आदि।

2.3.5 प्रहार उपकरण (स्ट्राइकिंग टूल्स)

अलग-अलग ऑपरेशन के दौरान वर्कपीस पर प्रहार करने के लिए स्ट्राइकिंग टूल्स का इस्तेमाल किया जाता है। जैसे पंचिंग, चिपिंग, स्ट्रेटनिंग आदि। विभिन्न स्ट्राइकिंग टूल्स को नीचे समझाया गया है।

हथौड़ा (हैमर)

सबसे अधिक इस्तेमाल किया जाने वाला प्रहरी उपकरण हैमर/हथौड़ा है। हथौड़ों का नाम उनके आकार और प्रयुक्त सामग्री के आधार पर रखा गया है। ये बॉल पीन हैमर, स्ट्रेट पीन हैमर, क्रॉस पीन हैमर विभिन्न प्रकार के होते हैं। उन्हें चित्र 2.24 में दिखाया गया है। बॉल पीन हथौड़े का एक सपाट चेहरा होता है जिसका उपयोग सामान्य कार्य के लिए किया जाता है और गेंद के सिरे (बॉल एंड) का उपयोग विशेष रूप से रीवेटिंग के लिए किया जाता है।

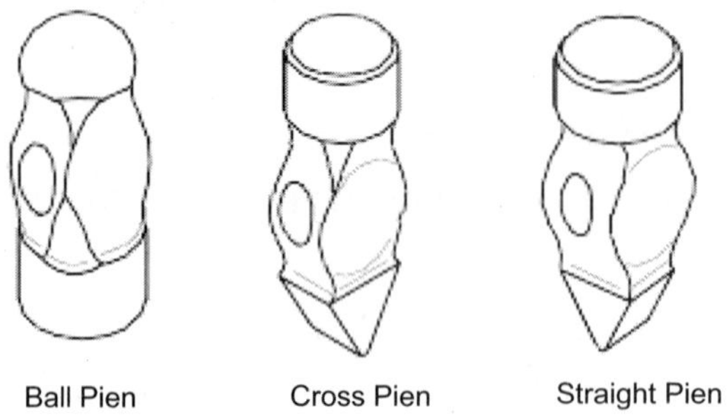

चित्र 2.24: हैमर के प्रकार

हथौड़े में एक कठोर और टेम्पर्ड स्टील का सिर (हेड) होता है जो एक सख्त लकड़ी के हैंडल पर मजबूती से टिका होता है। सपाट प्रहारी सतह को चेहरे/फेस के रूप में जाना जाता है, और विपरीत छोर को पीन कहा जाता है।

नरम हथौड़ा / मैलेट

ये आमतौर पर कठोर रबर या लकड़ी से बनाए जाते हैं। यह कम बल के लिए प्रयुक्त होता है जिससे वर्कपीस को नुकसान ना हो। चित्र 2.25 में दिखाया गया है।

चित्र 2.25: मैलेट

2.4 पॉवर उपकरण

एक पॉवर उपकरण मैनुअल श्रम के अलावा एक अतिरिक्त शक्ति/पॉवर स्रोत और तंत्र द्वारा संचालित होते हैं। सामान्य प्रकार के पॉवर उपकरण बिजली, रसायन, ईंधन, हाइड्रोलिक या वायवीय ऊर्जा स्रोतों का उपयोग करते हैं। पॉवर उपकरणों को स्थिर या पोर्टेबल और चल या मूवेबल के रूप में वर्गीकृत किया जाता है। परिवर्तनीयता में पोर्टेबल बिजली उपकरणों के स्पष्ट लाभ हैं; चल पॉवर उपकरणों की तुलना में अक्सर गति और सटीकता में फायदेमंद होते हैं। पोर्टेबल पॉवर उपकरण आसानी से एक स्थान से दूसरे स्थान पर ले जाया जा सकता है, और आमतौर पर किसी व्यक्ति के हाथों द्वारा उपयोग करने के लिए पर्याप्त हल्का होता है।

सूची में पॉवर उपकरणों के निम्नलिखित वर्गीकरण शामिल हो सकते हैं

(a) बिजली से चलने वाले पॉवर उपकरण
- बरमे/ड्रिल
- आरा कटिंग (साविंग)
- पालिशर

(b) रासायनिक संचालित पॉवर उपकरण (बैटरी संचालित)
- इम्पैक्ट/ टक्कर ड्राइवर
- कील लगाने वाली बन्दूक
- रिवेट लगाने वाली बंदूक
-ताररहित ड्रिल
- पावर स्क्रू ड्राइवर

(c) ईंधन संचालित पॉवर उपकरण
- चेन आरी/सॉ
- घास काटने की मशीन

(d) हाइड्रोलिक/वायवीय (न्यूमटिक) संचालित पॉवर उपकरण
- इम्पैक्ट/ टक्कर रेंच
- एअर गन
- लिफ्टर
- वैक्यूम पंप (चूसण यंत्र)

ड्रिलर (बरमा चलाने वाला छेदक)

कटिंग या ड्राइविंग टूल अटैचमेंट (ड्रिल या ड्राइवर बिट) के साथ पावर टूल, जो इलेक्ट्रिक मोटर से संचालित होता है और त्वरित, कुशल ड्रिल और ड्राइव के लिए अटैचमेंट को तीव्र गति से घुमाता है। अटैचमेंट एक चक द्वारा पकड़ा जाता है और लक्ष्य के खिलाफ दबाया जाता है। अलग-अलग आकार के छेद बनाने के लिए अलग-अलग ड्रिल बिट का उपयोग किया जाता है। चूंकि ड्रिलर पोर्टेबल और चलने योग्य होने के साथ-साथ प्रकृति में आसान है, इसे दूरस्थ स्थानों पर भी ले जाया जा सकता है। कुछ ड्रिलर बैटरी पावर से संचालित होते हैं। ड्रिलर चित्र 2.26 में दिखाया गया है।

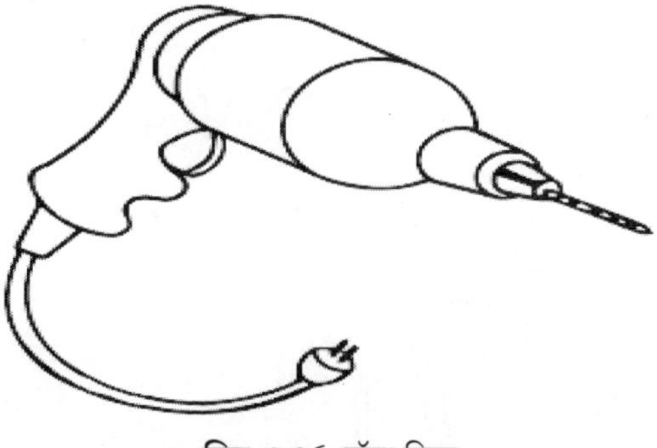

चित्र 2.26: पॉवर ड्रिलर

पावर ऑपरेटेड स्क्रू ड्राइवर

पावर ऑपरेटेड/बैटरी ऑपरेटेड स्क्रू ड्राइवर को चित्र 2.27 में दिखाया गया है। मूल रूप से यह मैनुअल स्क्रू ड्राइवर के समान है, इसमें बैटरी के रूप में पॉवर चालित इकाई शामिल है। रिवेट्स को लगाने / हटाने के लिए आवश्यक मैनुअल प्रयास इस मशीन के साथ कुछ ही समय में पूरी तरह से प्रभावी और कुशलता से किया जाता है।

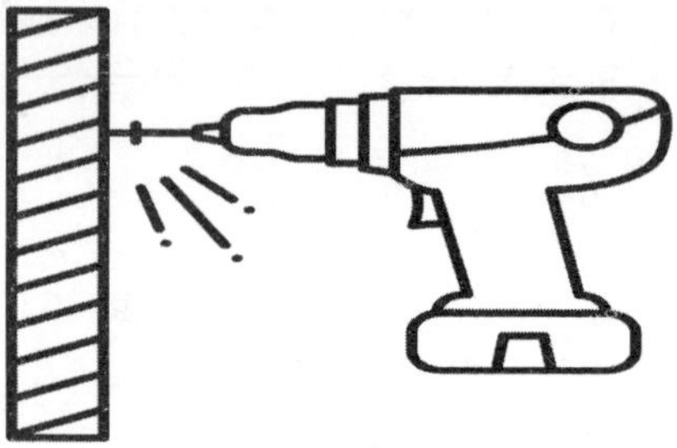

चित्र 2.27: पावर स्क्रू ड्राइवर

चेन सॉ

चेन सॉ/पॉवर चैन सॉ का उपयोग लकड़ी के लॉग को काटने और पेड़ों को काटने / ट्रिम करने के लिए किया जाता है। यह छोटे पेट्रोल इंजन द्वारा संचालित होता है। यह सॉ आसान है और इसे किसी भी दूरस्थ क्षेत्र में ले जाया जा सकता है। ऑपरेशन कुशल और त्वरित है। हमने बारिश के मौसम में इस मशीन का उपयोग देखा है; मजदूर उखड़े पेड़ों को काटकर जल्दी सड़कें साफ कर पाते है । चित्र 2.28 में दिखाया गया है ।

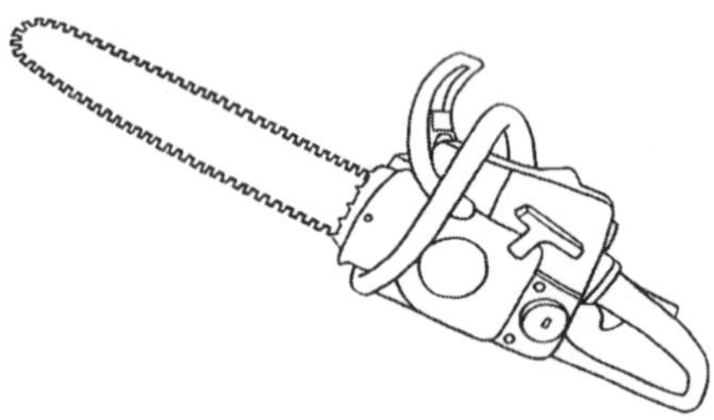

चित्र 2.28: पॉवर चैन सॉ

इम्पैक्ट रेंच

रेंच नट और बोल्ट को कसने / ढीला करने के लिए इस्तेमाल किया जाता है, आमतौर पर इस तरह के उपकरण इसके संचालन के लिए वायवीय शक्ति का उपयोग करते हैं। योजनाबद्ध चित्र 2.29 में दिखाया गया है।

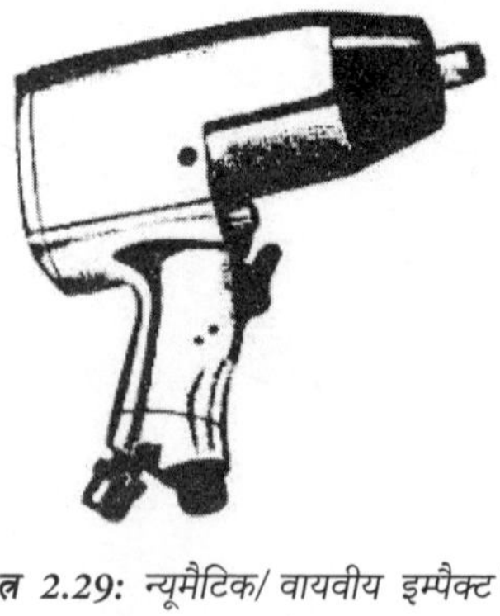

चित्र 2.29: न्यूमैटिक/ वायवीय इम्पैक्ट रेंच

रोचक तथ्य

- 18 वीं शताब्दी की औद्योगिक क्रांति से पहले, खाना पकाने के बर्तन, वैगन, जहाज, फर्नीचर और अन्य उत्पादों जैसे सामानों के उत्पादन के लिए सामग्री को काटने और आकार देने के लिए हाथ के औजारों का उपयोग किया जाता था।
- भाप इंजन के आगमन के बाद, पॉवर से चलने वाली मशीनों द्वारा भौतिक वस्तुओं का उत्पादन किया गया था जो केवल मशीन टूल्स द्वारा निर्मित की जा सकती थीं । मशीन टूल्स और जिग्स और फिक्स्चर अपरिहार्य नवाचार थे जिन्होंने 19 वीं शताब्दी में बड़े पैमाने पर उत्पादन और विनिमेय पुर्जों को वास्तविकता बना दिया ।
- क्रांतिकारी कला जिसने नवपाषाण काल के मानव के निश्चित आधार और पॉलिश किए गए औजारों का निर्माण किया, वह अनिवार्य रूप से एक परिष्करण ऑपरेशन था, जिसने खुरदरे उपकरण का उत्पादन करने वाली चिपिंग प्रक्रिया के निशान को हटाने के लिए एक चिपिंग उपकरण को रगड़ कर या एक अपघर्षक चट्टान से काट दिया ।

वीडियो संसाधन

Limits

Measuring Tools

Industrial Safety

यूनिट सारांश

- सी.एन.सी. मशीनिंग निर्माण विधि है जहां लिखित अल्फा-न्यूमेरिक कोड विनिर्माण प्रक्रिया में मशीनरी और उसके सहायक उपकरण को नियंत्रित करते हैं। ये कोड काटने के उपकरण की गति, उसकी धुरी की गति, फ़ीड, कट की गहराई, रोटेशन की धुरी आदि सब कुछ निर्धारित करते हैं। सी.एन.सी. मशीनिंग एक घटाव विनिर्माण विधि है । उन्नत और अधिक जटिल भागों को प्रभावी ढंग से और कुशलता से मशीनीकृत किया जा सकता है ।
- एडिटिव मैन्युफैक्चरिंग/योगात्मक विनिर्माण को रैपिड प्रोटोटाइप या 3-डी प्रिंटिंग के रूप में भी जाना जाता है, वह तकनीक है जो सामग्री की क्रमिक परतों के आधार पर काम करती है, जिसका उपयोग त्री-आयामी वस्तुओं को बनाने के लिए किया जाता है ।
- एडिटिव मैन्युफैक्चरिंग एप्लिकेशन की कोई सीमा नहीं है । शुरुआत में रैपिड प्रोटोटाइप, प्री-प्रोडक्शन विज़ुअलाइज़ेशन मॉडल पर केंद्रित और सीमित था । हाल ही में, इसका उपयोग विमान, दंत पुनर्स्थापन, चिकित्सा प्रत्यारोपण, ऑटोमोबाइल और यहां तक कि फैशन डिजाइन उत्पादों में अंतिम-उपयोगकर्ता उत्पादों को बनाने के लिए किया गया है।
- आमतौर पर वर्कशॉप में बेंच पर हाथ औजारों और पॉवर उपकरणों के साथ छोटे-छोटे पार्ट्स पर काम करना, फिटिंग वर्क के रूप में जाना जाता है । फिटिंग शाला में हाथ के औजारों या पॉवर पोर्टेबल उपकरणों का उपयोग करके मार्किंग, फाइलिंग, सॉइंग, स्क्रैपिंग, ड्रिलिंग, टैपिंग, ग्राइंडिंग आदि ऑपरेशन शामिल हैं ।
- पॉवर उपकरण समय की बचत करने वाले और कुशल उपकरण हैं जिनका आविष्कार वर्कपीस को पूरा करने के लिए किया गया था अन्यथा पारंपरिक उपकरण वर्कपीस को पूरा होने में काफी अधिक समय ले रहे थे ।

अभ्यास

विषयात्मक प्रश्न

क्र.	प्रश्न	CO	BL	PO	PI कोड *
1.	सीएनसी मशीनों को उच्च परिशुद्धता मशीन क्यों कहा जाता है?	2	L1	1	1.4.1
2.	पारंपरिक मशीनों की तुलना में सी.एन.सी. मशीनों के लाभों पर चर्चा करें।	2	L1	1	1.4.1
3.	रैपिड प्रोटोटाइप अस्तित्व के लिए नई तकनीक है, चर्चा करें।	2	L1	1	1.4.1
4.	योज्य विनिर्माण (एडिटिव मैन्युफैक्चरिंग) के लिए संभावित अनुप्रयोग क्षेत्रों को सूचीबद्ध करें।	2	L1	1	1.4.1
5.	फिटिंग ऑपरेशन से बने उत्पादों की एक सूची बनाएं जो आप आज के जीवन में देख रहे है ।	2	L1	1	1.4.1
6.	धातु फिटिंग मॉडल बनाने में शामिल अनुक्रमिक चरणों की चर्चा करें।	2	L1	1	1.4.1
7.	पॉवर उपकरणों में प्रयुक्त विभिन्न शक्ति स्रोतों की विवेचना कीजिए।	2	L1	1	1.4.1

बहुविकल्पीय प्रश्न

क्र.	प्रश्न	उत्तर	CO	BL	PO	PI कोड *
1	सी.एन.सी. मशीनिंग केंद्रों में संचालन शामिल नहीं है जैसे: (a) मिलिंग (b) बोरिंग (c) वेल्डिंग (d) टैपिंग	(c)	2	L1	1	1.4.1
2	सीएनसी मशीनिंग के लिए कुशल पार्ट प्रोग्रामर की जरूरत होती है । (a) सच (b) गलत	(a)	2	L1	1	1.4.1
3	निम्नलिखित में से कौन रैपिड प्रोटोटाइप प्रक्रिया का एक चरण है? (a) डिजाइन का सी.ए.डी. मॉडल बनाएं (b) सी.ए.डी. मॉडल को एस.टी.एल. प्रारूप में परिवर्तित करें (c) एस.टी.एल. फ़ाइल को पतली क्रॉस-अनुभागीय परतों में स्लाइस करें (d) उपरोक्त सभी	(d)	2	L1	1	1.4.1
4	एक्सट्रूज़न-आधारित 3-डी प्रिंटिंग आर.पी. सिस्टम में, कच्चे माल का किस रूप में उपयोग किया जाता है: (a) मोम (b) पाउडर (c) रबर (d) तार	(d)	2	L1	1	1.4.1
5	ग्राइंडर का उपयोग करते समय आपको हमेशा आंखों की सुरक्षा करनी चाहिए। (a) सच (b) गलत	(a)	2	L1	1	1.4.1

*प्रदर्शन संकेतक (पी. आई.) कोड एआईसीटीई परीक्षा सुधार दस्तावेज से संदर्भित है ।

अधिक जानिए

- पार्ट प्रोग्राम जनरेशन, प्रोग्रामिंग के लिए G और M कोड का उपयोग।
- मशीनिंग संचालन में शामिल गणना और संख्यात्मक कार्य।
- रैपिड प्रोटोटाइपिंग/एडिटिव मैन्युफैक्चरिंग में ए.एस.टी.एम. मानक।
- उपलब्ध संसाधनों के साथ योगात्मक विनिर्माण प्रदर्शन।
- दिए गए मॉडल ड्राइंग को प्राप्त करने के लिए फिटिंग टूल्स का उपयोग और ओपेरेशन्स की अनुक्रमणिका।
- शैक्षणिक उपकरणों के स्वचालन के लिए पॉवर उपकरणों का निर्माण।

संदर्भ एवं अध्ययन हेतु सुझाव

1. Prof. Dr. Ing. Andreas Gebhardt "Understanding Additive Manufacturing", 2011, Hanser Publications, Cincinnati, USA.
2. "Work Shop Manual", 2020, JSS Science and Technology University, Mysore.
3. Mikell P. Groover, "Fundamentals of Modern Manufacturing: Materials, Processes, and Systems", John Wiley & Sons. Inc. Publication, 4th ed. 2014.
4. Fundamentals of CNC Machining, A Practical Guide for Beginners by Auto Desk.
5. Rapid Manufacturing Course on NPTEL by IIT, Kanpur.

3 विद्युत और इलेक्ट्रॉनिक्स

यूनिट विशिष्ट

इस यूनिट में निम्नलिखित विषयों पर विस्तार से चर्चा की गई है:

- बुनियादी शब्दावली
- श्रृंखला और समानांतर में प्रतिरोध
- ट्रांसफार्मर
- विद्युत मोटर्स
- विद्युत ड्राइव
- इलेक्ट्रॉनिक्स इंजीनियरिंग

यूनिट में इलेक्ट्रिकल और इलेक्ट्रॉनिक्स इंजीनियरिंग के बुनियादी विषय ज्ञान को समझाया गया हैं और सर्किट के व्यावहारिक अनुप्रयोगों पर सर्किट आरेखों के साथ चर्चा की गई है ।

भूमिका

विद्युत / इलेक्ट्रॉनिक्स इंजीनियरिंग मुख्य पेशेवर इंजीनियरिंग विषयों में से एक है । यह बिजली, इलेक्ट्रॉनिक्स और विद्युत चुंबकत्व के अध्ययन और अनुप्रयोगों से संबंधित है । उन्नीसवीं सदी के उत्तरार्ध में सिविल और मैकेनिकल इंजीनियरिंग के साथ यह क्षेत्र पहली बार एक पहचान योग्य पेशा बन गया । इसका कारण इलेक्ट्रिक टेलीग्राफ का व्यावसायीकरण और बिजली की आपूर्ति की मांग है। यह क्षेत्र अब बिजली, ऑप्टोइलेक्ट्रॉनिक्स, डिजिटल इलेक्ट्रॉनिक्स, रोबोटिक्स, ऑटोमोटिव, एनालॉग इलेक्ट्रॉनिक्स, मोबाइल संचार, कंप्यूटर विज्ञान, कृत्रिम बुद्धिमत्ता, नियंत्रण प्रणाली, इलेक्ट्रॉनिक्स, सिग्नल प्रोसेसिंग और दूरसंचार, इंस्ट्रूमेंटेशन से संबंधित कई अधिक उप-विषयों को शामिल करता है ।

विद्युत (इलेक्ट्रिकल) इंजीनियरिंग शब्द में इलेक्ट्रॉनिक इंजीनियरिंग शामिल हो भी सकती है और नहीं भी । साधारण इलेक्ट्रिकल इंजीनियरिंग में बिजली उत्पादन और वितरण के साथ-साथ बड़े पैमाने पर विद्युत प्रणालियों जैसे कि बिजली संचरण और मोटर नियंत्रण से जुड़ी समस्याओं से संबंधित है, जबकि इलेक्ट्रॉनिक इंजीनियरिंग उत्पन्न बिजली की उपयोगिता और विभिन्न अनुप्रयोगों से संबंधित है । इस अध्ययन में कंप्यूटर और एकीकृत सर्किट सहित छोटे पैमाने के इलेक्ट्रॉनिक सिस्टम शामिल हो सकते हैं । भेद पहचानने का सबसे सरल तरीका यह है कि विद्युत इंजीनियरों का संबंध विद्युत ऊर्जा के संचारण से है, जबकि इलेक्ट्रॉनिक्स इंजीनियरों का संबंध बिजली का उपयोग करके सूचना प्रसारित करने से है !

पूर्व अपेक्षित ज्ञान

- कंडक्टरों के प्रकार
- इलेक्ट्रिकल वायरिंग
- सर्किट ड्राइंग
- सामान्य सुरक्षा उपाय

यूनिट आउटकम्स (UOs)

विद्यार्थी सक्षम होंगे:

U3-O1:	विद्युत प्रणाली के विभिन्न तत्वों की पहचान ।
U3-O2:	इलेक्ट्रिकल और इलेक्ट्रॉनिक इंजीनियरिंग के नियमों को सरल सर्किट पर लागू करना ।
U3-O3:	इलेक्ट्रिकल/इलेक्ट्रॉनिक सर्किट पर टिप्पणी करना ।
U3-O4:	विद्युत मोटरों की उपयोगिता में अंतर करना ।
U3-O5:	ओपन लूप और क्लोज्ड लूप कंट्रोल सिस्टम के अनुप्रयोग से परिचित होना ।

कोर्स आउटकम्स (COs) के साथ यूनिट आउटकम्स (UOs) का परस्पर संबंध

यूनिट 3 आउटकम्स (UOs)	कोर्स आउटकम्स (COs) के साथ अपेक्षित संबंध (1- कमजोर सहसंबंध; 2- मध्यम सहसंबंध; 3- मजबूत सहसंबंध)				
	CO-1	CO-2	CO-3	CO-4	CO-5
U3-O1			1		
U3-O2			1		
U3-O3			1		
U3-O4			1		
U3-O5			1		

3.1 प्रस्तावना

इलेक्ट्रिकल इंजीनियरिंग हर किसी के जीवन में बिजली और उसके अनुप्रयोगों से संबंधित है । भले ही हम आंखों से बिजली के प्रवाह को नहीं देख सकते हैं लेकिन हम इसे उपकरणों के संचालन से देख सकते हैं । यह अधिकांश घरेलू और औद्योगिक उपकरणों, भारी मशीनरी, बिजली की रोशनी आदि को चलाने के लिए बिजली की आपूर्ति करता है । संचार उपकरण जैसे मोबाइल, टेलीफोन, रेडियो, कंप्यूटर, टेलीविजन और अन्य सभी उपभोक्ता इलेक्ट्रॉनिक उपकरण भी बिजली से सम्बंधित और चालित है । और, ज़ाहिर है, इलेक्ट्रॉनिक्स हर दिन हमारे आस-पास सब कुछ बदल रहा है ! व्यापक उपकरणों के माध्यम से जैसे हाथ वाले कैलक्युलेटर,, कंप्यूटर और नियंत्रक जो रोबोट, ऑटोमोटिव, एयरक्राफ्ट, उपग्रह और बहुत कुछ संचालित करने में मदद करते हैं ।

निम्नलिखित चित्र 3.1 में दिखाई गयी छवियाँ आपको हमारे आज के जीवन की गतिविधियों में इलेक्ट्रिकल और इलेक्ट्रॉनिक्स इंजीनियरिंग के अनुप्रयोग के बारे में एक विचार दे सकते हैं ।

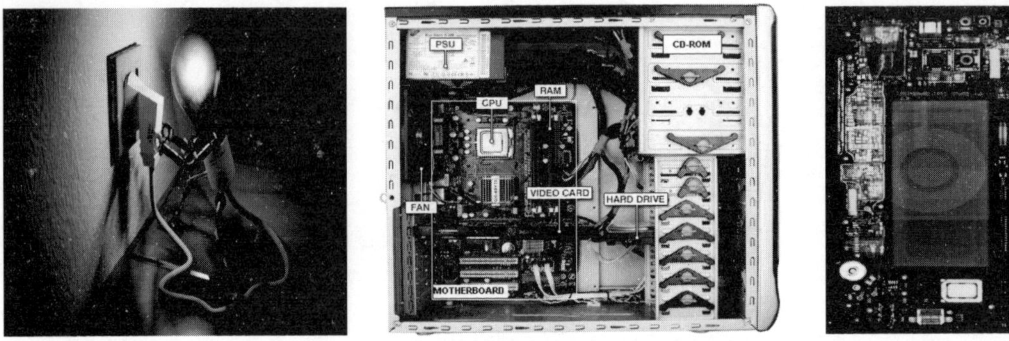

***चित्र** 3.1: (a) बिजली का बल्ब* *(b) कंप्यूटर सी.पी.यू.* *(c) मोबाइल फोन सर्किट*

इस मॉड्यूल में हम इलेक्ट्रिकल और इलेक्ट्रॉनिक उपकरणों के बुनियादी सिद्धांतों और अनुप्रयोगों पर चर्चा करेंगे । किसी चालक में विद्युत आवेश के प्रवाह को विद्युत धारा कहते हैं । धाराएँ दो प्रकार से उपलब्ध हैं, प्रत्यक्ष धारा या डायरेक्ट करंट (DC) और प्रत्यावर्ती धारा या आल्टरनेटिंग करंट (AC) । डायरेक्ट करंट एक दिशा में निरंतर वोल्टेज पोलेरिटी के साथ बहता है जबकि अल्टरनेटिंग करंट समय-समय पर अपनी वोल्टेज पोलेरिटी के साथ दिशा बदलता है । थॉमस अल्वा एडिसन और एलेसेंड्रो वोल्टा डीसी करंट में अग्रणी थे और उन्होंने बिजली के इतिहास के बारे में बहुत कुछ लिखा था । लेकिन जैसे-जैसे समाज विकसित हुआ, लंबी संचरण दूरी पर डीसी का उपयोग अक्षम हो गया । निकोला टेस्ला ने प्रत्यावर्ती धारा या आल्टरनेटिंग करंट प्रणालियों के आविष्कार के साथ वह सब बदल दिया । ए.सी. के साथ उच्च वोल्टेज का उत्पादन करना संभव है जो की लंबे प्रसारण के लिए आवश्यक है । इसलिए आज, अधिकांश पोर्टेबल डिवाइस डीसी पावर का उपयोग करते हैं जबकि पावर प्लांट ए.सी. का उत्पादन करते हैं । इस पृष्ठभूमि के साथ आइए शब्दावली से शुरू करें ।

3.2 बुनियादी शब्दावली

एक विद्युत परिपथ विभिन्न तत्वों जैसे वोल्टेज स्रोत, करंट स्रोत, प्रतिरोधों (रेसिस्टर्स), प्रेरकों (इन्डक्टरर्स) और संधारित्रों (कैपेसिटर्स) का अंतर्संबंध है । एक विद्युत परिपथ में दो प्रकार के तत्व होते हैं, वे है :

- **सक्रिय तत्व या स्रोत:** उनके पास स्वयं की ऊर्जा होती है और वे इसे सर्किट के अन्य तत्वों को प्रदान कर सकते हैं । दो स्रोत होते हैं: (i) वोल्टेज स्रोत (ii) करंट स्रोत ।
- **निष्क्रिय तत्व या सिंक:** उनके पास स्वयं की ऊर्जा नहीं होती है । वे स्रोत से ऊर्जा प्राप्त करते हैं । निष्क्रिय तत्व प्रतिरोध (रेजिस्टेंस), प्रेरक (इन्डक्टर) और संधारित्र (केपेसिटर) हैं ।
- **विद्युत धारा:** वह दर जिस पर किसी चालक में किसी बिंदु पर विद्युत आवेश का स्थानान्तरण होता है, उसमें से बहने वाली विद्युत धारा कहलाती है । इसे "I" द्वारा दर्शाया जाता है और एम्पीयर के संदर्भ में मापा जाता है । करंट के एक एम्पीयर को एक कंडक्टर के माध्यम से बहने वाली धारा के रूप में परिभाषित किया जा सकता है, जब एक कूलम्ब का चार्ज एक सेकंड में कंडक्टर में एक बिंदु को पार करता है । $$I = \frac{q}{t}$$
- **प्रतिरोध (रेजिस्टेंस) :** यह चालक का वह गुण है जिसके कारण वह उसमें से विद्युत धारा के प्रवाह का विरोध करता है या सीमित कर देता है । प्रतिरोध की इकाई ओम है। यह प्रतीक Ω द्वारा निरूपित किया जाता है । किसी चालक का प्रतिरोध उसकी लंबाई (l) के समानुपाती तथा क्षेत्रफल (a) के व्युत्क्रमानुपाती होता है

$$R = \frac{l}{a} \quad \text{या} \quad R = \rho\frac{l}{a}$$

यहाँ ρ चालक सामग्री का विशिष्ट प्रतिरोध या प्रतिरोधकता है ।

- **रिले:** रिले मूल रूप से एक स्विच है जिसका उपयोग सर्किट को खोलने या बंद करने के लिए किया जाता है । यह वांछित परिणाम बनाने के लिए बिजली के प्रवाह को नियंत्रित करता है ।
- **विद्युत विभव:** विद्युत विभव या इलेक्ट्रिक पोटेंशिअल, एक इकाई धनात्मक आवेश को अनंत से उस बिंदु तक लाने में किए गए कार्य की मात्रा है । इसके माप की इकाई वोल्ट (V) है ।
- **वोल्ट:** जब एक ओम के प्रतिरोध से एक एम्पीयर की धारा प्रवाहित होती है तब उत्पन्न विभव अंतर (पोटेंशिअल डिफरेंस) को वोल्ट कहते है ।
- **इलेक्ट्रोमोटिव बल (ई.एम.एफ.):** यह एक कंडक्टर में एक विशेष दिशा में मुक्त इलेक्ट्रॉनों को बहाव करने के लिए आवश्यक विद्युत प्रयास है । इसे वोल्ट में मापा जाता है । इलेक्ट्रॉनों की गति हमेशा ऋणात्मक से धनात्मक की ओर होती है, जबकि धारा की गति हमेशा धनात्मक से ऋणात्मक की ओर मानी जाती है ।
- **ओम का नियम:** किसी चालक के किन्हीं दो बिंदुओं के बीच विभव अंतर (V) और उनके बीच प्रवाहित धारा (I) का अनुपात स्थिर होता है । बशर्ते कंडक्टर का तापमान स्थिर हो । जहाँ R प्रतिरोध है ।

$$\text{स्थिरांक} = \frac{V}{I} \quad \text{या} \quad R = \frac{V}{I}$$

यह नियम एसी और डीसी दोनों करंट सर्किट के लिए लागू होता है ।

विद्युत शक्ति (P): इसे इस प्रकार परिभाषित किया गया है: वह दर जिस पर विद्युत परिपथ में विद्युत कार्य किया जाता है।

$$P = \frac{W}{t} = \frac{VIt}{t} = VI$$

इसे जूल प्रति सेकेंड या वाट में मापा जाता है ।

ओम के नियम के अनुसार

$$V = IR \quad \text{अर्थात} \quad P = I^2R$$

अब उपरोक्त समीकरणों को आसानी से समझने के लिए हमने उन्हें ए.सी. और डी.सी. सर्किट दोनों के लिए एक साधारण ओम के नियम पाई चार्ट में समेकित किया है जैसा की चित्र 3.2 में दिखाया गया है ।

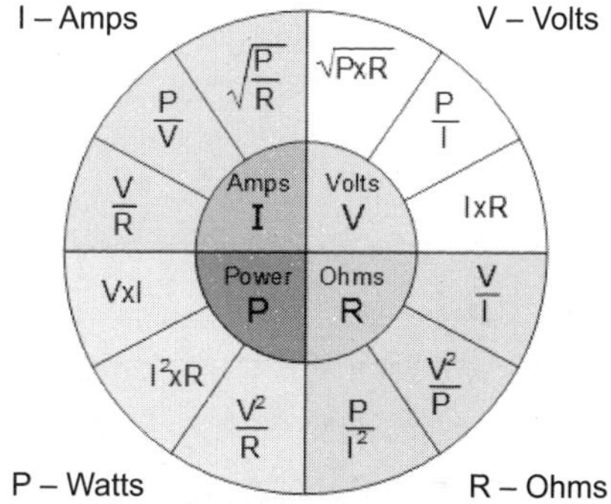

चित्र 3.2: ओम के नियम का पाई चार्ट

फैराडे का विद्युत चुम्बकीय प्रेरण का पहला नियम: जब भी एक कंडक्टर को किसी परिवर्तनीय चुंबकीय क्षेत्र में रखा जाता है, तो एक इलेक्ट्रोमोटिव बल प्रेरित होता है । यदि कंडक्टर का सर्किट बंद होता है, तो एक धारा प्रेरित होती है, जिसे प्रेरित धारा (इन्डक्टिव करंट) कहा जाता है ।

फैराडे का विद्युत चुम्बकीय प्रेरण का दूसरा नियम: जब भी एक कंडक्टर को किसी परिवर्तनीय चुंबकीय क्षेत्र में रखा जाता है, तो एक इलेक्ट्रोमोटिव बल प्रेरित होता है ; एक कुंडली में प्रेरित ई.एम.एफ फ्लक्स लिंकेज के परिवर्तन की दर के बराबर होता है ।

3.3 श्रृंखला में प्रतिरोध (सीरीज में रेजिस्टेंस)

प्रतिरोध को अनुप्रयोग आवश्यकताओं के आधार पर समानांतर या श्रृंखला में जोड़ा जा सकता है । आइए जानते हैं इस सीरीज कनेक्शन के कारण वोल्टेज पर रेजिस्टेंस का असर । तीन प्रतिरोधों पर विचार करें R_1, R_2, R_3 श्रृंखला में जुड़े हुए हैं जैसा कि चित्र 3.3 में दिखाया गया है । मान लीजिए 'V' पूरे परिपथ में लगाया गया कुल वोल्टेज है और 'I' परिपथ में प्रवाहित होने वाली धारा है ।

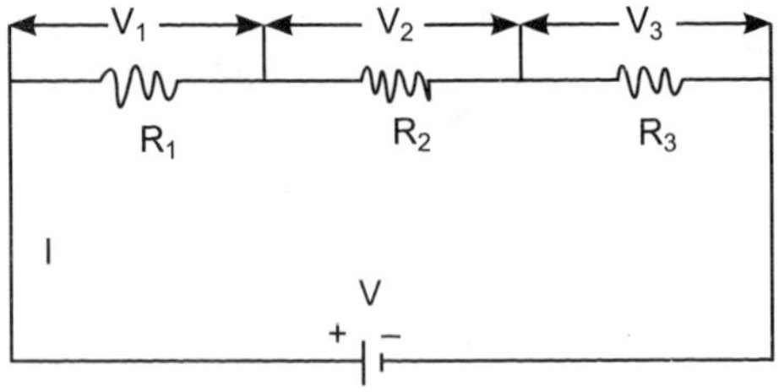

चित्र 3.3: श्रृंखला में प्रतिरोध

V_1, V_2, V_3 क्रमशः R_1, R_2, R_3 में वोल्टेज ड्रॉप हैं

तो $V_1 + V_2 + V_3 = V = IR_1 + IR_2 + IR_3$

ओम का नियम लागू करने पर $V = I\,R_{eq} = I\,(R_1 + R_2 + R_3)$

इस प्रकार $\boxed{R_{eq} = R_1 + R_2 + R_3 + + + + + + + + + R_n}$

इस प्रकार श्रृंखला सर्किट का कुल या समकक्ष प्रतिरोध श्रृंखला में जुड़े प्रतिरोधों का अंकगणितीय योग है ।

3.4 समानांतर में प्रतिरोध (पैरेलल में रेजिस्टेंस)

तीन प्रतिरोधों पर विचार करें R_1, R_2, R_3 जो एक सर्किट में वोल्टेज V वोल्ट के समानांतर में जुड़े हुए हैं । तब I कुल धारा को I1, I2, I3 में विभाजित किया जाता है और क्रमशः R_1, R_2 और R_3 प्रतिरोधों से प्रवाहित होती है । चित्र 3.4 समानांतर कनेक्शन के लिए सर्किट आरेख दिखाता है ।

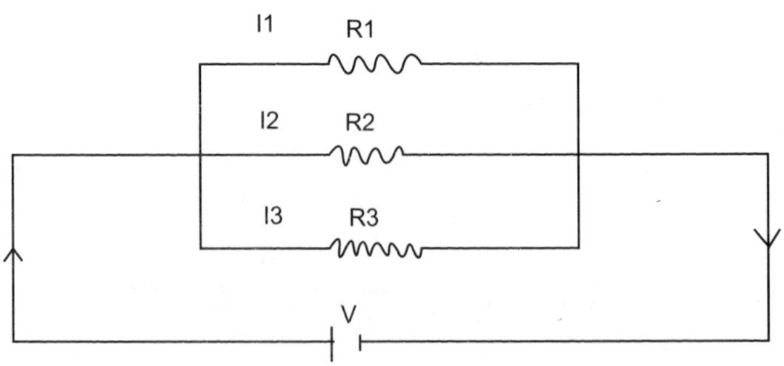

चित्र 3.4: समानांतर में प्रतिरोध

माना
$$I = I_1 + I_2 + I_3 = \frac{V}{R_1} + \frac{V}{R_2} + \frac{V}{R_3}$$

$$I = V\left[\frac{1}{R_1} + \frac{1}{R_2} + \frac{1}{R_3}\right]$$

$$I = V\left[\frac{1}{R_{eq}}\right]$$

तब
$$\boxed{\frac{1}{R_{eq}} = \frac{1}{R_1} + \frac{1}{R_2} + \frac{1}{R_3} + \frac{1}{R_3} + + + + + + \frac{1}{R_n}}$$

3.5 किरचॉफ का नियम

इस नियम का अध्ययन करंट और वोल्टेज नियम के संदर्भ में किया जा सकता है।

3.5.1 करंट नियम

एक विद्युत परिपथ के किसी भी जंक्शन पर मिलने वाली सभी धाराओं का बीजगणितीय योग शून्य होता है ।

$$\sum I = 0$$

चित्र 3.5 की सहायता से, एक जटिल विद्युत परिपथ में एक जंक्शन बिंदु "o" पर विचार करें, जिस पर चार धाराएँ I_1, I_2, I_3 और I_4 आपस में मिलेंगी । जंक्शन की ओर बहने वाली सभी धाराओ को धनात्मक और दूर जाने वाली सभी धाराओ को ऋणात्मक के रूप में लिया जाता है ।

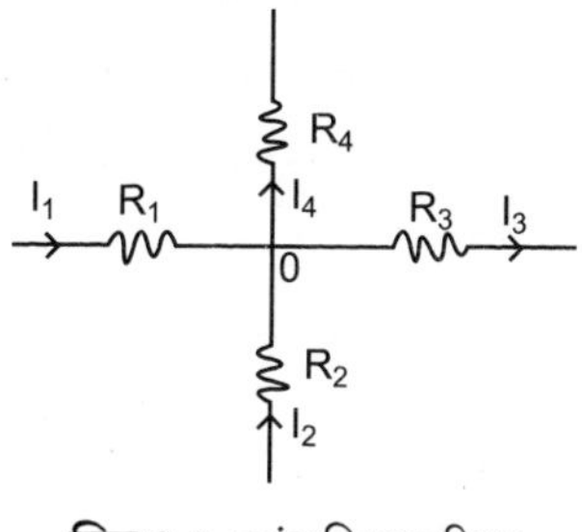

चित्र 3.5: करंट नियम परिपथ

किरचॉफ के करंट नियम के अनुसार

$$\boxed{I_1 + I_2 - I_3 - I_4 = 0}$$ या $$\boxed{I_1 + I_2 = I_3 - I_4}$$

इससे हम यह कह सकते हैं कि "विद्युत परिपथ के किसी भी जंक्शन पर, जंक्शन में प्रवेश करने वाली सभी धाराओं का योग जंक्शन से निकलने वाली सभी धाराओं के योग के बराबर होती है"।

3.5.2 वोल्टेज नियम

नेटवर्क के किसी भी बंद लूप में, प्रत्येक कंडक्टर में करंट और प्रतिरोध के उत्पाद का बीजगणितीय योग और उस पथ में विद्युत चुम्बकीय बल (ई.एम.एफ) का बीजगणितीय योग शून्य होता है । दूसरे शब्दों में, "किसी भी बंद विद्युत परिपथ में, सभी ईएमएफ और प्रतिरोधक ड्रॉप्स का बीजगणितीय योग शून्य के बराबर होता है"।

$$\boxed{\sum IR + \sum e.m.f = 0}$$

आमतौर पर वोल्टेज में वृद्धि को सकारात्मक (+) चिन्ह और वोल्टेज में गिरावट को नकारात्मक (–) चिन्ह के रूप में प्रदर्शित किया जाना चाहिए । इसे ध्यान में रखते हुए जब हम बैटरी के ऋणात्मक (–) टर्मिनल से उसके धनात्मक (+) टर्मिनल पर जाते हैं, तो विभव (पोटेंशिअल) में वृद्धि होती है इसलिए वोल्टेज को धनात्मक चिह्न दिया जाना चाहिए । दूसरी ओर धनात्मक टर्मिनल से ऋणात्मक टर्मिनल की ओर विभव में गिरावट होती है, अत: वोल्टेज को ऋणात्मक चिह्न द्वारा दर्शाया जाता है ।

3.6 ट्रांसफार्मर

ट्रांसफॉर्मर एक स्थिर डिवाइस है, जिसके माध्यम से आवृत्ति को बदले बिना, विद्युत शक्ति को एक प्रत्यावर्ती धारा सर्किट से दूसरे में, वांछित वोल्टेज और करंट में बदला जाता है ।

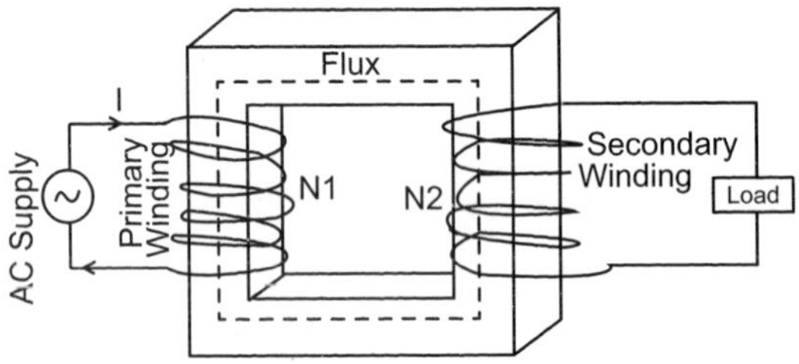

चित्र 3.6: ट्रांसफार्मर

ट्रांसफार्मर के कार्य करने के मूल सिद्धांत को चित्र 3.6 की सहायता से समझाया जाएगा । पारस्परिक प्रेरण के सिद्धांत में कहा गया है कि जब दो कुंडलियों को प्रेरक रूप से जोड़ा जाता है और एक कुंडली में धारा को समान रूप से बदला जाता है तो दूसरी कुंडली में एक ईएमएफ प्रेरित होता है । इस ई.एम.एफ. को जब बंद पथ प्रदान किया जाता है तो यह करंट प्रवाहित कर सकता है । इसी आधार पर ट्रांसफार्मर कार्य करता है । दो प्रेरक कुंडलियां, एक कॉमन चुंबकीय सर्किट से जुड़ी होती हैं लेकिन विद्युत कनेक्शन भिन्न होते हैं । दोनों कुंडलियों में उच्च प्रेरकत्व (इन्डकटेन्स) होता है । वह कुण्डली जिसमें ए.सी. स्रोत से विद्युत ऊर्जा की आपूर्ति की जाती है, प्राथमिक वाइंडिंग कहलाती है । इसमें घुमावों की संख्या N1 होती है और दूसरी जिससे ऊर्जा खींची जाती है उसे द्वितीयक वाइंडिंग कहते हैं । इसमें घुमावों की संख्या N2 होती है ।

3.6.1 अनुप्रयोग

- विद्युत ट्रांसमिशन और डिस्ट्रीब्यूशन लाइनों में वोल्टेज स्तर को ऊपर और नीचे करने के लिए ।
- वेल्डिंग शॉप में इस्तेमाल होने वाली वेल्डिंग मशीन ।
- हर घर में ट्रांसफार्मर (रेक्टिफायर) हैं; वे चार्जर यूनिट के अंदर होते हैं जिसे आप अपने सेल फोन / लैपटॉप या अन्य उपकरणों को रिचार्ज करने में लगाते हैं ।

3.7 विद्युत मोटर

विद्युत मोटर एक इलेक्ट्रिक मशीन है जो आपूर्ति की गई विद्युत ऊर्जा को यांत्रिक ऊर्जा में परिवर्तित करती है । विद्युत मोटर इन मोटरों के चुंबकीय क्षेत्र और वायर वाइंडिंग में विद्युत प्रवाह के बीच परस्पर क्रिया के माध्यम से संचालित होती है । यह मोटर शाफ्ट पर लागु, एक बल उत्पन्न करेगा जिसे टॉर्क कहते है ।

इलेक्ट्रिक मोटर्स को डायरेक्ट करंट (DC) स्रोतों द्वारा संचालित किया जा सकता है, जैसे कि बैटरी या रेक्टिफायर अन्यथा अल्टेर्नेटिंग करंट (AC) स्रोतों जैसे इनवर्टर, इलेक्ट्रिक जनरेटर और सीधे पावर ग्रिड से ।

इलेक्ट्रिक मोटर का उपयोग ऑटोमोबाइल, ट्रेन, औद्योगिक बिजली उपकरण, पंखे, एयर कंडीशनिंग उपकरण, घरेलू उपकरण,

डिस्क ड्राइव और यहां तक कि कुछ इलेक्ट्रिक घड़ियों में भी सूक्ष्म आकार (माइक्रो साइज्ड) के मोटर्स का उपयोग किया जाता है ।

3.7.1 विद्युत मोटर का वर्गीकरण

मोटर्स का विस्तृत वर्गीकरण नीचे चित्र 3.7 में दिखाया गया है ।

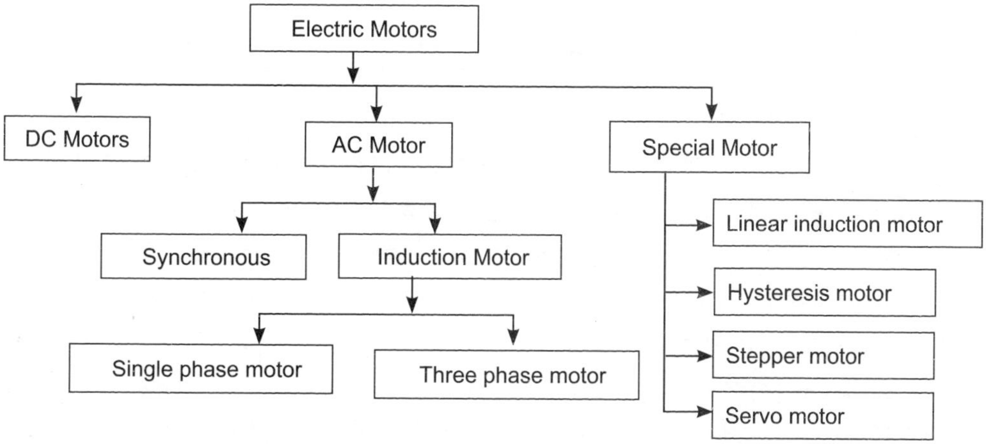

चित्र 3.7: इलेक्ट्रिक मोटर्स का वर्गीकरण

ऊपर वर्णित मोटर्स के वर्गीकरण में, डी.सी. मोटर एकमात्र ऐसा है जो डायरेक्ट करंट द्वारा संचालित होता है । बाकी सभी ए.सी. इलेक्ट्रिक मोटर हैं और प्रत्यावर्ती धारा / अल्टेर्नेटिंग करंट द्वारा संचालित होती हैं ।

3.7.2 तीन फेज़ प्रेरण मोटर (थ्री फेज़ इंडक्शन मोटर)

थ्री फेज़ इंडक्शन मोटर एक ए.सी. इंडक्शन मोटर है जो करंट की थ्री फेज सप्लाई पर चलती है तथा तुलनात्मक रूप से सिंगल फेज सप्लाई की जरूरत सिंगल फेज इंडक्शन मोटर को ऑपरेट करने के लिए होती है । थ्री फेज सप्लाई करंट, स्टेटर वाइंडिंग में एक इलेक्ट्रोमैग्नेटिक फील्ड पैदा करता है जिससे रोटर वाइंडिंग में टॉर्क पैदा होता है । चित्र 3.8 थ्री फेज़ प्रेरण मोटर के स्टेटर और रोटर को दर्शाता है ।

चित्र 3.8: स्टेटर और रोटर

इंडक्शन मोटर इलेक्ट्रोमैग्नेटिक इंडक्शन के सिद्धांत पर काम करती है । जब स्टेटर वाइंडिंग को थ्री फेज सप्लाई दी जाती है, तो स्थिर चुंबकीय क्षेत्र का एक रोटेटिंग चुंबकीय क्षेत्र (R.M.F) उत्पन्न होता है । रोटेटिंग या घूर्णन चुंबकीय क्षेत्र की गति तुल्यकालिक

गति (सिंक्रोनस स्पीड) है, N.S. आर.पी.एम. । यह घूमने वाला क्षेत्र, रोटर के चारों ओर, घूमने वाले ध्रुवों का प्रभाव पैदा करता है । आइए हम इस चुंबकीय क्षेत्र की दिशा क्लॉकवाइज लें ।

अब इस पल में, रोटर स्थिर है और स्टेटर फ्लक्स R.M.F. घूम रहा है । तो यह स्पष्ट है कि, आर.एम.एफ. और रोटर कंडक्टर के बीच एक सापेक्ष गति मौजूद है । अब, आर.एम.एफ. रोटर कंडक्टर द्वारा काटा जाता है जब आर.एम.एफ. रोटर कंडक्टरों पर स्वीप करता है । जब भी कोई कंडक्टर फ्लक्स को काटता है, उसमें ई.एम.एफ. प्रेरित हो जाता है । तो, रोटर कंडक्टरों में ई.एम.एफ. प्रेरित हो जाता है, जिसे रोटर प्रेरित ई.एम.एफ. कहा जाता है, यह इलेक्ट्रो-मैग्नेटिक इंडक्शन है । जैसे ही रोटर क्लोज सर्किट बनाता है, प्रेरित ई.एम.एफ. रोटर के माध्यम से करंट का संचार करता है जिसे रोटर करंट कहा जाता है । कोई भी करंट ले जाने वाला कंडक्टर अपना स्वयं का फ्लक्स पैदा करता है । तो, रोटर अपना फ्लक्स उत्पन्न करता है, जिसे रोटर फ्लक्स कहा जाता है । रोटर करंट की कल्पित दिशा के लिए, रोटर फ्लक्स की दिशा क्लॉकवाइज होती है ।

अब दो फ्लक्स हैं, एक R.M.F. और दूसरा रोटर फ्लक्स । दोनों फ्लक्स आपस में परस्पर क्रिया करते हैं । रोटर कंडक्टर के बाईं ओर, दो फ्लक्स एक ही दिशा में हैं, इसलिए जुड़ कर उच्च फ्लक्स क्षेत्र प्राप्त होता है । रोटर कंडक्टर के दाईं ओर, दो फ्लक्स विपरीत दिशा में हैं, इसलिए एक दूसरे को रद्द कर, कम फ्लक्स क्षेत्र उत्पन्न करते हैं । तो रोटर कंडक्टर, दो फ्लक्स की परस्पर क्रिया के कारण, बाएं से दाएं बल का अनुभव करता है । जैसा कि सभी रोटर कंडक्टर एक बल का अनुभव करते हैं, समग्र रूप से रोटर एक टार्क का अनुभव करता है और घूमना शुरू कर देता है । इसप्रकार, एक मोटरिंग क्रिया के लिए दो फ्लक्स की परस्पर क्रिया बहुत आवश्यक है ।

3.7.3 तीन फेज़ प्रेरण मोटर के अनुप्रयोग

इंडक्शन मोटर का उपयोग ज्यादातर औद्योगिक अनुप्रयोगों में किया जाता है । गिलहरी केज (स्क्वीरल केज) इंडक्शन मोटर्स का उपयोग आवासीय के साथ-साथ औद्योगिक अनुप्रयोगों में भी किया जाता है, विशेष रूप से जहां मोटर्स के गति नियंत्रण की आवश्यकता नहीं होती है जैसे:

- पंप और सबमर्सिबल पंप
- लेथ मशीन
- ग्राइंडिंग मशीन
- कन्वेयर
- आटा चक्की
- कंप्रेसर
- इस्पात मिलें
- लिफ्ट
- क्रेन मशीन
- होइस्ट (उत्तोलक)
- लाइन शाफ्ट

3.8 इलेक्ट्रिक लोड

दिन-प्रतिदिन के जीवन में हम अक्सर विद्युत भार शब्द (इलेक्ट्रिक लोड) का सामना करते हैं । यह एक ऐसा उपकरण है जो विद्युत ऊर्जा को करंट के रूप में खपत करता है और इसे अन्य वांछित आउटपुट रूपों में बदल देता है । वे गर्मी, प्रकाश, कार्य आदि हो सकते हैं । उन्हें निम्नानुसार वर्गीकृत किया गया है ।

3.8.1 इलेक्ट्रिक लोड का वर्गीकरण

विद्युत भार या इलेक्ट्रिक लोड की प्रकृति उस अनुप्रयोग पर निर्भर करती है जिसके लिए इसे लागू किया जाता है । लोड फैक्टर, डिमांड फैक्टर, डायवर्सिटी फैक्टर, पावर फैक्टर और युटीलाईजेशन फैक्टर, निर्णायक पैरामीटर हैं । विभिन्न प्रकार के विद्युत भारों को नीचे चित्र 3.9 में समझाया गया है ।

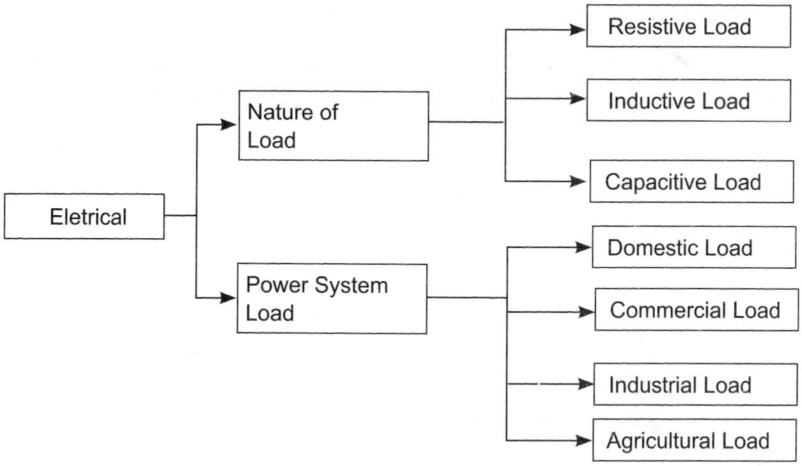

चित्र 3.9: इलेक्ट्रिक लोड का वर्गीकरण

- **प्रतिरोधक भार (रेसिस्टिव लोड) :** यह भार सर्किट में विद्युत ऊर्जा के प्रवाह को बाधित करता है और इसे तापीय ऊर्जा में परिवर्तित करता है, जिसके कारण सर्किट में ऊर्जा ड्रॉपआउट होता है । लैंप और हीटर प्रतिरोधक भार के उदाहरण हैं । प्रतिरोधक भार इस तरह से शक्ति लेते हैं कि करंट और वोल्टेज तरंग एक ही फेज़ में रहते हैं । इस प्रकार प्रतिरोधक भार का शक्ति कारक (पॉवर फैक्टर) एक या यूनिटी रहता है ।
- **प्रेरणात्मक भार (इंडक्टिव लोड) :** प्रेरणात्मक भार कार्य करने के लिए चुंबकीय क्षेत्र का उपयोग करते हैं । ट्रांसफार्मर, जनरेटर, मोटर इस भार के उदाहरण हैं । प्रेरणात्मक भार में एक कुंडली होती है जो विद्युत धारा के गुजरने पर चुंबकीय ऊर्जा को संग्रहीत करती है ।
- **कैपेसिटिव लोड (संधारित्र भार) :** यहां वोल्टेज तरंग, करंट तरंग से लीडिंग (अग्रगामी) होती है । कैपेसिटिव लोड के उदाहरण कैपेसिटर बैंक, थ्री फेज इंडक्शन मोटर स्टार्टिंग सर्किट हैं ।
- **घरेलू भार (डोमेस्टिक लोड) :** इस भार में मुख्य रूप से प्रकाश व्यवस्था, कुलिंग या हीटिंग शामिल है । यह घरेलू काम में बिजली के उपकरणों द्वारा खपत की जाने वाली कुल विद्युत ऊर्जा है । यह घर-घर में भिन्न होती है क्योंकि यह जीवन स्तर, जलवायु स्थिति, भौगोलिक स्थिति, निवास के प्रकार और बहुत कुछ बातों पर निर्भर करती है । घरेलू भार में मुख्य रूप से लाइट, पंखा, वॉटर हीटर, रेफ्रिजरेटर, एयर कंडीशनर, मिक्सर, ग्राइंडर, रूम हीटर, ओवन, वॉटर पंप आदि शामिल हैं ।
- **वाणिज्यिक भार (कमर्शियल लोड) :** इसमें मुख्य रूप से वाणिज्यिक स्थानों जैसे दुकानों, कार्यालयों, विज्ञापन होर्डिंग आदि की बिजली, पंखे, हीटिंग, एयर कंडीशनिंग और कई अन्य बिजली के उपकरण जैसे वाणिज्यिक प्रतिष्ठानों जैसे बाजार, रेस्तरां, कार्यालय, बैंक, में इस्तेमाल होते हैं । स्कूल, कॉलेज को व्यावसायिक भार माना जाता है ।
- **औद्योगिक भार (इंडस्ट्रियल लोड) :** इसमें लघु उद्योग, मध्यम उद्योग, बड़े पैमाने के उद्योग, भारी उद्योग और कुटीर उद्योग शामिल हैं ।
- **कृषि भार (एग्रीकल्चर लोड) :** इसमें मुख्य रूप से सिंचाई के लिए पानी के पंप-सेट और कृषि उपकरण शामिल है ।

3.9 विद्युत ड्राइव (इलेक्ट्रिक ड्राइव)

विद्युत ड्राइव, एक प्रकार का विद्युत- यांत्रिकी उपकरण है, जो विभिन्न प्रकार की प्रक्रिया नियंत्रण के लिए, विभिन्न मशीनों और तंत्रों को गति प्रदान करने के लिए, विद्युत ऊर्जा को यांत्रिक ऊर्जा में परिवर्तित करता है । विद्युत ड्राइव एक प्रणाली है, जिसका उपयोग विद्युत मशीन की गति को नियंत्रित करने के लिए किया जाता है । यह ड्राइव एक प्राइम मूवर जैसे पेट्रोल/डीजल इंजन, स्टीम/गैस

टर्बाइन, विद्युत/हाइड्रोलिक मोटर जैसे, ऊर्जा के मुख्य स्रोत को नियोजित करता है । ये प्राइम मूवर्स, गति को नियंत्रित करने के लिए, ड्राइव की ओर यांत्रिक ऊर्जा की आपूर्ति करेंगे । इलेक्ट्रिक ड्राइव मोटर के साथ एक इलेक्ट्रिक ड्राइव बनाया जा सकता है । साथ ही, रोटेटिंग मोटर शाफ्ट को नियंत्रित करने के लिए एक जटिल नियंत्रण प्रणाली को बनाया जा सकता है ।

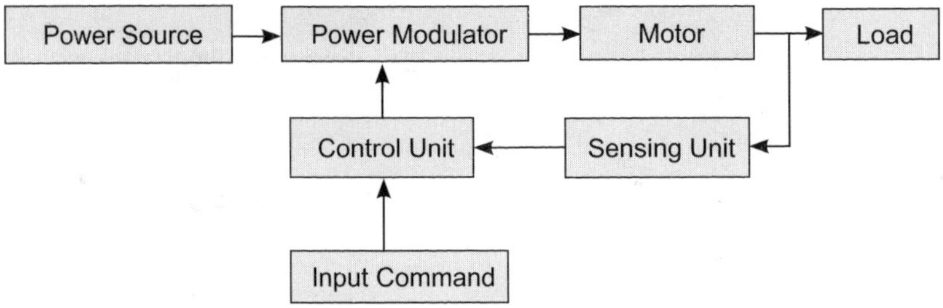

चित्र 3.10: विद्युत ड्राइव ब्लॉक आरेख (इलेक्ट्रिक ड्राइव ब्लॉक डायग्राम)

शक्ति स्रोत, प्रणाली के लिए आवश्यक ऊर्जा प्रदान करता है । मॉड्यूलेटर का उपयोग आपूर्ति की आउटपुट पावर को नियंत्रित करने के लिए किया जाता है । मोटर का पावर कंट्रोल इस तरह से किया जा सकता है कि इलेक्ट्रिक मोटर वह स्पीड-टॉर्क फीचर भेजता है जो लोड के साथ जरूरी होता है । पावर मॉड्यूलेटर मोटर की आवश्यकता के आधार पर ऊर्जा को बदल सकता है । और यह मोटर के संचालन के तरीके जैसे ब्रेकिंग या मोटरिंग को भी चुनता है । कंट्रोल यूनिट का उपयोग पावर मॉड्यूलेटर को नियंत्रित करने के लिए किया जाता है । यह इकाई मोटर की सुरक्षा के साथ-साथ पावर मॉड्यूलेटर के लिए नियम बनाती है । सेंसिंग यूनिट का उपयोग, विशेष ड्राइव फैक्टर जैसे गति, मोटर करंट को सेंस करने के लिए किया जाता है । यह यूनिट मुख्य रूप से ऑपरेशन सुरक्षा के लिए उपयोग की जाती है ।

3.9.1 विद्युत ड्राइव के अनुप्रयोग

- ट्रैक्शन सिस्टम- इलेक्ट्रिक ट्रैक्शन में मुख्य रूप से इलेक्ट्रिक ट्रेन, बस, ट्रॉली, ट्राम और बैटरी युक्त सौर ऊर्जा से चलने वाले वाहन शामिल हैं ।
- लिफ्ट, क्रेन, इलेक्ट्रिक कार, आदि ।
- बड़ी संख्या में घरेलू और साथ ही औद्योगिक अनुप्रयोगों में व्यापक रूप से उपयोग किया जाता है ।
- इनका उपयोग चरम परिचालन स्थितियों जैसे विस्फोटक और रेडियोधर्मी वातावरण में किया जाता है ।

3.10 इलेक्ट्रॉनिक्स इंजीनियरिंग

इलेक्ट्रॉनिक्स और संचार इंजीनियरिंग, इलेक्ट्रिकल इंजीनियरिंग का एक विस्तार है, जहां उन्नत प्रणालियों पर चर्चा की जाती है । मोबाइल से लेकर अंतरिक्ष यान तक हम जिन उपकरणों का उपयोग करते हैं, उन्हें इलेक्ट्रॉनिक पुर्जों की आवश्यकता होती है । औद्योगिक गतिविधियों में इलेक्ट्रॉनिक्स की उन्नति और फायदे हमें बदलाव को अपनाने के लिए प्रेरित करते हैं । नया अंतःविषय (इंटरडिसीप्लिनेरी) विकसित हुआ है जिसे मेकाट्रॉनिक्स के रूप में जाना जाता है । यह मैकेनिकल, इलेक्ट्रिकल इंजीनियरिंग और कंप्यूटर विज्ञान के लिए शास्त्रीय इंजीनियरिंग विषयों के संयोजन का एक तरीका है । इसका उद्देश्य स्मार्ट उत्पादों और "बुद्धिमान" मशीनों का निर्माण करना है । मेकाट्रॉनिक्स का प्रमुख उद्देश्य उस प्रणाली को डिजाइन और कार्यान्वित करना है जिसमें मैकेनिकल, इलेक्ट्रिकल और इलेक्ट्रॉनिक सबसिस्टम एक ही सिस्टम में एम्बेडेड होते हैं ।

औद्योगिक स्वचालन (इंडस्ट्रियल ऑटोमेशन) उच्चतम सटीकता, संवेदनशीलता, गति, त्वरित प्रतिक्रिया आदि को पूरा करने के लिए स्व-नियंत्रण प्रणाली (सेल्फ-कण्ट्रोल सिस्टम) की मांग करता है । यह इलेक्ट्रॉनिक उपकरणों जैसे डायोड, ट्रांजिस्टर, सेंसर,

सेमीकंडक्टर, एकीकृत चिप्स, प्रतिरोधों और यांत्रिक उपकरणों के साथ कई अन्य को एकीकृत करके संभव है । इंजीनियरिंग क्षेत्र में इलेक्ट्रॉनिक्स का दायरा और अनुप्रयोग बहुत बड़ा है, लेकिन हम यहां अपने दायरे को मैकेनिकल / मैन्युफैक्चरिंग इंजीनियरिंग तक ही सीमित रखेंगे । हमने मैन्युअल सिस्टम पर ऑटोमेटेड सिस्टम (स्वचालित प्रणाली) को, इसके फायदों और अर्थशास्त्र के आधार पर स्वीकार किया । ऐसी ही एक प्रणाली की हम यहां चर्चा करेंगे, वह है नियंत्रण प्रणाली या कण्ट्रोल सिस्टम ।

3.10.1 नियंत्रण प्रणाली (कण्ट्रोल सिस्टम)

एक नियंत्रण प्रणाली, उपकरणों की एक प्रणाली है जो वांछित परिणाम प्राप्त करने के लिए अन्य उपकरणों या प्रणालियों के व्यवहार का प्रबंधन, आदेश, निर्देशन या नियमन करती है । एक नियंत्रण प्रणाली इसे नियंत्रण लूप्स के माध्यम से प्राप्त करती है । जैसे-जैसे मानव सभ्यता का आधुनिकीकरण होता जा रहा है, वैसे-वैसे ऑटोमेशन की मांग भी बढ़ती जा रही है । स्वचालन के लिए, परस्पर क्रियाशील उपकरणों के सिस्टम पर नियंत्रण की आवश्यकता होती है ।

हाल के वर्षों में, नियंत्रण प्रणालियों ने आधुनिक तकनीक और सभ्यता के विकास और उन्नति में केंद्रीय भूमिका निभाई है । व्यावहारिक रूप से हमारे दैनिक जीवन का प्रत्येक पहलू, कम या ज्यादा किसी न किसी प्रकार की नियंत्रण प्रणाली से प्रभावित होता है । घरेलू और औद्योगिक अनुप्रयोगों के कुछ उदाहरण एयर कंडीशनर, रेफ्रिजरेटर, स्वचालित प्रेस हैं । उद्योग में इसका उपयोग उत्पादों, हथियारों, परिवहन प्रणालियों, पॉवर प्रणालियों, अंतरिक्ष प्रौद्योगिकी, रोबोटिक्स, और बहुत कुछ का गुणवत्ता नियंत्रण में होता है ।

नियंत्रण प्रणाली के दो मुख्य प्रकार हैं । वे ओपन-लूप कंट्रोल सिस्टम और क्लोज्ड-लूप कंट्रोल सिस्टम हैं ।

ओपन-लूप कंट्रोल सिस्टम

इसे गैर-प्रतिक्रिया प्रणाली या नॉन फीड बेक सिस्टम भी कहा जाता है; यहां आउटपुट का इनपुट सिग्नल की नियंत्रण क्रिया पर कोई प्रभाव नहीं पड़ता है । दूसरे शब्दों में, एक ओपन-लूप नियंत्रण प्रणाली में इनपुट के साथ तुलना के लिए आउटपुट को न तो मापा जाता है और न ही "फीड बैक" किया जाता है । इसलिए, एक ओपन-लूप सिस्टम से अंतिम परिणाम की परवाह किए बिना अपने इनपुट कमांड या सेट पॉइंट का ईमानदारी से पालन करने की उम्मीद की जाती है । चित्र 3.11 ओपन लूप सिस्टम को दर्शाता है ।

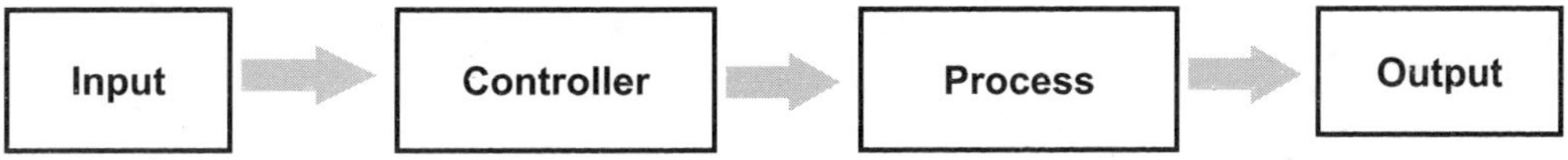

चित्र 3.11: *ओपन लूप कण्ट्रोल सिस्टम*

ओपन लूप कंट्रोल सिस्टम के कुछ व्यावहारिक उदाहरण नीचे सूचीबद्ध हैं :

- लाइट स्विच - तीव्रता की आवश्यकता की परवाह किये बिना, लैंप पूरी शक्ति के साथ चमकते हैं ।
- म्यूजिक सिस्टम / टीवी का वॉल्यूम - श्रव्यता की परवाह किए बिना मैन्युअल रूप से समायोजित करना ।
- इलेक्ट्रिक हैंड ड्रायर - वॉश रूम में गर्म हवा तब तक निकलती है जब तक आप मशीन के नीचे अपना हाथ रखते हैं, भले ही आपका हाथ कितना भी सूख गया हो ।
- कार विंड स्क्रीन वाइपर - बारिश की बूंदों की मात्रा की परवाह किए बिना यह विंड स्क्रीन को तब तक पोंछता है जब तक कि इसे बंद ना किया जाए ।
- वाशिंग मशीन - सामान्य वाशिंग मशीन पूर्व-निर्धारित समय के अनुसार चलती है, भले ही धुलाई पूरी हो या न हो ।
- ब्रेड टोस्टर - मशीन एक निर्धारित समय के अनुसार चलती है चाहे टोस्टिंग पूरी हो या न हो ।
- स्वचालित चाय / कॉफी वेंडिंग मशीन - कप के आकार की परवाह किये बिना पूर्व-समायोजित समय के लिए काम करती है ।

क्लोज्ड-लूप कंट्रोल सिस्टम (बंद लूप नियंत्रण प्रणाली)

यहां आउटपुट को, इनपुट गुणवत्ता/मात्रा के आधार पर नियंत्रित किया जाता है, ताकि इनपुट आउटपुट आवश्यकता के अनुसार फीडबैक सिस्टम द्वारा प्राप्त सिग्नल के आधार पर खुद को समायोजित कर सके । ओपन-लूप कंट्रोल सिस्टम को, क्लोज्ड लूप कंट्रोल सिस्टम में, लूप में फीडबैक सिस्टम को शुरू करके बदला जा सकता है । नीचे दिया गया चित्र 3.12 बंद लूप नियंत्रण प्रणाली के ब्लॉक आरेख को दर्शाता है ।

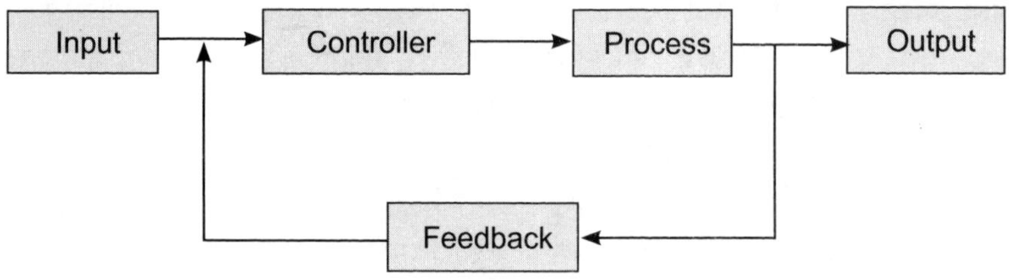

चित्र 3.12: बंद लूप नियंत्रण प्रणाली

क्लोज्ड लूप सिस्टम के कुछ अनुप्रयोग निम्नलिखित हैं ।

- सी.एन.सी. मशीन - मशीनिंग आवश्यकताओं के आधार पर सिग्नल प्राप्त करती है ।
- रडार ऑटो ट्रैकर मिसाइल लॉन्चर - लक्ष्य की तुलना करके मिसाइल की दिशा / स्थिति को नियंत्रित करता है ।
- जल स्तर नियंत्रक - पानी की टंकी में सेंसर द्वारा जल स्तर को नियंत्रित किया जाता है, जब यह वांछित स्तर तक पहुंच जाता है, तो स्वचालित रूप से पानी पंप चालू / बंद हो जाता है ।
- स्वचालित इलेक्ट्रिक आयरन – हीटिंग एलिमेंट्स को आयरन के आउटपुट तापमान द्वारा नियंत्रित किया जाता है ।
- सर्वो वोल्टेज स्टेबलाइजर - वोल्टेज कंट्रोलर, सिस्टम के आउटपुट वोल्टेज के आधार, पर नियंत्रित करता है ।
- रूम एयर कंडीशनर - एयर कंडीशनर, कमरे के तापमान की भिन्नता, के आधार पर कार्य करता है ।

रोचक तथ्य

- विलियम गिल्बर्ट, एक अंग्रेजी वैज्ञानिक, ने वर्ष 1600 के आसपास चुंबकत्व और स्थैतिक बिजली की विशेषता बताई, और अलेक्जेंडर वोल्टा ने 1800 में पता लगाया कि एक विद्युत प्रवाह को प्रवाहित किया जा सकता है। 1800 दशक के मध्य में, कई यूरोपीय वैज्ञानिकों ने बिजली को नियंत्रित करने वाले सामान्य नियमों की स्थापना की थी, और अंततः, बिजली और चुंबकत्व से जुड़े सिद्धांतों को विद्युत चुंबकत्व (जेम्स क्लर्क मैक्सवेल की खोज) नामक अवधारणा के तहत जोड़ा गया था। थॉमस एडिसन ने प्रकाश बल्ब जैसी कई उपयोगी वस्तुओं का विकास किया।
- वर्ष 1821 में ब्रिटिश वैज्ञानिक माइकल फैराडे ने एक चुंबकीय क्षेत्र में विद्युत धारावाही चालक को रखकर विद्युत ऊर्जा के यांत्रिक ऊर्जा में रूपांतरण की व्याख्या की, जिसके परिणामस्वरूप विद्युत धारा और क्षेत्र की पारस्परिक क्रिया द्वारा उत्पन्न बलाघूर्ण के कारण कंडक्टर का घूर्णन हुआ। बाद में वर्ष 1886 में, वैज्ञानिक फ्रैंक जूलियन स्प्रेग द्वारा पहली विद्युत मोटर का आविष्कार किया गया। यह एक विविध भार सीमा (वेरिएबल लोड रेंज) के तहत स्थिर गति से घूमने में सक्षम थी और इस प्रकार मोटरिंग क्रिया को व्युत्पन्न किया।
- पहली इलेक्ट्रिक ड्राइव का आविष्कार बी.एस. इकोबिक ने 1838 में रूस में किया था । उन्होंने बैटरी से आपूर्ति की जाने वाली एक डीसी मोटर का परीक्षण किया जो एक नाव को धक्का देने के लिए थी । हालाँकि, औद्योगों में इलेक्ट्रिक ड्राइव का अनुप्रयोग कई वर्षों के बाद हो सका है जैसे 1870 में । वर्तमान में, यह लगभग हर जगह देखा जा सकता है । हम जानते हैं कि विद्युत मशीन (मोटर या जनरेटर) की गति को स्रोत की करंट आवृत्ति के साथ-साथ लागू वोल्टेज द्वारा भी नियंत्रित किया जा सकता है ।

- मुद्रित सर्किट बोर्ड लगभग हमेशा हरे होते हैं क्योंकि वे एक ग्लास-एपॉक्सी से बने होते हैं, जो स्वाभाविक रूप से हरा होता है।
- सीमेंस एस.एम.टी. लाइन एक बोर्ड पर एक घटक को 0.4 मिमी x 0.2 मिमी जितना छोटा रख सकती है। यह इतना छोटा है कि इसे देखने के लिए आपको माइक्रोस्कोप की जरूरत पड़ेगी।
- एक प्रकाश बल्ब में केवल 10 प्रतिशत ऊर्जा का उपयोग प्रकाश बनाने के लिए किया जाता है। इसकी 90 प्रतिशत ऊर्जा गर्मी पैदा करती है। कॉम्पैक्ट फ्लोरोसेंट लाइट बल्ब (सी.एफ.एल.) पारंपरिक बल्बों की तुलना में लगभग 80 प्रतिशत कम बिजली का उपयोग करते हैं और 12 गुना अधिक समय तक चलते हैं।

वीडियो संसाधन

Electric Circuits | Fundamentals of BEE | Basic Electronics

यूनिट सारांश

- प्रत्यावर्ती धारा कई बार अपनी दिशा उलट देती है लेकिन प्रत्यक्ष धारा केवल एक ही दिशा में प्रवाहित होती है।
- ट्रांसफॉर्मर एक स्थिर डिवाइस है, जिसके माध्यम से आवृत्ति को बदले बिना, विद्युत शक्ति को एक प्रत्यावर्ती धारा सर्किट से दूसरे सर्किट में, वांछित वोल्टेज और करंट के साथ स्थानांतरित किया जाता है।
- इलेक्ट्रिक मोटर, एक इलेक्ट्रिक मशीन है जो आपूर्ति की गई विद्युत ऊर्जा को यांत्रिक ऊर्जा में परिवर्तित करती है। विद्युत मोटर, वायर वाइंडिंग में विद्युत प्रवाह और इन मोटरों के चुंबकीय क्षेत्र के बीच पारस्परिक क्रिया द्वारा संचालित होती है।
- थ्री फेज सप्लाई करंट, स्टेटर वाइंडिंग में एक इलेक्ट्रोमैग्नेटिक फील्ड पैदा करता है जिससे रोटर वाइंडिंग में टॉर्क पैदा होता है।
- विद्युत भार या इलेक्ट्रिक लोड की प्रकृति उस अनुप्रयोग पर निर्भर करती है जिसके लिए इसे लागू किया जाता है। लोड फैक्टर, डिमांड फैक्टर, डायवर्सिटी फैक्टर, पावर फैक्टर और यूटिलाईजेशन फैक्टर निर्णायक पैरामीटर हैं।
- विद्युत ड्राइव या इलेक्ट्रिक ड्राइव विभिन्न प्रकार की प्रक्रिया नियंत्रण के लिए विभिन्न मशीनों और तंत्रों को गति प्रदान करने के लिए विद्युत ऊर्जा को यांत्रिक ऊर्जा में परिवर्तित करने के लिए एक विद्युत उपकरण है।
- ओपन-लूप कंट्रोल सिस्टम को, लूप में फीडबैक सिस्टम लगा कर, क्लोज्ड लूप कंट्रोल सिस्टम में बदला जा सकता है।

अभ्यास

विषयात्मक प्रश्न

क्र.	प्रश्न	सी.ओ.	बी.एल.	पी.ओ.	पी.ई.कोड*
1.	वोल्टेज, करंट और प्रतिरोध के बीच संबंध को परिभाषित करें।	3	L1	1	1.4.1
2.	उन उपकरणों को सूचीबद्ध करें जो अल्टरनेटिंग और डायरेक्ट करंट का उपयोग करते हैं।	3	L1	1	1.4.1
3.	ब्लॉक/सर्किट आरेख की सहायता से डेस्कटॉप कंप्यूटर सिस्टम के लिए विद्युत प्रवाह की चर्चा कीजिए।	3	L1	1	1.4.1
4.	ट्रांसफॉर्मर की कार्यविधि पर अनुप्रयोगों के साथ चर्चा करें।	3	L1	1	1.4.1

5.	इंजीनियरिंग क्षेत्र में विद्युत मोटर के अनुप्रयोग क्षेत्रों पर चर्चा करें ।	3	L1	1	1.4.1
6.	विभिन्न इलेक्ट्रिक लोड्स के वर्गीकरण की विवेचना कीजिए ।	3	L1	1	1.4.1
7.	ओपन लूप कंट्रोल सिस्टम की तुलना में क्लोज्ड लूप कंट्रोल सिस्टम के फायदों पर टिप्पणी करें ।	3	L1	1	1.4.1

बहुविकल्पीय प्रश्न

क्र.	प्रश्न	उत्तर	CO	BL	PO	PI कोड*
1.	स्थिर रेल्क्टेंस के चुंबकीय सर्किट वाले कॉइल के लिए, यदि फ्लक्स बढ़ता है, तो करंट का क्या होता है ? (a) बढ़ता है (b) घटता है (c) स्थिर (d) शून्य हो जाता है	(a)	3	L1	1	1.4.1
2.	किरचॉफ का वर्तमान नियम किसके संरक्षण से संबंधित है ? (a) मोमेंटम (b) मास (c) स्थिर ऊर्जा (d) चार्ज	(d)	3	L1	1	1.4.1
3.	एक स्रोत परिवर्तन __________ है (a) एकतरफा (b) द्विपक्षीय (c) अद्वितीय (d) निर्धारित नहीं किया जा सकता	(b)	3	L1	1	1.4.1
4.	ए.सी. मोटर के स्थान पर लिए डी.सी. मोटर को प्राथमिकता दी जाती है, प्राथमिक कारण क्या है (a) स्थिर गति संचालन (b) उच्च गति संचालन (c) परिवर्तनीय गति संचालन (d) कम गति संचालन	(c)	3	L1	1	1.4.1
5.	क्लोज्ड लूप सिस्टम को ओपन लूप सिस्टम से निम्नलिखित में से किसके द्वारा अलग किया जाता है ? (a) सर्वोमैकेनिज्म (b) फीडबैक (c) आउटपुट (d) इनपुट	(b)	3	L1	1	1.4.1

* प्रदर्शन संकेतक कोड (पी.ई.कोड) एआईसीटीई परीक्षा सुधार दस्तावेज से संदर्भित है ।

अधिक जानिए

- विभिन्न परिपथों में ओम का अनुप्रयोग, किरचॉफ का नियम ।
- बिजली ट्रांसमिशन में शामिल गणना और संख्यात्मकता ।
- विभिन्न अनुप्रयोगों के लिए ट्रांसफार्मर का निर्माण और कार्यविधि ।
- आवश्यकताओं के लिए ए.सी. को डी.सी. में बदलना और इसके विपरीत क्रम को समझें ।
- घरेलू और औद्योगिक अनुप्रयोगों के लिए बंद लूप नियंत्रण प्रणाली ।
- शैक्षणिक उद्देश्य के लिए, विभिन्न तत्वों के साथ, सरल विद्युत परिपथों का निर्माण/प्रदर्शन ।

संदर्भ एवं अध्ययन हेतु सुझाव

1. John Bird, "Electrical Circuit theory and Technology", Elsevier Third Edition, 2003.
2. Lj. Nagrath and M. Gopal, "Control System Engineering", New Age International Publishers, 2006.
3. R.K. Rajput, Utilization of Electrical Power, Laxmi Publication (P) Ltd.
4. NPTEL course on "Basic Electrical Technology", IIT Kharagpur.

4 बढ़ईगीरी, प्लास्टिक मोल्डिंग, ग्लास कटिंग

यूनिट विशिष्ट

इस यूनिट में निम्नलिखित विषयों पर विस्तार से चर्चा की गई है:

- बढ़ई उपकरण
- पॉवर उपकरण
- प्लास्टिक मोल्डिंग
- कांच काटना

यूनिट सामग्री और वीडियो संसाधन, विषयों का औद्योगिक और दैनिक गतिविधियों से सूक्ष्मतापूर्वक संबंध दर्शाते हैं।

भूमिका

विज्ञान और प्रौद्योगिकी की प्रगति के साथ मनुष्य को अपनी परिष्कृत आवश्यकताओं को समायोजित करने के लिए नये मैटेरियल्स विकसित करने की चुनौती का सामना करना पड़ रहा है । ऐसी आवश्यकताओं को पूरा करने के लिए, विशेष रूप से घरेलू, वाणिज्यिक और औद्योगिक परिसरों/उपकरणों का निर्माण बहुत चुनौतीपूर्ण हो जाता है । निर्माण कार्य, मशीनरी, उपकरण और सुविधाओं में लकड़ी, प्लास्टिक और कांच का उपयोग प्रचुर मात्रा में किया जाता है । बेहतर दिखावटी, मनभावन, हल्के वजन, मजबूती आदि ने बढ़ईगीरी, प्लास्टिक मोल्डिंग और कांच काटने वाले उद्योगों में नवाचारों को प्रोत्साहित किया है । निम्नलिखित चित्र विभिन्न उद्योगों में इस बढ़ईगीरी, प्लास्टिक मोल्डिंग और कांच काटने की गतिविधियों के महत्व के बारे में कुछ जानकारी दे सकते हैं ।

बढ़ईगीरी

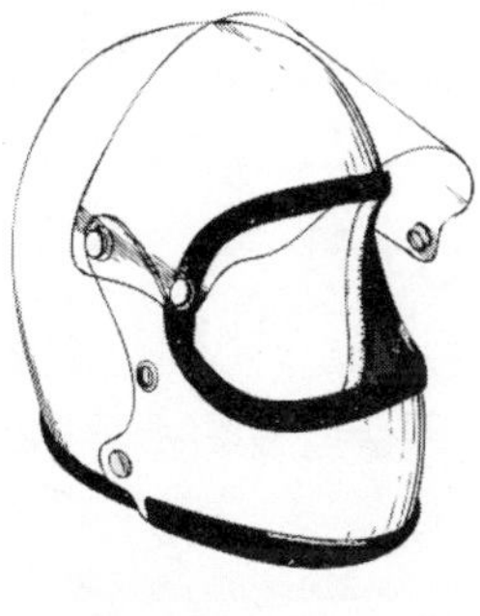

प्लास्टिक मोल्डिंग

ग्लास कटिंग

बढ़ईगीरी के अनुप्रयोग भवन निर्माण, फर्नीचर, कलात्मक उपकरण, मूर्तियाँ, रथ, इमारतों के इंटीरियर डिजाइन, ऑटोमोटिव बॉडी बिल्डिंग (ट्रक), धातु के हथियारों / उपकरणों (तलवार / हैकसॉ, कुल्हाड़ी आदि) के हत्थे बनाने के लिए होता हैं । प्लास्टिक

मोल्डिंग वह प्रक्रिया है जिसमें पॉलीइथाइलीन या पॉलीप्रोपाइलीन जैसे पाउडर या तरल पॉलीमर को एक खोखले मोल्ड में रखा जाता है ताकि पॉलीमर मोल्ड का आकार ले सके । उपयोग की जाने वाली प्रक्रिया के प्रकार के आधार पर, अंतिम उत्पाद बनाने के लिए ऊष्मा और दाब की रेंज उपयोग की जाती है । प्लास्टिक मोल्डिंग, घरेलू और औद्योगिक दोनों प्रकार के उपकरणों में अनुप्रयोगिक है । उदाहरण के लिए हेलमेट, ऑटोमोटिव पार्ट्स जैसे प्लास्टिक गियर, इलेक्ट्रिकल स्विच, उपभोक्ता उत्पाद, चिकित्सा उपकरण और खिलौने आदि । कांच सिलिका और सोडा ऐश का मिश्रण है । कांच सबसे व्यापक रूप से उपयोग की जाने वाली सामग्री है, निर्माण, मोटर वाहन, चिकित्सा, एयरोस्पेस, खिलौने, पैकेजिंग, टेबलवेयर, कलात्मक तत्व, सन ग्लास, लेंस, रासायनिक कंटेनर आदि के लिए कांच अनुप्रयोगिक है ।

पूर्व अपेक्षित ज्ञान

- ड्राइंग
- सामान्य सुरक्षा उपाय
- हाथ उपकरण
- मैटेरियल्स के बारे में जानकारी: स्टील, लकड़ी, प्लास्टिक और कांच

यूनिट आउटकम्स (UOs)

विद्यार्थी सक्षम होंगे:

U4-O1:	विभिन्न बढ़ईगीरी उपकरणों की पहचान करना ।
U4-O2:	दिए गए चित्र के लिए बढ़ईगीरी मॉडल बनाना ।
U4-O3:	प्लास्टिक मोल्डिंग ऑपरेशन्स की पहचान करना ।
U4-O4:	प्लास्टिक मोल्डिंग प्रक्रिया का प्रदर्शन करना ।
U4-O5:	कांच काटने के कार्यों से परिचित होंना ।

कोर्स आउटकम्स (COs) के साथ यूनिट आउटकम्स (UOs) का परस्पर संबंध

यूनिट-4 आउटकम्स (UOs)	कोर्स आउटकम्स (COs) के साथ अपेक्षित संबंध (1- कमजोर सहसंबंध; 2- मध्यम सहसंबंध; 3- मजबूत सहसंबंध)				
	CO-1	CO-2	CO-3	CO-4	CO-5
U4-O1				1	
U4-O2				2	
U4-O3				1	
U4-O4				1	
U4-O5				1	

4.1 बढ़ईगीरी (कारपेंट्री)

यह मानव सभ्यता में प्रयुक्त सबसे पुराना शब्द है; पाषाण युग के उत्तरार्ध के दौरान वन क्षेत्रों में आदिम बढ़ईगीरी विकसित हुई, जब प्रारंभिक मनुष्यों ने पत्थर के औजारों में सुधार किया ताकि उन्हें लकड़ी को आकार देकर आश्रय, जानवरों के जाल और डगआउट

नावों के लिए इस्तेमाल किया जा सके । मध्य युग में, बढ़ई ने शिप राइट्स, व्हील राइट्स, टर्नर्स और मिल राइट्स के रूप में विशेषज्ञता की दिशा में एक आंदोलन शुरू किया । अब बढ़ईगीरी एक कुशल व्यापार और शिल्प बन गई है ।

बढ़ईगीरी का काम मुख्य रूप से इमारतों, जहाजों, लकड़ी के पुलों, कंक्रीट फॉर्मवर्क आदि के निर्माण में निर्माण सामग्री को काटने, आकार देने और स्थापित करने के लिए होता है। बढ़ई पारंपरिक रूप से प्राकृतिक लकड़ी के साथ काम करते थे और फ्रेमिंग जैसे कठोर/सख़्त काम करते थे, लेकिन आज कई अन्य सामग्रीयां भी है जिनका इस्तेमाल किया जाता है और कभी-कभी कैबिनेट बनाने, आंतरिक सजावट, मूर्ति बनाने, फर्नीचर बनाने और ध्वनिक भवन जैसे उत्कृष्ट व्यापार को भी बढ़ईगीरी के काम के हिस्से के रूप में माना जाता है । अब बढ़ईगीरी का दायरा केवल लकड़ी और लकड़ी के उत्पादों तक ही सीमित नहीं है, बल्कि बिजली उपकरणों के उपयोग के साथ सिंथेटिक निर्माण सामग्री तक भी इसका विस्तार किया गया है । आज के बढ़ई न केवल लकड़ी के बारे में जानते हैं, बल्कि पार्टिकल बोर्ड, वॉल-बोर्ड, सस्पेंडेड सीलिंग, टाइल, प्लास्टिक, लैमिनेट्स जैसी सामग्रियों के बारे में भी जानते हैं । उन्हें यह भी पता होना चाहिए कि कई आधुनिक उपकरणों, फास्टनरों, निर्माण तकनीकों, इंटीरियर डिजाइन, स्थान की कमी का उपयोग और सुरक्षा प्रक्रियाओं का पालन कैसे करें ।

सदियों से, लोग लकड़ी का उपयोग विभिन्न उद्देश्यों जैसे ईंधन, निर्माण सामग्री, हथियार, गाड़ी बनाने, ऑटोमोटिव बॉडी बिल्डिंग, शवों को जलाने आदि के लिए कर रहे हैं । आमतौर पर हम हर चीज के लिए लकड़ी शब्द का इस्तेमाल करते हैं लेकिन लकड़ी और काष्ठ (लुम्बर) के बिच अंतर समझना महत्वपूर्ण है । लुम्बर का अर्थ बोर्ड, टिम्बर आदि से है, जो चीरघरों (सॉ मिल) से उत्पन्न होता है, जबकि लकड़ी स्वयं वह सामग्री को संदर्भित करती है, जो पेड़ों की कई प्रजातियों से प्राप्त होती है । प्राप्त फिनिश के प्रकार के आधार पर बढ़ईगीरी को खुरदरी/रफ और फिनिश बढ़ईगीरी के रूप में दो श्रेणियों में बांटा गया है । रफ बढ़ईगीरी के अंतर्गत ये शामिल है: ढांचे को खड़ा करने के लिए चौखटे, मचान, कंक्रीट के लिए लकड़ी के रूप, साथ ही साथ इमारत नीव, पुल और सुरंग और सीवर के लिए टेका अदि । फिनिश बढ़ईगीरी में सीढ़ियों का निर्माण, दरवाजे, अलमारियाँ, लकड़ी के पैनलिंग एवं मोल्डिंग और ध्वनिक टाइलें लगाना शामिल हैं । लकड़ी के साथ-साथ, लकड़ी का एक उत्पाद प्लाईवुड का भी व्यापक रूप से उपयोग किया जाता है । प्लाईवुड कई परतों या लकड़ी के लिबास की परत से बना है । एक परत 1/16 इंच से 5/8 इंच तक मोटी हो सकती है । केंद्र परत को कोर के रूप में जाना जाता है ।

4.1.1 लकड़ी के फायदे

- लकड़ी दुनिया में सबसे बहुमुखी निर्माण सामग्रीयों में से एक है ।
- अपनी अंतर्निहित सुंदरता के अलावा, लकड़ी में लोहे, स्टील या कंक्रीट की तुलना में स्ट्रेंग्थ से स्टिफनेस का अनुपात बहुत अधिक होता है ।
- यह आसानी से उपलब्ध होने के साथ-साथ आसानी से काम करने योग्य (व्यवहारक्षम) भी है ।
- इसमें अचानक भार से उत्पन्न झटके सहने की बड़ी क्षमता होती है ।
- यह जंग और क्षरण से मुक्त है, वजन में तुलनात्मक रूप से हल्का है, और अनगिनत प्रकार के उद्देश्यों के अनुकूल है ।

4.1.2 लकड़ी के अनुप्रयोग

- **निर्माण सामग्री:** छत, खंभे, दरवाजे और खिड़कियां, कंक्रीट के काम के लिए शटरिंग सामग्री ।
- **कृषि उपकरण:** बैलगाड़ी, कुदाल, हल, दासा, लेवलर, हेंगा, कुदाल, कुल्हाड़ी, दराँती आदि ।
- **परिवहन उद्योग:** ट्रक, रेलवे कोच, रथ, नाव, जहाजों के बॉडी निर्माण के लिए ।
- **फर्नीचर:** मेज, कुर्सी, सोफा सेट, रसोई के सामान, आदि ।
- **खेल और मनोरंजन:** क्रिकेट का बल्ला, हॉकी स्टिक, बेसबॉल स्टिक, वॉकिंग स्टिक, संगीत वाद्ययंत्र जैसे हारमोनियम, पियानो आदि ।

- **खिलौना उद्योग:** बच्चों के खेलने के लिए लकड़ी के खिलौने ।
- **कलात्मक उद्योग:** लकड़ी की नक्काशी, आंतरिक डिजाइन, वार्डरोब, मूर्तियाँ ।
- **हथियार धारक:** तलवार, चाकू, राइफल गन, आदि ।
- **ईंधन:** ग्रामीण क्षेत्रों में खाना पकाने और जलाने के लिए ।

प्रत्येक पेशेवर के लिए यह जानना आवश्यक है कि लकड़ी से विभिन्न उत्पाद कैसे बनाए जाते हैं । अधिकांश प्रोटोटाइप लकड़ी और लकड़ी के उत्पादों से बनाए जा सकते हैं । इसलिए हम सभी के लिए, लकड़ी काटने के विभिन्न औजार और शेपिंग ऑपरेशन्स को समझना आवश्यक है ।

4.1.3 लकड़ी का काम करने वाले उपकरण (वुड वर्किंग टूल्स)

हाथ और औजारों की मदद से, दिमाग में आने वाली कोई भी चीज़ लकड़ी से बनाई जा सकती है । बढ़ईगीरी उपकरणों को निम्नलिखित शीर्षकों के अंतर्गत वर्गीकृत किया जा सकता है ।

(a) मार्किंग और मापने के उपकरण
(b) काटने के उपकरण
(c) प्लेनिंग उपकरण
(d) बोरिंग / ड्रिलिंग उपकरण
(e) प्रहार उपकरण
(f) होल्डिंग उपकरण
(g) पॉवर उपकरण

आइए उपरोक्त उपकरणों पर निम्नलिखित पंक्तियों में विस्तार से चर्चा करें ।

4.1.4 मार्किंग और मापन उपकरण

भले ही लकड़ी के काम में अधिक सटीक माप की आवश्यकता नहीं होती है, निम्नलिखित उपकरण वांछित सटीकता की आवश्यकता का आश्वासन देते हैं ।

फोल्डिंग रुलर

यह एक लकड़ी का मापने वाला उपकरण है जिसमें चार तह होते हैं जिनकी लंबाई 15 सेमी होती है । रूलर 60 सेमी तक मापने में सक्षम है । चित्र 4.1 में दिखाया गया है ।

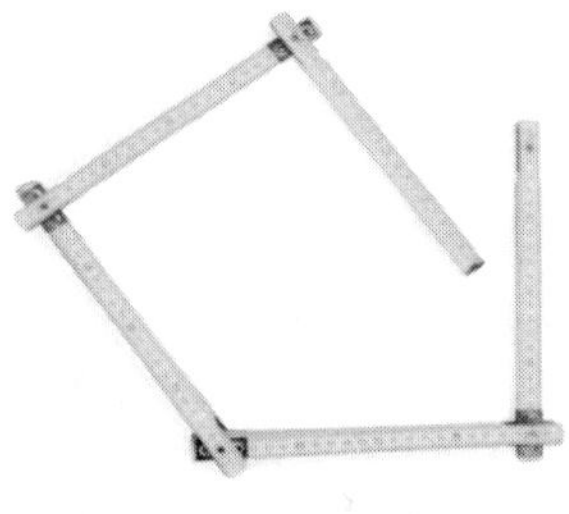

चित्र 4.1: फोल्डिंग रुलर

डिवाइडर

इसका उपयोग मापन स्केल से वर्कपीस तक समान दूरी को स्थानांतरित करने के लिए किया जाता है ।

कैलिपर

वर्कपीस के अंदर और बाहर के व्यास को मापने के लिए उपयोग किया जाता है ।

बढ़ई की गुनिया (ट्राई स्क्वायर)

इसका उपयोग सतहों की लंबवतता की जांच के लिए किया जाता है । लंबवत रेखाएँ खींचने के लिए भी उपयोग किया जाता है । इसमें एक स्टील ब्लेड होता है जिस पर सेंटीमीटर/इंच अंकित होते है। स्टॉक धातु या लकड़ी का हो सकता है, जो मापने वाले ब्लेड को पकड़ने के लिए बनाया गया है, चित्र 4.2 में दिखाया गया है ।

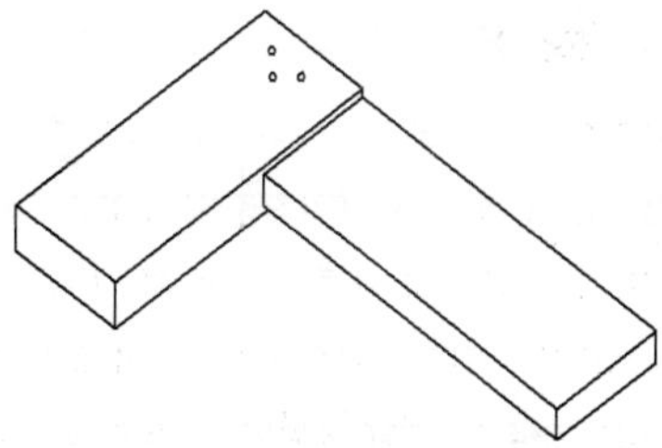

चित्र 4.2: बढ़ई की गुनिया (ट्राई स्क्वायर)

बेवल स्क्वायर

इसका उपयोग वर्कपीस पर सेटिंग, मापने, समानांतर रेखाएं और कोण बनाने के लिए किया जाता है। यह स्लॉटेड मापन ब्लेड के साथ लगे धातु या लकड़ी के स्टॉक के साथ बनाया जाता है । ब्लेड को स्क्रू द्वारा किसी भी आवश्यक कोण पर स्लॉट के साथ समायोजित किया जा सकता है । इस उपकरण का उपयोग करके 0 से 180 डिग्री कोण सेट किए जा सकते हैं । चित्र 4.3 में दिखाया गया है ।

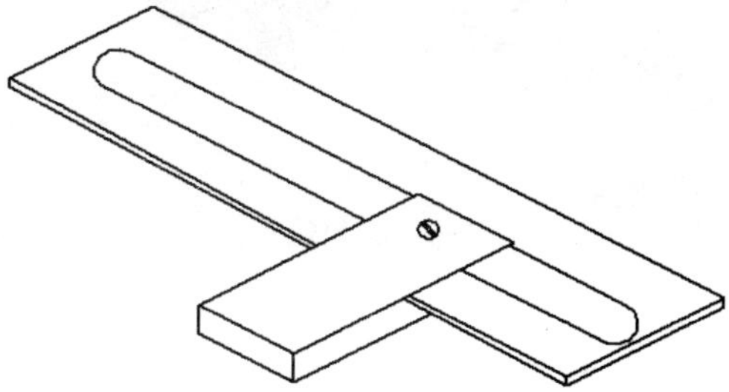

चित्र 4.3: बेवल स्क्वायर

मार्किंग गेज

मार्किंग गेज को आमतौर पर स्क्रैच गेज के रूप में जाना जाता है । इसका उपयोग लकड़ी के काम करने और धातु के काम करने के लिए रूपरेखा या काटने के ऑपरेशन के लिए लाइनों को चिह्नित करने के लिए किया जाता है । समानांतर रेखाएं किनारे या सतह के संदर्भ में आसानी से खींची जा सकती हैं । इसे चार भागों द्वारा बनाया गया है । एक लंबी लकड़ी की बीम 20 सेमी से 30 सेमी, एक बाड़, लॉकिंग स्क्रू और एक अंकन स्क्राइब / सुई । अंकन के लिए वांछित दूरी को समायोजित करने के लिए बाड़ बीम के साथ स्लाइड करती है । लॉकिंग स्क्रू का उपयोग मूवमेंट को लॉक करने के लिए किया जाता है। अंकन सुई में नुकीली धातु होती है जो लकड़ी को छेदने में सक्षम होती है । चित्र 4.4 में दिखाया गया है ।

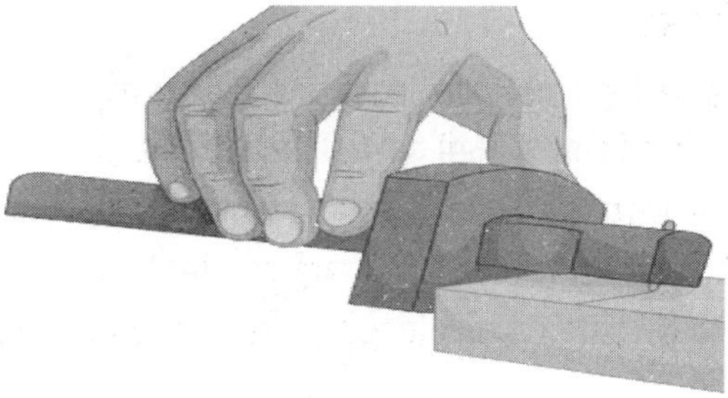

चित्र 4.4: मार्किंग गेज

मिटर वर्ग (मिटर स्क्वायर)

इसका उपयोग लकड़ी के काम और धातु के काम में 90 डिग्री के अलावा अन्य कोणों को चिह्नित करने और जांचने के लिए किया जाता है । आमतौर पर मिटर वर्गों का उपयोग 45° और पूरक 135° कोण को चिह्नित करने और सत्यापित करने के लिए किया जाता है । यह चित्र 4.5 में दिखाया गया है ।

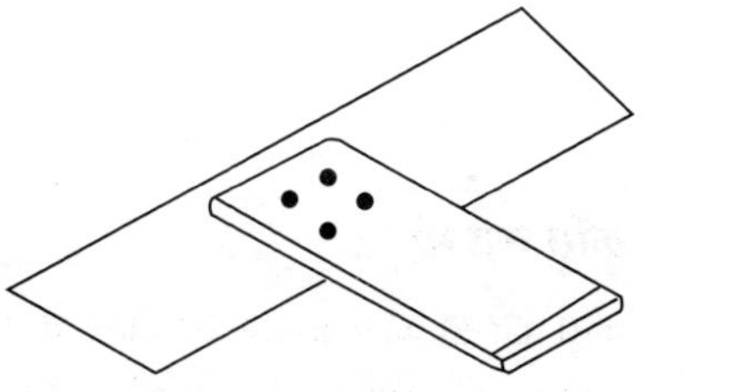

चित्र 4.5: मिटर स्क्वायर

मोर्टिज़ गेज

एक मोर्टिज़ गेज में दो पिन होते हैं जिन्हें बीम के अंत में एक दूसरे के सापेक्ष समायोजित किया जा सकता है । इस गेज का उपयोग दो लाइनों को एक साथ उकेरने के लिए किया जाता है और घरेलू निर्माण में मोर्टिज़ को लेआउट करने के लिए इसका सबसे अधिक उपयोग किया जाता है । मुख्य शरीर को आमतौर पर स्टेम के रूप में जाना जाता है । इसे लकड़ी के ठोस टुकड़े से बनाया जाता है । वांछित समायोजन के लिए एडजस्टेबल पिन और लॉकिंग स्क्रू होता है । समायोज्य पिन को नियंत्रित करने के लिए स्क्रू लकड़ी के एक टुकड़े को स्टेम के भीतर खींचता है । सुई को नुकीले पतले धात्विक तत्व से बनाया जाता है । इसे चित्र 4.6 में दिखाया गया है ।

चित्र 4.6: मोर्टिज़ गेज

4.1.5 काटने के उपकरण

काटने के उपकरण में आरा (सॉ) छेनी और गॉज शामिल हैं । इनका उपयोग मूल रूप से लकड़ी को वांछित आकार, प्रकार और आयामों में काटने के लिए किया जाता है । आमतौर पर परिष्करण कार्य विभिन्न प्रकार की छेनी से किया जाता है । आइए निम्नलिखित शीर्षकों में काटने के उपकरणों की चर्चा करें ।

रिप सॉ

यह बढ़ई द्वारा उपयोग किया जाने वाला एक सर्व-उद्देश्यीय सॉ है। एक रिप सॉ को टूथ सॉ के रूप में भी जाना जाता है। रिप सॉ आकर में अपने किनारे में किसी आभासी बिंदु तक टेपर हो जाती है । रिप सॉ अपने फॉरवर्ड /पुश स्ट्रोक के दौरान काटती है जिससे एक साफ़ सुथरा कट ग्रेन्स की दिशा में प्राप्त होता है । यह डिज़ाइन, इसको लकड़ी के भीतर आसानी से घुस कर काटने में सक्षम बनाता है । आमतौर पर रिप सॉ की लम्बाई 700 मिमी और 12 से 20 दांत प्रति 100 मिमी लंबाई में होते है । यह चित्र 4.7 में दिखाया गया है । रिप सॉ में बड़े दांत होते हैं और इसका उपयोग रेशों/ग्रेन्स की दिशा में काटने के लिए किया जाता है ।

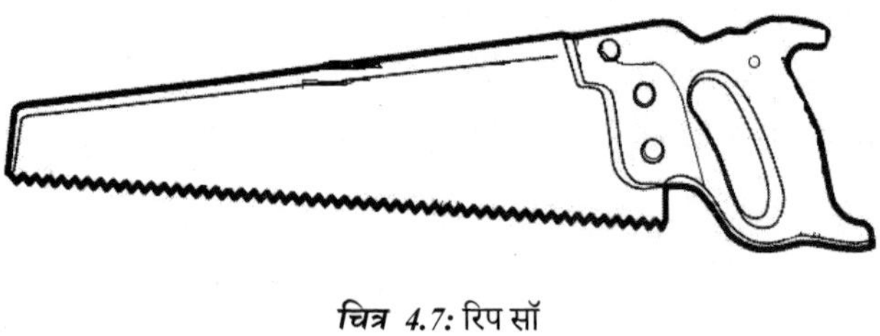

चित्र 4.7: रिप सॉ

क्रॉस कट सॉ

क्रॉस कट सॉ को लकड़ी के रेशों/ग्रेन्स के लंबवत दिशां में लकड़ी को काटने के लिए डिज़ाइन किया गया है । क्रॉसकट सॉ आकार में छोटे या बड़े हो सकते हैं, छोटे और सटे हुए दांत लकड़ी के फ़ाईन कार्य के लिए और बड़े दांत खुरदुरा या रफ़ कार्य जैसे लॉग बकिंग

के लिए होते हैं। आमतौर इसकी लंबाई पर 600 से 650 मिमी होती है और 39 से 40 दांत प्रति 100 मिमी की लंबाई में होते है । चित्र 4.8 में दिखाया गया है ।

चित्र 4.8: क्रॉस कट सॉ

कोपिंग सॉ

कोपिंग सॉ का उपयोग बाहरी और आंतरिक दोनों तरह के कट बनाने के लिए किया जाता है । यह धनुष/बो सॉ की श्रेणी में आता है। इसमें 250 से 350 मिमी लंबाई की पतली संकीर्ण ब्लेड है । यह एक स्टील फ्रेम जिसके दोनों सिरों पर लॉक होते है के बीच स्थित और फैली होती है । यह कोपिंग सॉ पुल स्ट्रोक पर काम करता है और नीचे की ओर मुंह वाले दांतों के साथ आता है । कोपिंग सॉ में छेद या कटआउट के अन्दर भी काटने की क्षमता होती है । इस सॉ का उपयोग कर्व्स को काटने के लिए किया जाता है क्योंकि हैंडल उनके सॉकेट में घूमता है । लॉक स्क्रू को कस कर स्टिफनेस को बनाए रखा जा सकता है । यह चित्र 4.9 में दिखाया गया है ।

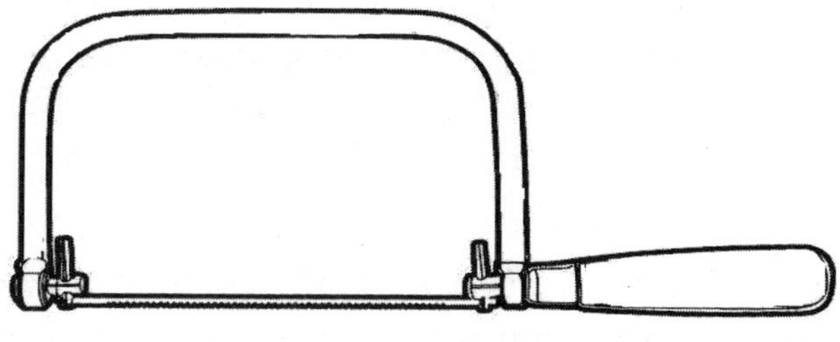

चित्र 4.9: कोपिंग सॉ

टेनन या बैक सॉ

टेनन सॉ एक बड़ा बैक सॉ है जिसका उपयोग फर्नीचर जॉइनरी में गहरे और सटीक कट करने के लिए किया जाता है । यह बिना किसी बंधन के सीधे और तेज कट करने में सक्षम है । टेनन सॉ का नाम मोर्टिज़ और टेनन जॉइनरी के लिए टेनन की कटाई में इसके उपयोग से मिलता है । स्टील बैक के साथ एक पतली ब्लेड को प्रबलित किया जाता है । टेनन ब्लेड की लंबाई 250 से 400 मिमी होती है और प्रति 100 मिमी लंबाई में लगभग 50 दांत होते हैं। दांत समबाहु त्रिभुज की तरह दिखते हैं जिन्हें कभी-कभी खूंटी दांत कहा जाता है। यह चित्र 4.10 में दिखाया गया है

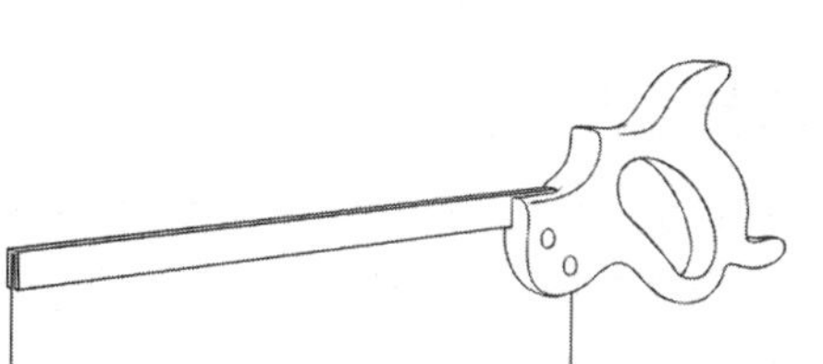

चित्र 4.10: टेनन सॉ

फर्मर छेनी/चिसल

यह सबसे अधिक इस्तेमाल किया जाने वाला सामान्य प्रयोजन टूल है; इसे या तो हाथ के दबाव या मैलेट बल द्वारा संचालित किया जा सकता है । वे ठोस स्टील द्वारा बनाए जाते हैं । वे भारी-बजनदार लकड़ी के काम में इस्तेमाल किए जाते है, जो एक आयताकार क्रॉस-सेक्शन की एक ब्लेड और मजबूत लकड़ी के हैंडल के साथ आती है । फर्मर छेनी को बहुत विशिष्ट और असाधारण माना जाता है क्योंकि वे छेनी के सबसे पुराने मॉडलों में से एक हैं । उनका उपयोग बहुत तेज और लंबवत कोनों को बनाने के लिए किया जाता है । चित्र 4.11 (e) में दिखाया गया है ।

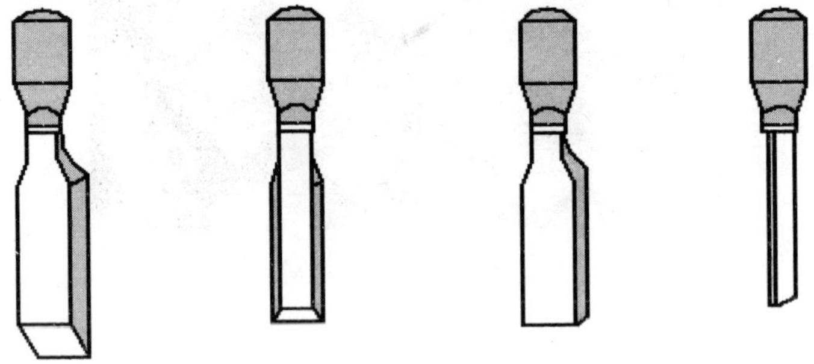

(e) (f) (g) (h)

चित्र 4.11: (e) फर्मर छेनी, (f) बेवेल्ड एज फर्मर छेनी, (g) पेरिंग छेनी, (h) मोर्टिज़ छेनी

बेवेल्ड एज फर्मर छेनी

इनका उपयोग अधिक नाज़ुक कार्य गतिविधियों के लिए किया जाता है, जहां फर्मर छेनी उपयोगी नहीं हो सकती है। ये बहुत लंबे या बहुत छोटे नहीं होती है; अधिकांश बढ़ईगीरी उद्योग आमतौर पर उनका उपयोग करते हैं । नाम ही इंगित करता है कि उनके पास एक बेवेल्ड साईड और एक सीधा किनारा होता है, जो उन्हें डोवटेल जॉइंट में अधिकतम पहुंच प्रदान करता है । चित्र 4.11(f) में दिखाया गया है।

पेरिंग छेनी

यह फ़र्मर और बेवेल्ड एज फ़ार्मर छेनी के संयोजन जैसे दिखती है । वे लंबी, पतली और सुविधाजनक छेनी होती हैं जिनमें अक्सर बेवेल्ड साइडस होते है । स्मूथ कटिंग प्राप्त करने के लिए, ब्लेड के कटिंग एज को, 15 से 20 डिग्री तक शार्प किया जाता है । अधिकांश समय पारिंग छेनी को हाथ से संचालित किया जाता है और इसे मैलेट से मारने की आवश्यकता नहीं होती है क्योंकि ये बारीक काम के लिए डिज़ाइन किए गए नाजुक उपकरण होते हैं। चित्र 4.11 (g) में दिखाया गया है ।

मोर्टिज़ छेनी

मोर्टिज़ छेनी का नाम इसलिए रखा गया है क्योंकि इसका उपयोग मुख्य रूप से मोर्टिज़ जोड़ों को काटने के लिए किया जाता है । इन छेनी में भारी ब्लेड होती है जो इसकी चौड़ाई से अधिक मोटी होती है, जो 3 से 16 मिमी तक होती है । इसमें एक विशाल फ़ोर्ज बोल्स्टर और एक दृढ़ लकड़ी का हैंडल होता है । उनके हैंडल आमतौर पर ढके हुए होते हैं या उनके उपर स्टील के हुप्स लगे होते हैं जो उन्हें एक मैलेट के वार का सामना करने में मदद करते हैं। छेनी को 30 से 40 डिग्री के कोण पर धारित किया जाता है । चित्र 4.11 (h) में दिखाया गया है।

गॉजेस

ये विशेष प्रयोजन की छेनी हैं जो सिरे पर घुमावदार ब्लेड से बनी होती हैं। घुमावदार आकार अंदर या बाहर हो सकता है; कभी-कभी आवश्यकता के आधार पर यह चम्मच के आकार का होता है । खोखला बनाने के लिए बाहरी ग्राउंड गॉज का उपयोग किया जाता है । बाहरी ग्राउंड छेनी को मजबूत गॉज कहा जाता है और आन्तरिक ग्राउंड गॉज को स्क्रिबिंग गॉज कहा जाता है। गॉज के आकार चम्मच आकार से लेकर मछली की पूंछ आकर तक भिन्न भिन्न होते है । आकार 6 मिमी से 40 मिमी चौड़ाई तक बदलता है। चित्र 4.12 में दिखाया गया है।

चित्र 4.12: गॉज छेनी

4.1.6 प्लेनिंग उपकरण

लकड़ी पर चिकना और समतल सतहों को बनाने के लिए प्लेन्स का उपयोग किया जाता है । वर्कशॉप में इस्तेमाल होने वाले विभिन्न प्लेन जैक प्लेन, ट्राई प्लेन, रिबेट प्लेन, स्मूथिंग प्लेन, प्लॉउ प्लेन और मेटल प्लेन हैं ।

लकड़ी का रंदा (वुडन जैक प्लेन)

वुडन जैक प्लेन सामान्य प्रयोजन के वुड वर्किंग बेंच प्लेन का सबसे पुराना रूप है। इसका उपयोग लकड़ी की ऊपरी परत को निकालने और आकार में तैयार करने के लिए किया जाता है । इसमें एक लकड़ी का ब्लॉक होता है जिसे बॉडी के रूप में जाना जाता है; कटिंग ब्लेड को वेज और कैप आयरन या बैक आयरन के सपोर्ट से लगाया जाता है । बैक आयरन कटिंग ऑपरेशन में शामिल नहीं होता बल्कि यह चैटरिंग को रोकने और छाल को घुंघराले टुकड़ों में तोड़ने के लिए ब्लेड को सपोर्ट करता है । लंबाई 350 से 450 मिमी और ब्लेड की चौड़ाई 50 से 75 मिमी तक हो सकती है। चित्र 4.13 में दिखाया गया है।

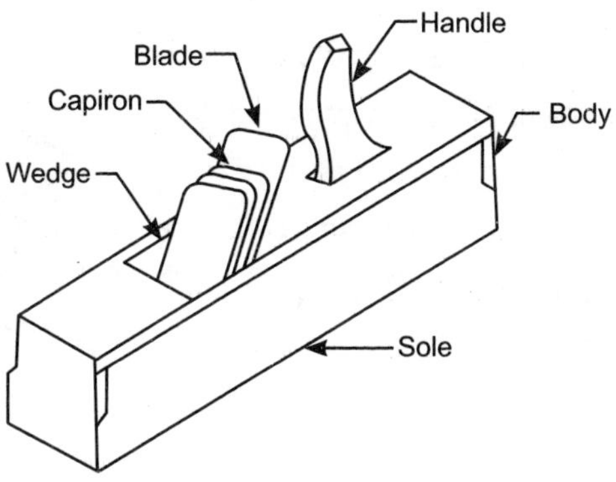

चित्र 4.13: लकड़ी का रंदा

धातु का रंदा (मेटल जैक प्लेन)

यह लकड़ी के जैक प्लेन के समान उद्देश्य को पूरा करता है लेकिन बेहतर सतह चमक और तेजी से ओपरेशन की सुविधा देता है। यहां बॉडी ग्रे कास्ट आयरन से बना होता है । इसका तल/सोल और अन्य भाग चमकदार और भारी प्रकृति के होते है । समायोजन स्क्रू की मदद से परत हटाने की मोटाई को समायोजित किया जा सकता है । लकड़ी के जैक प्लेन में वेज के स्थान पर यहाँ धातु पट्टियों का उपयोग किया जाता है जो समायोजन और सपोर्ट के लिए उपयोगी है । यह चित्र 4.14 में दिखाया गया है ।

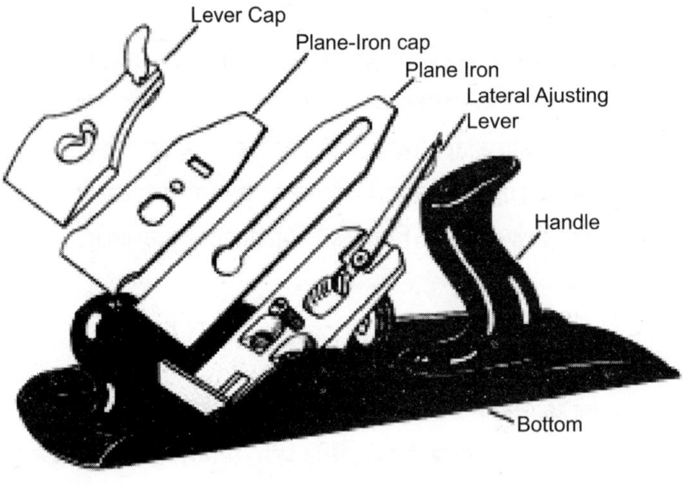

चित्र 4.14: धातु का रंदा

ट्राइंग रंदा (ट्राइंग प्लेन/ छोटा रंदा)

इसका उपयोग फिनिशिंग ऑपरेशन के लिए किया जाता है । इसका उपयोग लकड़ी की बहुत पतली परत को हटाने के लिए किया जाता है । ट्राइंग रंदा की लंबाई आमतौर पर 550 से 650 मिमी तक भिन्न-भिन्न हो सकती है; ब्लेड की चौड़ाई 60 मिमी होती है ।

चिकना रंदा (स्मूथिंग प्लेन)

यह अपनी तरह का सबसे छोटा है और इसे संचालित करने के लिए एक हाथ से पकड़ा जा सकता है। जैसा कि नाम से पता चलता है कि इसका उपयोग फिनिशिंग ऑपरेशन के लिए किया जाता है । इसका उपयोग लकड़ी की बहुत छोटी परत को काटने के लिए किया जाता है, जो आमतौर पर जैक प्लेन ऑपरेशन के बाद उपयोग किया जाता है । यह लगभग 200 से 250 मिमी लंबा और ब्लेड की चौड़ाई लगभग 70 मिमी होती है। यह चित्र 4.15 में दिखाया गया है ।

चित्र 4.15: स्मूथिंग प्लेन

पैताम रंदा (रिबेट प्लेन)

इसे रिबेट प्लेन के नाम से भी जाना जाता है । यह एक प्रकार का हैण्ड प्लेन है जिसको किनारों के साथ छोटे रेसेस बनाने के लिए डिज़ाइन किया गया है । इसका उपयोग रैबेट जोड़ों (जिसे लैप जोड़ों के रूप में भी जाना जाता है) के लिए खांचे बनाने में किया जाता है । यह प्लेन डोर फिटिंग स्लॉट्स, विंडो ग्लास फिटिंग स्लॉट्स में अनुप्रयोग पाता है । आमतौर पर ब्लेड की चौड़ाई 10 से 50 मिमी तक होती है । यह चित्र 4.16 में दिखाया गया है ।

चित्र 4.16: रिबेट प्लेन

4.1.7 बोरिंग / ड्रिलिंग उपकरण

बढ़ईगीरी के काम में कील, रिवेट्स, स्टॉपर्स आदि को समायोजित करने के लिए एक ड्रिल/बोर बनाने की भी आवश्यकता होती है । ड्रिल करने के लिए कर्मशाला में विभिन्न हाथ से चलने वाले उपकरणों का उपयोग किया जाता है । वे गिमलेट, ब्रैडॉल और ब्रेस बोरिंग टूल हैं । इन बोरिंग उपकरणों में विभिन्न प्रकार के ड्रिल बिट का उपयोग किया जाता है ।

ब्रैडॉल टूल

यह बहुत ही सरल और उपयोगी हाथ औज़ार है; बढ़ई छोटे और मध्यम उथले छेदों को खोदने के लिए इस ब्रैडल उपकरण का उपयोग करते हैं। इन छेदों का उपयोग छोटे से मध्यम आकार के कील और स्क्रू लगाने के लिए किया जाता है। यह चित्र 4.17 में दिखाया गया है।

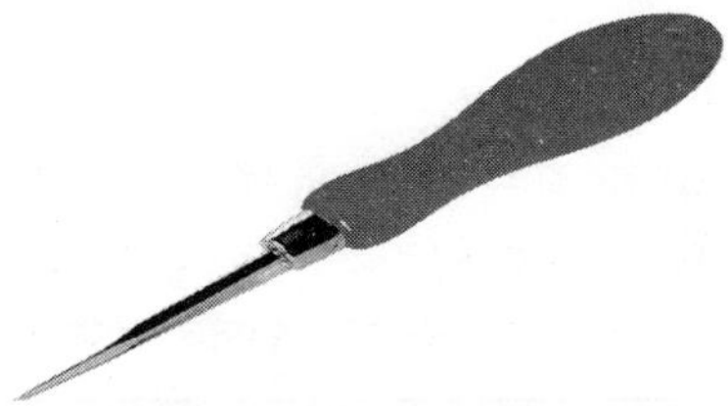

चित्र 4.17: ब्रैडॉल टूल

बरमाना उपकरण (गिमलेट टूल)

गिमलेट एक उपयोगी हाथ औज़ार है जिसका उपयोग लकड़ी में छोटे छेद करने के लिए किया जाता है। इसमें एक टेपर ट्विस्टेड स्टील बार होता है। ट्विस्ट टेपर होता है और इसकी लंबाई का लगभग एक तिहाई हिस्सा होता है। आसानी से घुसाने के लिए इसके निचले छोर में एक तीक्ष्ण सुआ होता है। दूसरे छोर पर आसान घुमाव के लिए लकड़ी का हैंडल होता है। यह चित्र 4.18 में दिखाया गया है।

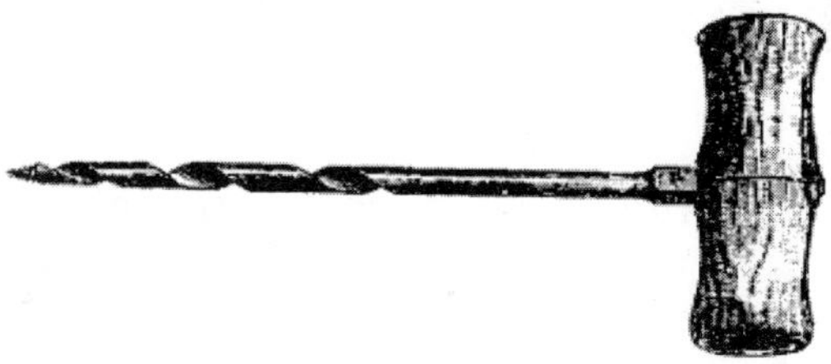

चित्र 4.18: गिमलेट टूल

ब्रेस टूल

ब्रेस टूल लकड़ी में बोरिंग (छेद चौड़ा) करने के लिए हाथ औजार है; इसके बॉडी के केंद्र में क्रैंक के आकार का टर्निंग डिवाइस होता है, जिस पर ग्रिपिंग एलिमेंट होता है। टेल एंड में ट्विस्ट ड्रिल बिट्स को होल्ड करने का प्रावधान है। यूनिट के अंदर रेचेट (शाफ़्ट) और गियर की व्यवस्था के कारण ऑपरेशन संभव होता है। वर्कशॉप में दो तरह के ब्रेसेस का इस्तेमाल किया जाता है; वे रेचेट ब्रेस और व्हील ब्रेस हैं। व्हील ब्रेस में हैंडल व्हील को उपकरण के मध्य भाग में लगाया जाता है। व्हील का रोटेशन ड्रिलिंग ऑपरेशन के लिए टेल एंड पर ड्रिल बिट को घुमाता है। यहाँ रेचेट ब्रेस चित्र 4.19 में दिखाया गया है।

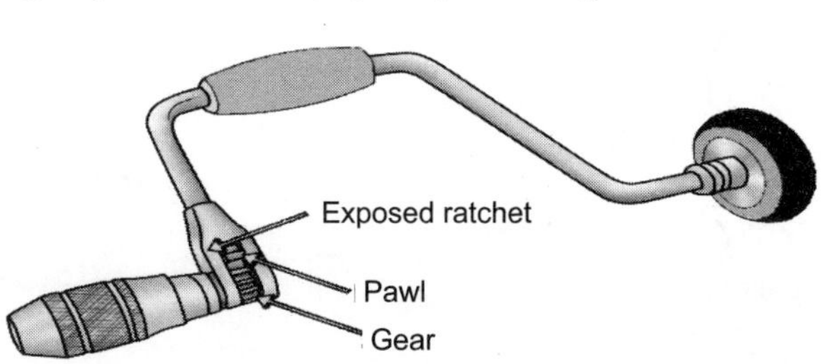

चित्र 4.19: रेचेट ब्रेस

4.1.8 प्रहार उपकरण

बढ़ईगीरी के काम में इस्तेमाल होने वाले प्रहार उपकरण वजन में हल्के होते हैं और हल्के प्रहार के लिए उपयोग किए जाते हैं। बढ़ईगीरी की दुकान में आम तौर पर मैलेट और कुछ कास्ट आयरन हथौड़ों का उपयोग प्रहार उपकरण के रूप में किया जाता है। हथौड़े का उपयोग तेज प्रहार के लिए किया जाता है, साथ ही यह छेनी के हैंडल को नुकसान पहुंचा सकता है जबकि नरम वॉर सतह जैसे रबर, लकड़ी, प्लास्टिक से बना मैलेट बेहतर परिणाम देता है। ऐसे कुछ महत्वपूर्ण उपकरणों पर नीचे चर्चा की गई है।

मैलेट

मैलेट लकड़ी या कभी-कभी रबर से बना एक हल्के वजन का हथौड़ा होता है; यह आकार में तुलनात्मक रूप से छोटा और अपेक्षाकृत बड़ा सिर वाला होता है। बढ़ईगीरी की दुकान में हमें आमतौर पर लकड़ी या प्लास्टिक के मैलेट मिलते हैं। मैलेट में प्लास्टिक, नायलॉन और प्राकृतिक रबर से बने विभिन्न मटेरियल के अग्र-भाग (चेहरे) हो सकते हैं। यहां तक कि तांबे, एल्यूमीनियम, पीतल या सीसा जैसी नरम धातुएं भी विशेष प्रयोजन अनुप्रयोगों के लिए उपयोग की जाती हैं। यह चित्र 4.20 (a और b) में दिखाया गया है।

***चित्र 4.20:** (a) लकड़ी का मैलेट (b) नायलोन मैलेट*

स्टील के हथौड़े

वारिंगटन, पीन और पंजा हथौड़ों (क्लॉ हेमर) का उपयोग आमतौर पर बढ़ई द्वारा किया जाता है । उनका वर्णन इस प्रकार है ।

चित्र 4.21 में दिखाया गया वारिंगटन हैमर का उपयोग कीलों को ठोकने, जोड़ों को जोड़ने और लकड़ी के बोर्ड लगाने के लिए किया जाता है । इसका सिर टूल स्टील से बना होता है और यह विभिन्न भारों में उपलब्ध होता है । हथौड़े का मुखड़ा हार्डेन, टेम्पर्ड और थोड़ा उत्तल घिसा होता है ।

सिर के मध्य भाग को भंगुर होने के कारण उपयोग में टूटने से बचाने के लिए एहतियात के तौर पर सख्त नहीं किया जाता है । हैंडल लकड़ी से बना होता है और आरामदायक पकड़ के लिए क्रॉस-सेक्शन में अंडाकार होता है । हैंडल का एक सिरा, सिर में एक छेद में फिट हो जाता है और लकड़ी के वेजेज या धातु की कील/वेजेज द्वारा इसके रेशे को फैला दिया जाता है, इस प्रकार दोनों भागों को एक साथ सुरक्षित रूप से लॉक कर देते हैं ।

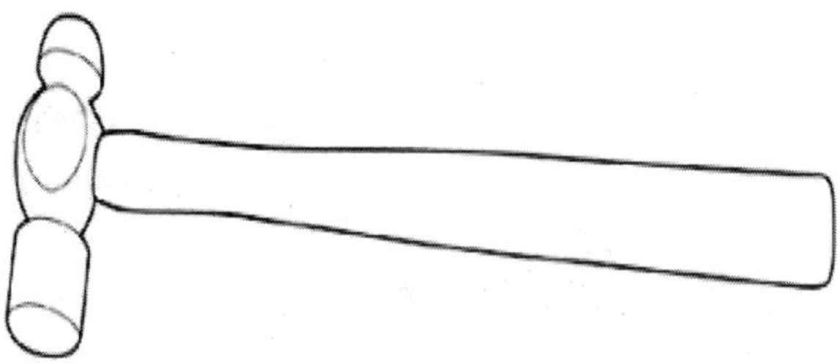

***चित्र 4.21:** वारिंगटन हथौड़ा*

पंजा हथौड़े के एक सिरे पर घुमावदार पंजा (क्लॉ) होता है जिसका उपयोग कीलों को बाहर निकालने के लिए किया जाता है। दूसरे सिरे का उपयोग हल्के प्रहार वाले कार्य के लिए किया जाता है। इस उत्तोलन क्रिया में आवश्यक अतिरिक्त शक्ति प्रदान करने के लिए पंजा हथौड़े पर एक मजबूत हैंडल आवश्यक होता है। यह चित्र 4.22 में दिखाया गया है।

चित्र 4.22: *पंजा हथौड़ा*

4.1.9 पकड़ने/जकड़ने के उपकरण (होल्डिंग टूल्स)

बढ़ई को प्रभावी और कुशल काम करने के लिए वर्कपीस होल्डिंग डिवाइस की आवश्यकता होती है । बढ़ईगीरी की दुकान में वर्क बेंच, कारपेंटर वाइस, सी-क्लैंप सबसे अधिक इस्तेमाल होने वाले होल्डिंग टूल्स हैं । वर्कबेंच में सपाट सतह होती है जो की लकड़ी की प्लेटों को काटने, सपाट बनाने, छेनी, अंकन आदि जैसे विभिन्न कार्यों के लिए उपयोग होती है । प्लेंनिंग ऑपरेशन के दौरान लकड़ी के ब्लॉकों को मजबूती से पकड़ने के लिए इसमें विभिन्न आकार के स्टॉपर्स होते हैं। कारपेंटर वाइस एक धात्विक उपकरण है जिसमें एक चलायमान और दूसरा स्थिर जबड़ा (जॉ) होता है । हैंडल को घुमाकर जबड़े की गति को नियंत्रित किया जा सकता है, चलायमान जबड़ा स्क्रू के ऊपर स्लाइड करता है । इस उपकरण से लकड़ी की प्लेटों की असेंबली और फिटिंग की जाती है । यह चित्र 4.23 में दिखाया गया है ।

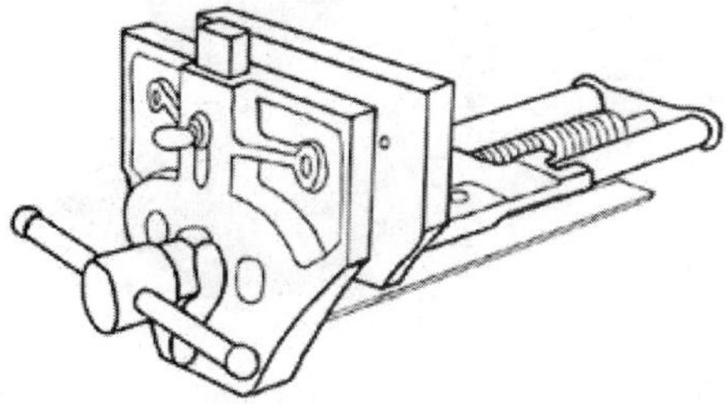

चित्र 4.23: *कारपेंटर वाईस (बढ़ई वाईस)*

सी-क्लैंप या जी-क्लैंप या जी-क्रैम्प एक और होल्डिंग डिवाइस है जिसका उपयोग बढ़ईगीरी की दुकान में वर्कपीस को पकड़ने के लिए किया जाता है। इन क्लैंप को उनके सी-आकार के फ्रेम के कारण सी क्लैंप कहा जाता है, या अक्सर सी-क्लैंप या जी-क्लैंप भी कहा जाता है क्योंकि स्क्रू भाग सहित; वे अंग्रेजी के बड़े अक्षर G के आकार के होते हैं। क्लैंप सिरे के इंडेंटेशन से बचने के लिए इनका उपयोग छोटी पैडिंग प्लेटों के साथ किया जाता है। यह चित्र 4.24 में दिखाया गया है।

चित्र 4.24: *सी-क्लैंप या जी-क्लैंप*

4.1.10 पॉवर उपकरण

चूंकि स्वचालन विज्ञान और प्रौद्योगिकी सभी क्षेत्रों को आकर्षित कर रहा है, इसलिए बढ़ईगीरी की दुकान को इससे बाहर नहीं रखा गया है। नए और उन्नत औजार / उपकरण बढ़ई टूल किट में जगह पाते हैं। जैसा कि हम जानते हैं कि दक्षता, प्रभावशीलता, आयामी सहिष्णुता (डाइमेंशनल टॉलरेंसेस) आज के उद्योगों में चर्चा के शब्द हैं, एकमात्र समाधान पॉवर उपकरणों का उपयोग है। बढ़ईगीरी कार्यों में सबसे अधिक इस्तेमाल होने वाले पॉवर उपकरणों की चर्चा नीचे की गई है। पॉवर उपकरणों को ईंधन, बिजली या संग्रहीत ऊर्जा (सूखी या गीली बैटरी) के रूप में शक्ति स्रोत की आवश्यकता होती है।

चंद्राकार या सर्कुलर सॉ

सर्कुलर सॉ कटिंग ओपरेशन के लिए आमतौर पर सबसे अधिक इस्तेमाल किया जाने वाला है; लकड़ी के विभिन्न आकारों को कुछ ही समय में जल्दी और प्रभावी ढंग से काटा जा सकता है। यह इलेक्ट्रिक मोटर की रोटरी गति का उपयोग करके काटने के लिए दांतेदार / एब्रेसिव डिस्क या ब्लेड का उपयोग करता है। इसमें सुरक्षा के लिए कटर और मोटर के घुमते भागों के चारों ओर धातु का फ्रेम (आवरण) होता है, कटर के रोटेशन के लिए बॉटम तल पर पर्याप्त जगह प्रदान की जाती है। स्ट्रेट लाइन कटिंग ऑपरेशन या तो टूल को चलाने से होता है या वर्कपीस को इसके विपरीत ले जाने से होता है। इस कटर का उपयोग लकड़ी के लॉग, प्लेट और प्लाईवुड शीट को काटने के लिए किया जाता है। यह बढ़ईगीरी की दुकान में इस्तेमाल होने वाले विभिन्न पारंपरिक सॉ की जगह लेता है । सर्कुलर सॉ 4000 से 5200 आर.पी.एम. पर घूमता है और इसके लिए लगभग 5 से 7.5 एच.पी. या 1440 वाट पॉवर की आवश्यकता होती है, ब्लेड का व्यास 185 मिमी और उससे अधिक हो सकता है। विभिन्न क्षमता और आकार के सर्कुलर सॉ बाजार में उपलब्ध हैं । यह चित्र 4.25 में दिखाया गया है।

चित्र 4.25: सर्कुलर सॉ (सौजन्य से : Bosch tools)

पावर ड्रिल

विभिन्न क्षमता वाले पावर ड्रिल बाजार में उपलब्ध हैं, इनका उपयोग लकड़ी के ब्लॉकों पर आवश्यक आकार के छेद बनाने के लिए किया जाता है। पावर ड्रिल को बिजली या बैटरी द्वारा संचालित किया जा सकता है। पावर ड्रिल एप्लिकेशन के आधार पर नियमित ड्रिल, हैमर ड्रिल, या इंपैक्ट ड्राइवर ड्रिल का उपयोग कर सकता है। पावर ड्रिल पोर्टेबल और बैटरी से चलने वाले संस्करणों में उपलब्ध हैं, और कभी-कभी वे एक कोर्ड के साथ भी आते हैं। हैमर ड्रिल अधिक बल प्रदान करते हैं, इसमें बिट प्रत्यागामी क्रिया (रेसिप्रोकेटिंग एक्शन) करता है इसलिए यह कंक्रीट जैसी अन्य स्थायी कठोर सामग्रियों में बेहतर और आसानी से बोर कर पता है । इम्पैक्ट ड्राइवर पावर ड्रिल हैमर ड्रिल के समान सिद्धांत पर काम करता है, लेकिन कम बल के साथ । टूल किट में विभिन्न आकार और लंबाई के ड्रिल बिट शामिल होते हैं। यह चित्र 4.26 में दिखाया गया है।

चित्र 4.26: पावर ड्रिल (सौजन्य से : Bosch tools)

टेबल सॉ

टेबल सॉ एक पॉवर चालित उपकरण है जिसे कभी-कभी बेंच सॉ या सॉ बेंच के रूप में संदर्भित किया जाता है । टेबल सॉ में एक गोलाकार ब्लेड होती जो आर्बर पर लगी होती है जिसे विद्युत मोटर द्वारा संचालित किया जाता है । टेबल सॉ उपयोगकर्ता को एक फ्लैट टेबल पर लकड़ी काटने की सुविधा देता है । वांछित डाईमेंशन को लकड़ी के लॉग पर चिह्नित करते है और इसे कटर के विरुद्ध फीड किया जाता है ताकि कटाई पूर्ण हो । चूंकि कटर खुली अवस्था में है अत: मशीन को संचालित करने के लिए बहुत देखभाल / सावधानी बरतनी चाहिए । यह चित्र 4.27 में दिखाया गया है । टेबल सॉ पूरी तरह से सीधे किनारों को काटने के लिए उपयोग होता था किन्तु अब देखा गया है की इसका उपयोग मिटर्स, बेवेल और यहां तक कि डव ग्रूव कटिंग के लिए भी किया जाता है ।

चित्र 4.27: टेबल सॉ

कील बंदूक (नेल गन)

नेल गन का उपयोग कील को लकड़ी और अन्य सामग्री में घुसाने के लिए किया जाता है। यह उपकरण कील और हथौड़ों की जगह ले रहा है अन्यथा वे मैन्युअल रूप से संचालित होते हैं। यह अपने मैनुअल समकक्ष की तुलना में कीलो को बहुत तेजी और कुशलता से घुसाता है। इससे प्रक्रिया के दौरान पैसे और समय की बचत होगी। ऑपरेशन के विभिन्न पावर रेंज के अनुसार नेल गन मॉडल की विभिन्न किस्में हैं । आवश्यकता अनुसार सही मॉडल का चयन करना हमारी जिम्मेदारी है। यह चित्र 4.28 में दिखाया गया है।

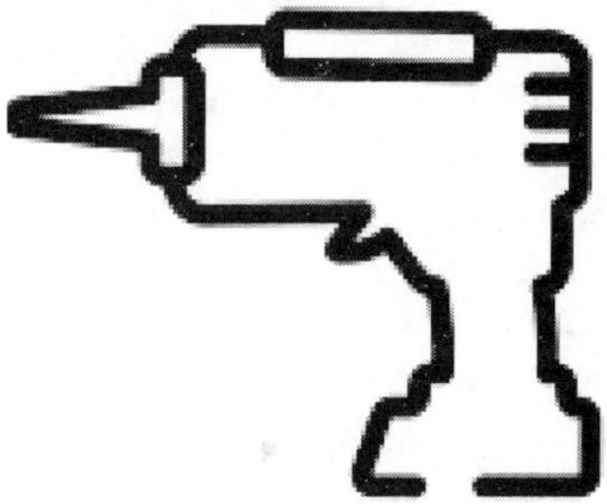

चित्र 4.28: कील बंदूक

जिग सॉ

आमतौर पर यह लकड़ी को गोल और गोलाकार पैटर्न में काटने के लिए प्रयोग किया जाता है। यह अधिक सटीक और प्रभावी है। जिग सॉ लकड़ी के तख़्त पर वक्र और जटिल आकृतियों को काटने के लिए आदर्श होते हैं। उनका उपयोग लकड़ी के बोर्ड पर क्रॉसकट्स बनाने और अंदर के कोनों को खत्म करने के लिए किया जाता है। लेकिन वे लंबे, तेज सीधे कट बनाने के लिए उपयुक्त नहीं हैं जहां एक सर्कुलर सॉ बेहतर काम करती है। यह चित्र 4.29 में दिखाया गया है।

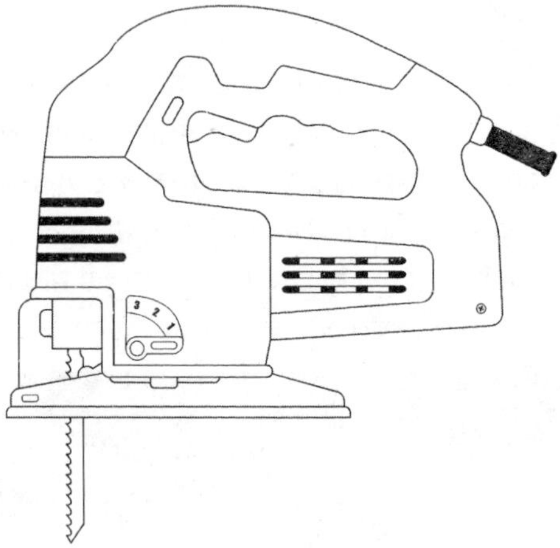

चित्र 4.29: जिग सॉ

सैंडर

सैंडर्स की कई किस्में उपलब्ध हैं, वे हैं पाम सैंडर, रैंडम ऑर्बिटल सैंडर।

यह हुक और लूप फास्टेड सैंडिंग डिस्क का उपयोग करता है। अविश्वसनीय रूप से चिकनी और खरोंच-मुक्त फिनिश प्राप्त करने के लिए यादृच्छिक कक्षीय सैंडर (रैंडम ऑर्बिटल सैंडर) एक अच्छा उपकरण है। यह एक सैंडर है जो सैंडिंग मीडिया को गोलाकार तरीके से घुमाता है जबकि साथ ही पूरे पैड को जेड-अक्ष में सैंडर्स के केंद्र के चारों ओर थोड़ा अंडाकार कक्षा में घुमाता है। रैंडम ऑर्बिटल सैंडर हाथ से चलने वाला पॉवर उपकरण है जो बढ़ई, कैबिनेट निर्माताओं और कई अन्य लकड़ी के पेशेवरों में लोकप्रिय है। एक विशिष्ट रैंडम-ऑर्बिट सैंडर में एर्गोनोमिक बॉडी के अंदर एक मेन या बैटरी चालित मोटर होती है जिसमें एक सैंडिंग पैड लगाया जा सकता है। मोटर सैंडिंग डिस्क को चलाती है और इसके कारण यह उच्च गति से घूमती है, साथ ही साथ एक अण्डाकार कक्षा में चलती है ताकि डिस्क पर कोई भी स्पॉट एक ही पथ पर दो बार यात्रा न करे। इसे चित्र 4.30 में दिखाया गया है।

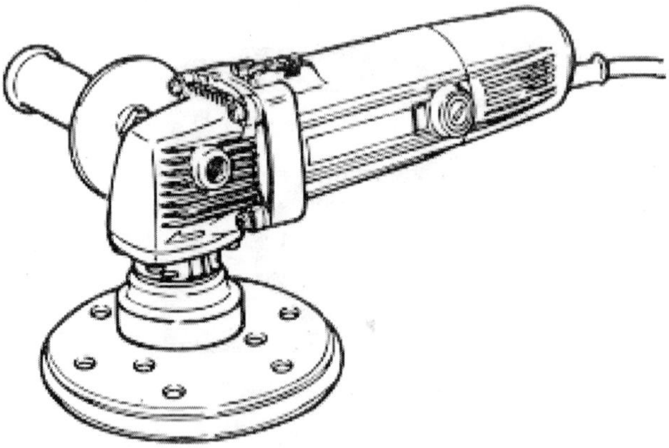

चित्र 4.30: रैंडम-ऑर्बिटल सैंडर

लकड़ी राउटर (वुड राउटर)

वुड राउटर लकड़ी का काम करने वालो के टूल-रेंज में सबसे बहुमुखी पॉवर उपकरण है। यह एक अर्ध-पोर्टेबल उपकरण है जिसे एक कार्यकर्ता मैन्युअल रूप से चला सकता है। इसका उपयोग लकड़ी की सतह पर स्लॉट, काउंटर, टेक्स्ट, स्लॉट आदि बनाने के लिए किया

जाता है। यह अपेक्षा की जाती है कि ऐसे राउटर को प्राथमिकता दें जिसमें परिवर्तनशील गति नियंत्रण हो या उनमें धीमी गति से काम करने की क्षमता हो। यह चित्र 4.31 में दिखाया गया है।

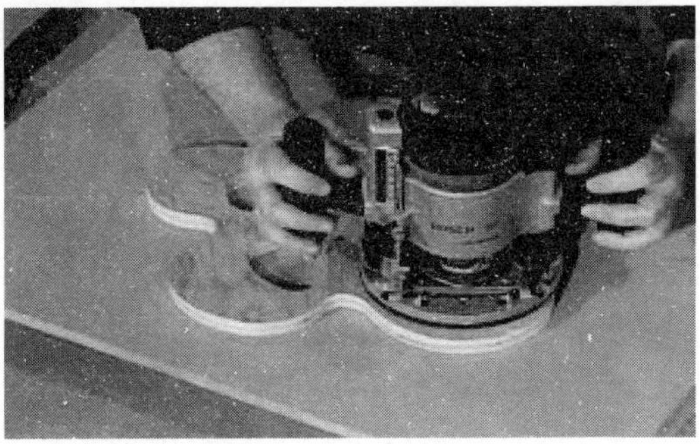

Wood Carving

चित्र 4.31 लकड़ी राउटर

रोचक तथ्य

- संयुक्त राज्य अमेरिका में बढ़ईगीरी लगभग हमेशा पुरुषों द्वारा की जाती रही है । 98.5% बढ़ई पुरुष होने के साथ, 1999 में यह देश में चौथा सबसे अधिक पुरुष-प्रधान व्यवसाय था, और 2006 में लगभग 1.5 मिलियन पद थे। बढ़ई आमतौर पर नौकरी करने वाले पहले शिल्पकार होते हैं और छोड़ने वाले आखिरी होते हैं।
- पुरातत्वविदों का मानना है कि प्रागैतिहासिक काल के आसपास से छेनी के कच्चे रूप रहे हैं। प्राचीन मिस्रवासी लकड़ी और पत्थर पर काम करने के लिए तांबे और कांसे की छेनी का इस्तेमाल करते थे। दरअसल, छेनी से बने प्राचीन शिलालेख ईसा पूर्व 7वीं सदी के मिस्र के मकबरों में मिले हैं। यूनानियों ने भी छेनी का इस्तेमाल 6 वीं शताब्दी की शुरुआत में पत्थरों को तराशने के लिए किया।
- महोगनी की लकड़ी दुनिया भर में एक शाही कद रखती है। 17 वीं शताब्दी में, ग्रेट ब्रिटेन में महोगनी का बड़े पैमाने पर उपयोग किया जाता था। यह एक बढ़िया लकड़ी है, ठोस है, पूरी तरह से चिपकने योग्य होती है और सौंदर्य की दृष्टि से आकर्षक है। हालांकि, इसकी भारी मांग और महोगनी के पेड़ के स्रोतों की कभी भरपाई नहीं होने के दुखद तथ्य को देखते हुए, इस लकड़ी की पूरी दुनिया में कमी हैं।

वीडियो संसाधन

Building Materials

Construction Materials

Glass and Timber

4.2 प्लास्टिक मोल्डिंग

प्लास्टिक एक कार्बनिक पदार्थ है जिसमें सिंथेटिक या अर्ध-सिंथेटिक यौगिक होते हैं जो व्यव्हार में लचीले होते हैं, इसलिए इनको आसानी से ठोस वस्तुओं में ढाला जा सकता है। 'प्लास्टिक' शब्द ग्रीक शब्द 'प्लास्टिकोस' से लिया गया है, जिसका अर्थ "मोल्डिंग के लिए उपयुक्त" है। जब भी हम मटेरियल के बारे में बात करते हैं तो हम प्लास्टिसिटी शब्द का इस्तेमाल करते हैं, यह सभी मैटेरियल्स का सामान्य गुण है जिसमें बिना टूटे स्थायी विरूपण शामिल है।

आज दुनिया प्लास्टिक से भरी है ! व्यावहारिक रूप से हम जो कुछ भी देखते हैं और दैनिक आधार पर उपयोग करते हैं वह पूरी तरह या आंशिक रूप से प्लास्टिक सामग्री से बना होता है। टेलीविजन, कंप्यूटर, कार, घर, रेफ्रिजरेटर, बर्तन, बैंक एटीएम कार्ड, स्टेशनरी, कपड़े और कई अन्य आवश्यक उत्पाद प्लास्टिक सामग्री का उपयोग करते हैं। हालांकि, सभी प्लास्टिक एक जैसे नहीं बनाए जाते हैं। विनिर्माण उद्योग आवश्यकताओं के आधार पर विभिन्न प्लास्टिक मैटेरियल्स और यौगिकों का उपयोग करते हैं क्योंकि उनमें से प्रत्येक में अद्वितीय गुण होते हैं।

लोकप्रिय और आमतौर पर इस्तेमाल किए जाने वाले प्लास्टिक हैं ऐक्रेलिक या पॉलीमेथाइल मेथैक्रिलेट (पी.एम.एम.ए.), पॉली कार्बोनेट (पी.सी.), पॉलीइथिलीन (पी.ई.), पॉलीप्रोपाइलीन (पी.पी.), पॉलीइथाइलीन टेरेफ्थेलेट (पी.ई.टी.ई. या पी.ई.टी.), पॉलीविनाइल क्लोराइड (पी.वी.सी.), एक्रिलोनिट्राइल-ब्यूटाडीन-स्टाइरीन (ए.बी.एस.)

4.2.1 प्लास्टिक के प्रकार

भौतिक गुणों के आधार पर प्लास्टिक को निम्नलिखित दो प्रकारों में विभाजित किया जाता है।

- **थर्मोप्लास्टिक्स:** प्लास्टिक जिसे गर्म करने पर आसानी से विकृत किया जा सकता है और आसानी से मोड़ा जा सकता है। रैखिक पॉलिमर और रैखिक और क्रॉस-लिंक्ड पॉलिमर का संयोजन थर्मोप्लास्टिक्स के अंतर्गत आता है। उदाहरण: पीवीसी, नायलॉन, पॉलिथीन, आदि।
- **थर्मो सेटिंग्स:** प्लास्टिक जिन्हें एक बार मोल्ड करने के बाद गर्म करके फिर से नरम नहीं किया जा सकता है। हेवीली क्रॉस-लिंक्ड पॉलिमर थर्मोसेटिंग प्लास्टिक की श्रेणी में आते हैं। उदाहरण: बैकेलाइट, मेलामाइन, आदि। बैकेलाइट का उपयोग विद्युत स्विच बनाने के लिए किया जाता है जबकि मेलामाइन का उपयोग फर्श की टाइलों के लिए किया जाता है।

4.2.2 प्लास्टिक के लाभ

- वे मजबूत और नमनीय हैं।
- इनका गलनांक कम होता है इसलिए इन्हें आसानी से ढाला जा सकता है।
- उष्मा और बिजली के कुचालक होते है ।
- अंतिम परिष्करण प्राप्त करने के लिए किसी मशीनिंग की आवश्यकता नहीं है।
- इनका घनत्व कम होता है, इसलिए वजन में हल्के होते है।
- विभिन्न रंगों में उपलब्ध, सौंदर्य दिखावट मनभावन होता है।
- वे प्रकृति में न्यूट्रल हैं, अम्ल और क्षार पर प्रतिक्रिया नहीं कर सकते हैं।
- वे संक्षारण प्रतिरोधी हैं।

4.2.3 प्लास्टिक के अनुप्रयोग

प्लास्टिक उपयोगिता के लगभग सभी क्षेत्रों में अनुप्रयोग पाता है।

- पैकेजिंग
- गतिशीलता और परिवहन
- कृषि उपकरण
- खेल और आराम
- भवन और निर्माण
- विद्युत और इलेक्ट्रॉनिक उपकरण
- चिकित्सा और स्वास्थ्य देखभाल
- ऊर्जा और बिजली क्षेत्र

4.2.4 प्लास्टिक मोल्डिंग की विधियाँ

प्लास्टिक मोल्डिंग वांछित आकार और प्रकार प्राप्त करने के लिए एक निश्चित कंटेनर या मोल्ड में तरल / अर्ध ठोस / दानेदार प्लास्टिक डालने की प्रक्रिया है। उद्योगों में पांच प्रकार की प्लास्टिक मोल्डिंग प्रक्रियाओं का उपयोग किया जाता है। वे एक्सट्रूज़न मोल्डिंग, कम्प्रेशन मोल्डिंग, ब्लो मोल्डिंग, इंजेक्शन मोल्डिंग और रोटेशनल मोल्डिंग हैं। आइए हम निम्नलिखित शीर्षकों में उनकी चर्चा करें।

एक्सट्रूज़न मोल्डिंग

यह मेटल एक्सट्रूज़न प्रक्रिया के समान है, यहां गर्म पिघले हुए प्लास्टिक को पहले से डिज़ाइन किए गए डाई के माध्यम से दबाया जाता है ताकि एक लंबे आकार का प्लास्टिक पार्ट बनाया जा सके। यह थर्मोप्लास्टिक्स के लिए सबसे व्यापक रूप से उपयोग किया जाता है। यह डाई वांछित उत्पाद के विशेष परिणाम प्राप्त करने के लिए उपभोक्ता अनुसार निर्मित (कस्टम मेड) होती है। प्लास्टिक मोल्डिंग विधियों के अन्य रूप भी, कच्चे तरल को सांचों में डालने के लिए एक्सट्रूज़न का उपयोग करते हैं।, यहाँ अंतर यह है कि अन्य विधियाँ वांछित आकार बनाने के लिए सांचों का उपयोग करती हैं और यहाँ एक्सट्रूज़न डाई स्वयं आकार बना रही है।

जिन पार्ट्स को एक्सट्रूडेड किया जा सकता है उनमें स्ट्रॉ, पीवीसी पाइप, प्लास्टिक शीट, इलेक्ट्रिक फिटिंग स्ट्रिप्स, ट्यूब आदि शामिल हो सकते हैं। प्रक्रिया चित्र 4.32 में दिखाई गई है । तरल / अर्ध ठोस प्लास्टिक बिलेट को पिस्टन द्वारा डाई के माध्यम से संचालित किया जाता है; वांछित आउटपुट दूसरे छोर पर प्राप्त होता है ।

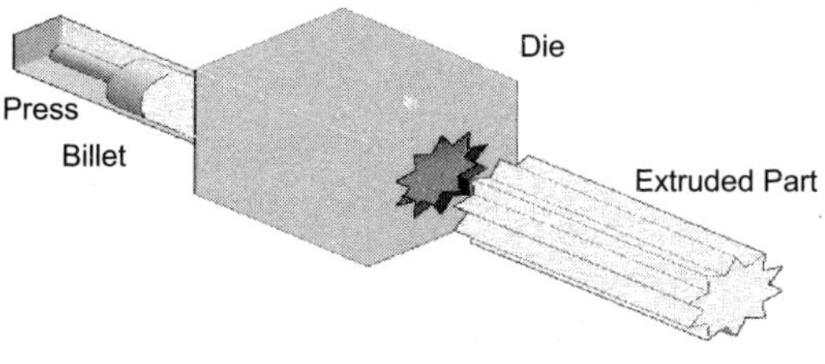

चित्र 4.32: *एक्सट्रूज़न मोल्डिंग*

संपीड़न मोल्डिंग (कम्प्रेशन मोल्डिंग)

इस विधि में एक प्रीहीटेड प्लास्टिक बिलेट को एक खुले, गर्म मोल्ड कैविटी में रखा जाता है । इसके ऊपरी घुमावदार प्लंजर को घुमाकर मोल्ड को बंद कर दिया जाता है । मूवेबल और फिक्स्ड मोल्ड कैविटी दोनों पर दिए गए गाइडिंग स्क्रू की मदद से मोल्ड्स ठीक से लॉक हो जाता है । एक बार जब ऊपरी घुमावदार प्लंजर मोल्ड को बंद कर देता है, तो प्लास्टिक प्लंजर पर दिए गए पैटर्न का आकार ले लेता है। मोल्ड को ठंडा करके प्रक्रिया को समाप्त किया जाता है ताकि प्लास्टिक ट्रिम करने और मोल्ड से निकालने से पहले अपना रूप बनाए रखे। इस प्रक्रिया का उपयोग ऑटोमोटिव पुर्जों, खिलौने, बर्तन, फर्नीचर आदि बनाने के लिए किया जाता है। प्रक्रिया चित्र 4.33 में दिखाई गई है।

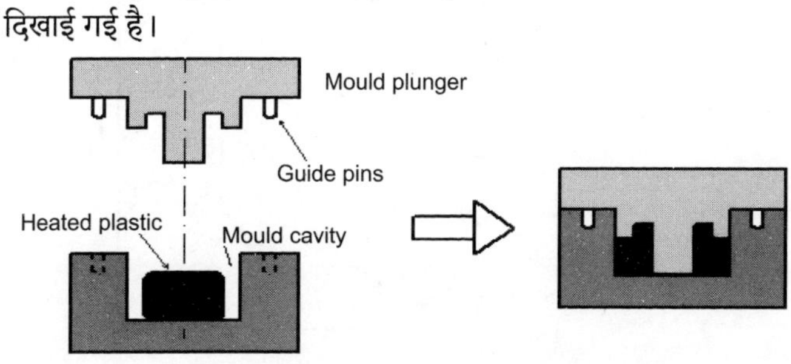

चित्र 4.33: कम्प्रेशन मोल्डिंग

ब्लो मोल्डिंग

इस विधि से बोतल और ड्रम का उत्पादन किया जा सकता है, यहां प्लास्टिक को तब तक गर्म किया जाता है जब तक कि वह तरल अवस्था में न हो जाए। मोल्ड कैविटीयों को इस तरल प्लास्टिक के करीब लाया जाता है। एक बार मोल्ड बंद हो जाने पर हवा को कैविटी के बीच में उड़ाया/ब्लो किया जाता है, इसलिए तरल प्लास्टिक कैविटी की चरम दीवारों की ओर बढ़ता है और दीवार से चिपक जाता है। हवा के झोकों (ब्लो) के कारण प्लास्टिक अंतिम आकार प्राप्त करता है, इसलिए इसका नाम ब्लो मोल्डिंग है। अतिरिक्त सामग्री को सांचे के तल पर दिए गए कोनो से गुजारा जाता है। निश्चित समय के बाद मोल्ड ठंडा हो जाता है और तैयार उत्पाद को मोल्ड से हटा लिया जाता है और किनारों पर चिपके प्लास्टिक को हटाने के लिए ट्रिमिंग की जा सकती है। प्रक्रिया बहुत तेजी से होती है और काम की जटिलता के आधार पर प्रति घंटे 1000 पार्ट्स तक का उत्पादन करने में सक्षम हो सकती है। इस विधि का उपयोग प्लास्टिक की बोतलें, ड्रम, केस, ईंधन टैंक, खिलौने, ऑटोमोटिव पुर्जे बनाने के लिए किया जाता है। यह चित्र 4.34 में दिखाया गया है।

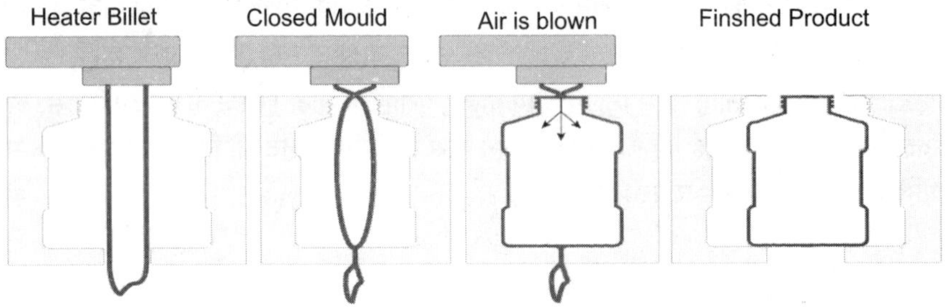

Designing of Plastic Products

चित्र 4.34: ब्लो मोल्डिंग

इंजेक्शन मोल्डिंग

यह विधि अधिक वॉल्यूम में प्लास्टिक उत्पाद बनाने के लिए सबसे अधिक उपयोग की जाती है। इसमें सिलेंडर होता है जिसका टेपर सिरा मोल्ड की ओर ख़त्म होता है। कणिकाओं (ग्रेनुल्स) या तरल प्लास्टिक के रूप में कच्चा माल हॉपर में डाला जाता है। कच्चे माल को स्क्रू प्लंजर की मदद से कैविटी में धकेला जाता है। सिलेंडर के टेपर सिरे के पास, हीटिंग कॉइल्स लगी होती है जिसके द्वारा कैविटी में प्रवेश करने वाले कच्चे माल को गर्म किया जाता है। मोल्ड के ठंडा होने पर ईजेक्टर पिन की मदद से मोल्ड को खोला जाता है । इस प्रक्रिया की सहायता से अधिकांश जटिल और पेचीदा भागों का निर्माण किया जा सकता है। मोल्ड की लागत अधिक है क्योंकि यह एल्यूमीनियम या उच्च स्ट्रेंग्थ स्टील से बना है। इंजेक्शन मोल्डिंग का उपयोग निर्माण उपकरण, किचन वियर, हेलमेट, खिलौने, बिजली के स्विच, स्वास्थ्य देखभाल उपकरण, टॉयलेट सीट, फर्नीचर, वैज्ञानिक उपकरण आदि के उत्पादन के लिए किया जाता है। यह चित्र 4.35 में दिखाया गया है।

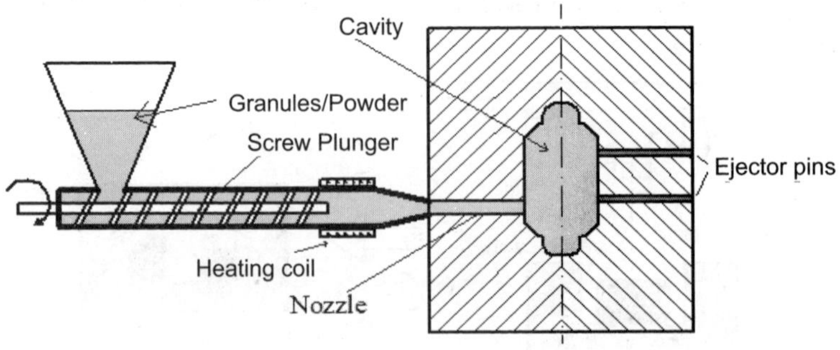

चित्र 4.35: इंजेक्शन मोल्डिंग

घूर्णी या रोटेशनल मोल्डिंग

खोखले उत्पादों को मोल्ड करने के लिए घूर्णी या रोटेशनल मोल्डिंग का उपयोग किया जाता है। उदाहरण: बड़े आकार के टैंक, फ्लावर पॉट, फुटबॉल, रोड कोन, फेंडर, लगेज ट्रे आदि। मोल्ड के घूमने और गर्म होने के कारण उत्पाद तैयार होता है। प्रक्रिया चार चरणों में होती है। यह चित्र 4.36 में दिखाया गया है।

- **कच्चे माल की फिलिंग:** पाउडर पॉलीइथाइलीन या पॉलीप्रोपाइलीन को भरने के लिए मोल्ड कैविटी को खोला जाता है और फिर मोल्ड को बंद कर दिया जाता है।
- **रोटेशन और हीटिंग:** यहां इसे लगभग 300 डिग्री सेल्सियस तक गर्म किया जाता है। साथ ही मोल्ड को घुमाया जाता है ताकि पाउडर मोल्ड की दीवारों पर ताकत से फेका जा सके ।
- **कूलिंग:** बाहरी पंखे की मदद से मोल्ड के चारों ओर ठंडी हवा उड़ाई जाती है, जब तक कि मोल्ड ठंडा नहीं हो जाता, तब तक ठंडक धीरे-धीरे चलती रहती है जिससे की यह कच्चा माल मोल्ड की दीवारों पर जम जाता है।
- **डिमोल्डिंग:** तैयार उत्पाद को मोल्ड से बाहर निकाल लिया जाता है और मोल्ड अगले पुनरावृत्ति के लिए तैयार होता है।

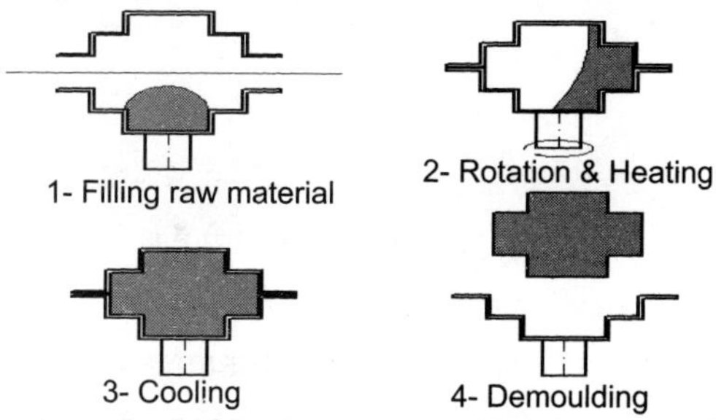

चित्र 4.36: घूर्णी या रोटेशनल मोल्डिंग

रोचक तथ्य

- प्लास्टिक की ढलाई 1800 के अंत में प्लास्टिक बिलियर्ड गेंदों की आवश्यकता को पूरा करने के लिए शुरू हुई, जो उस समय के आमतौर पर इस्तेमाल की जाने वाली हाथीदांत बिलियर्ड गेंदों के विपरीत थी। 1868 में, जॉन वेस्ले हयात ने सेल्युलाइड को एक सांचे में इंजेक्ट करके बिलियर्ड बॉल बनाने का एक तरीका ईजाद किया। चार साल बाद, हयात और उनके भाई ने इस प्रक्रिया को स्वचालित करने के लिए एक मशीन का आविष्कार और पेटेंट कराया। यह अस्तित्व में पहली प्लास्टिक इंजेक्शन मोल्डिंग मशीन थी और इसने एक गर्म सिलेंडर के माध्यम से प्लास्टिक को मोल्ड में इंजेक्ट करने के लिए एक बुनियादी प्लंजर का उपयोग किया।
- 1946 में, जेम्स हेंड्री द्वारा स्क्रू इंजेक्शन मोल्डिंग मशीन का आविष्कार किया गया, जिसने प्लंजर इंजेक्शन तकनीक को बदल दिया। यह तकनीक आज सबसे अधिक इस्तेमाल की जाने वाली तकनीक है।
- आधुनिक घूर्णी/रोटेशनल मोल्डिंग का भी एक समृद्ध इतिहास है जिसकी शुरुआत 1855 में हुई थी जब ब्रिटेन में तोप के धातु के खोखले गोले बनाने के लिए रोटेशन और ऊष्मा का उपयोग किया जाता था ।
- 1950 के दशक की शुरुआत में प्लास्टिक को इस प्रक्रिया में पेश किया गया था, जब पहली बार गुड़िया के सिर के निर्माण के लिए घूर्णी मोल्डिंग का उपयोग किया गया था। और फिर 1960 में घूर्णी मोल्डिंग की आधुनिक प्रक्रिया विकसित की गई जो हमें कम घनत्व वाले पॉलीथीन के साथ बड़े हॉलो कंटेनर बनाने की योग्यता देती है। हाल के इतिहास में, प्रक्रिया में सुधार, बेहतर उपकरण और प्लास्टिक पाउडर के विकास ने तैयार उत्पादों को बनाने की प्रक्रिया को तेज कर दिया है, जिससे घूर्णी मोल्डिंग लोकप्रियता में तेजी से बढ़ी है।

- प्लास्टिक की खोज प्रसिद्ध जर्मन रसायनज्ञ क्रिश्चियन शॉनबीन ने 1846 में की थी। प्लास्टिक वास्तव में गलती से खोजे गए थे। क्रिश्चियन अपनी रसोई में प्रयोग कर रहे थे और संयोग से; उसने नाइट्रिक एसिड और सल्फ्यूरिक एसिड का मिश्रण गिराया। उस घोल (नाइट्रिक और सल्फ्यूरिक एसिड का मिश्रण) को पोंछने के लिए उसने एक कपड़ा लिया और पोछा लगाने के बाद उसे चूल्हे के ऊपर रख दिया। कुछ समय बाद, कपड़ा गायब हो गया और वहा से इसे प्लास्टिक नाम मिला ।

वीडियो संसाधन

Injection Moulding

Transfer Moulding

Moulding Terminalogy

4.3 कांच कटिंग

आप कांच की वजह से हैंडसम/सुंदर दिख रहे हैं ! हाँ, यह आईने की वजह से है।

मानो या न मानो हमें जीवन के हर पड़ाव में कांच की जरूरत है। ग्लास सबसे लोकप्रिय सामग्री है जिसका उपयोग हम अपने घर और कार्यस्थल पर करते हैं। इसके लाभकारी गुणों के कारण इसका उपयोग कई अनुप्रयोगों में किया जाता है।

ग्लास एक अकार्बनिक ठोस सामग्री है, पारदर्शी या पारभासी, कठोर, भंगुर, और तरल और गैसों के लिए अभेद्य है, इसे बनाना सस्ता है, पिघला हुआ होने पर आकार देना आसान है, सेट होने पर ऊष्मा के लिए उचित रूप से प्रतिरोधी, रासायनिक रूप से निष्क्रिय है। इस तरह के गुण, खाद्य और पेय पदार्थों के भंडारण, रसायन, कांच के बने पदार्थ, मोटर वाहन भागों, इलेक्ट्रॉनिक गैजेट कवर, खिलौने, गहने, सौंदर्य लेख, दरवाजे और खिड़कियों के लिए निर्माण सामग्री जैसे कई अनुप्रयोगों के लिए उपयुक्त बनाते हैं।

ग्लास सिलिकॉन डाइऑक्साइड युक्त साधारण रेत को तब तक गर्म करके बनाया जाता है जब तक कि वह पिघलकर तरल में न बदल जाए। यह रेत 1700 डिग्री सेल्सियस के उच्च तापमान पर पिघलती है।

किसी विशिष्ट अनुप्रयोग के लिए ग्लास का चयन करना एक कठिन कार्य है। यह मुख्य रूप से उस वातावरण पर निर्भर करता है जिससे कांच का उपयोग होगा और साथ ही प्रदर्शन विनिर्देशों की आवश्यकता होगी। वांछित प्रदर्शन विनिर्देशों को जानने के बाद, ऑप्टिकल, थर्मल, रासायनिक और यांत्रिक गुणों पर कांच का चयन कांच के सर्वोत्तम और किफ़ायती प्रकार का निर्धारण करेगा।

4.3.1 कांच के प्रकार

कांच को प्राकृतिक और कृत्रिम कांच के रूप में वर्गीकृत किया जा सकता है। रासायनिक संरचना और वाणिज्यिक ब्रांड के आधार पर बाजार में कई प्रकार के कांच उपलब्ध हैं। निम्न तालिका 4.1 संक्षिप्त विवरण देती है।

तालिका 4.1: कांच की संरचना और अनुप्रयोग

उत्पाद	संयोजन % में	अनुप्रयोग
सोडा लाइम कांच	SiO_2 - 71, Na_2O – 14 CaO – 13 , Al_2O_3 - 02	ग्लेज़िंग दरवाजे, खिड़कियां, साधारण कांच के सामान
लेड ग्लास या फ्लिंट कांच	SiO_2 - 46, Na_2O – 03 K_2O – 06 , $Pb\,O$ – 45	बिजली के बल्ब, ऑप्टिकल कांच

उत्पाद	संयोजन % में	अनुप्रयोग
बोरोसिलिकेट कांच	SiO_2 -71 B_2O_3-13, Na_2O or K_2O-8, Al_2O_3 - 08	प्रयोगशाला के उपकरण, बर्तन
शीट कांच	SiO_2 - 64, Mg O – 10 , Al_2O_3 - 26	प्रदर्शन पेटी/बॉक्स
खिड़की के लिए कांच	SiO_2 - 72, Na_2O – 15 CaO-08 , Al_2O_3 – 01, MgO-04	निर्माण खिड़कियां
कंटेनर कांच	SiO_2 - 72, Na_2O – 13 CaO – 10 , Al_2O_3 - 02 K_2O – 06, MgO - 04	रासायनिक, तरल पदार्थ के लिए कंटेनर
लाइट बल्ब कांच	SiO_2 - 73, Na_2O – 17 CaO – 05 , Al_2O_3 - 01 MgO - 04	बिजली के बल्ब, पतले कांच
ई-ग्लास (फाइबर)	SiO_2 - 54, Na_2O – 01 CaO – 17 , Al_2O_3 - 15 MgO - 04, B_2O_3 -09	ऑटोमोटिव, इलेक्ट्रॉनिक सामान

4.3.2 कांच विनिर्माण (ग्लास मैन्युफैक्चरिंग)

ग्लास / काँच निर्माण को सतत प्रक्रिया और बैच प्रक्रिया के रूप में वर्गीकृत किया जा सकता है।

सतत प्रक्रिया

यहां एक ग्लास पाइप बनाने के ऑपरेशन को सतत प्रक्रिया के लिए एक उदाहरण के रूप में समझाया गया है। इस प्रक्रिया में पिघला हुआ ग्लास फीडर से लगातार डाला जाता है, मेंड्रल का धुरा पिघला हुआ पदार्थ ओवन में धकेलता है और इसके लिए आवश्यक खोखले स्थान को बनाए रखने के लिए संपीड़ित हवा को नियमित रूप से पारित किया जाता है। दूसरे छोर पर आवश्यक लंबाई और आकार की निगरानी की जाती है । प्रक्रिया चित्र 4.37 में दिखाई गई है। यह समान और एक जैसे उत्पादों के बड़े पैमाने पर उत्पादन के लिए उपयुक्त है।

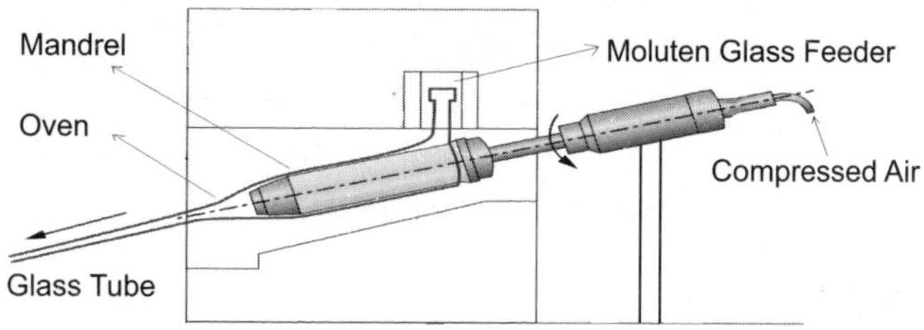

चित्र 4.37: सतत प्रक्रिया

बैच प्रक्रिया

इस प्रक्रिया में निरंतर प्रक्रिया जैसी सभी गतिविधियाँ समान होती हैं केवल परिवर्तन होता है, उत्पादन के प्रत्येक बैच के बाद बनने वाले डाई को बदलना । किसी भी कांच उत्पाद के प्रवाह चार्ट को चित्र 4.38 द्वारा समझाया जा सकता है। कच्चे माल को गर्म किया जाता है और फिर आवश्यक आकार और प्रकार के डाई में पारित किया जाता है, इसके तुरंत बाद शीतलन, परिष्करण, निरीक्षण और पैकेजिंग किया जाता है । एक बैच में एक तरह के उत्पाद बनाए जाएंगे। डिजाइन और उत्पाद को बदलने के लिए, डाई को प्रवाह रेखा में वांछित डाई से प्रतिस्थापित किया जाता है। यह प्रक्रिया विभिन्न आकार और रंग के कांच के उत्पाद बनाने के लिए उपयोगी है ।

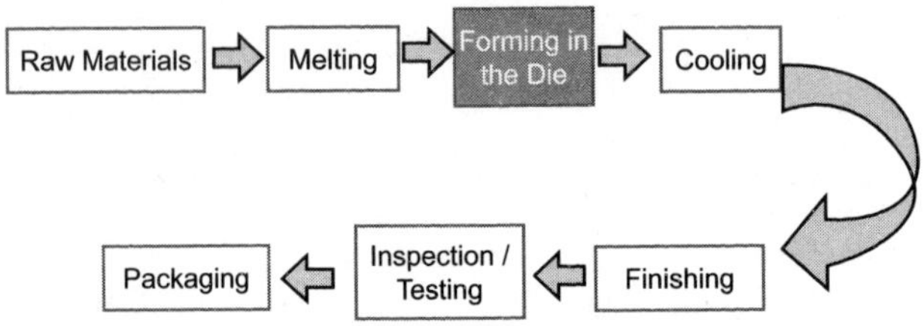

चित्र 4.38: बैच प्रक्रिया

4.3.3 कांच कटिंग (ग्लास कटिंग)

ग्लास कटिंग एक बहुत ही विशिष्ट प्रकार का काम है जहाँ ऑपरेटर को कौशल और व्यावहारिक बुद्धि का उपयोग करना होता है। कांच काटने की तकनीक 17 वीं शताब्दी में शुरू हुई, बाद में वर्ष 1900 से कांच काटने वाले उद्योगों में अधिक विकास और चुनौतियां देखी गईं। वर्ष 1930 से जैसे ही ऑटोमोबाइल उद्योग ने कांच का उपयोग करना शुरू किया और ऑटोमोबाइल डिजाइनरों ने आयत के अलावा अन्य आकृतियों में खिड़कियों की मांग की, मैन्युअल रूप से संचालित आकार काटने वाली मशीनों का विकास किया गया। विकास अब स्वचालित कंप्यूटर नियंत्रित कांच काटने की मशीनों तक पहुंच गया है। आइए हम निम्नलिखित चित्र 4.39 में कांच काटने के वर्गीकरण को देखें।

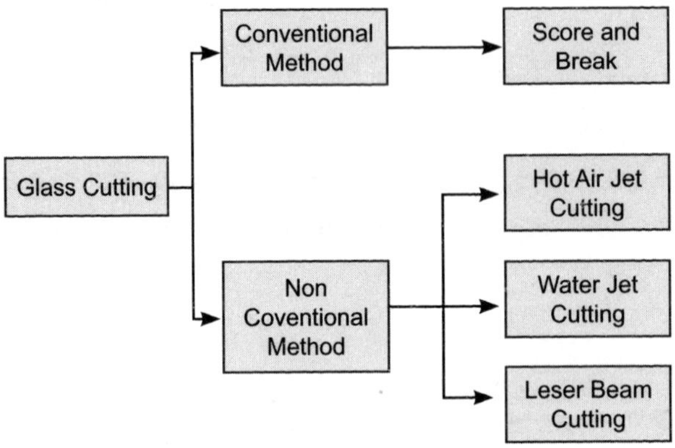

चित्र 4.39: ग्लास कटिंग का वर्गीकरण

ग्लास काटने की पारंपरिक विधि

यह कांच काटने के लिए इस्तेमाल किये जाने वाली अच्छी और पुरानी विधि है। यहां शीशे की कटिंग व्हील कटर या डायमंड प्वाइंट की मदद से की जाती है। इस विधि में कांच को टेबल की समतल चिकनी सतह पर रखा जाता है। कभी-कभी कुशनिंग प्रभाव प्रदान करने के लिए नीचे की सतह को कपड़े या रबड़ शीट से ढका जा सकता है। कांच की सतह को पहले हीरे के बिंदु उपकरण (डायमन्ड पॉइंट टूल) का उपयोग करके चिह्नित और अंकित किया जाता है। कटिंग उपकरण में काटने के संचालन हेतु स्नेहन तेल (लुब्रिकेटिंग आयल) को संगृहीत करने का प्रावधान है। सीधी कटाई लकड़ी या धातु के स्केल की मदद से की जा सकती है। मानवीय त्रुटि से बचने के लिए कुछ समय के लिए उपकरण को एक सीधी रेखा में चलने वाले अनुलग्नक से जोड़ा जाता है जैसा कि चित्र 4.40 में दिखाया गया है। गोलाकार, अण्डाकार और अन्य वक्रता काटने के लिए कुछ रेडीमेड टेम्पलेट होते है । अत्यधिक कौशल या करीबी नियंत्रण के साथ एक बाहरी बल (आमतौर पर उपकरण / हाथ से टैप करना) को स्क्राइबिंग पथ के साथ कांच को तोड़ने के लिए लगाया जाता है। कांच की सतह के संबंध में डायमन्ड पॉइंट टूल के कटाई फेस की स्थिति उल्लेखनीय और महत्वपूर्ण है क्योंकि यदि

एक इष्टतम कोण (ऑप्टीमम एंगल) नहीं बनाए रखा जाता है, तो मध्य दरार ऊर्ध्वाधर दिशा से विचलित हो सकती है और कांच का फ्रैक्चर काटने की रेखा के साथ मेल नहीं खाएगा।

चित्र 4.40: ग्लास काटने की पारंपरिक विधि

ग्लास काटने की गैर-पारंपरिक विधि

हाल के दिनों में कांच प्रौद्योगिकी की प्रगति के साथ कांच वास्तु, चिकित्सा, मोटर वाहन, फ्लैट पैनल डिस्प्ले और इलेक्ट्रॉनिक्स अनुप्रयोगों में सबसे महत्वपूर्ण इंजीनियरिंग सामग्री में से एक बन गया है। आकृति और आकार में कठिनाई के स्तर में वृद्धि के साथ सटीक और सूक्ष्म काटने की तकनीक होना वांछनीय है। गैर पारंपरिक कांच काटने की तकनीक ऐसी चुनौतियों का समाधान दे सकती है। आधुनिक उद्योगों में आमतौर पर लेजर तकनीक का उपयोग अच्छी गुणवत्ता, सतह फिनिश और संचालन की उच्च गति प्राप्त करने के लिए किया जाता है। लेजर बीम कांच काटने की विधि को चित्र 4.41 की सहायता से यहाँ समझाया गया है। ग्लास को टेबल पर रखा जाता है और ड्राइंग को कंप्यूटर को फीड किया जाता है, कंट्रोलर लेजर हेड को पोजिशन लेने के लिए सिग्नल देता है। वांछित आकार लेजर बीम द्वारा काटा जाता है । वाटर जेट और हॉट एयर जेट कटिंग का उपयोग सटीक और किफ़ायत के आधार पर भी किया जाता है।

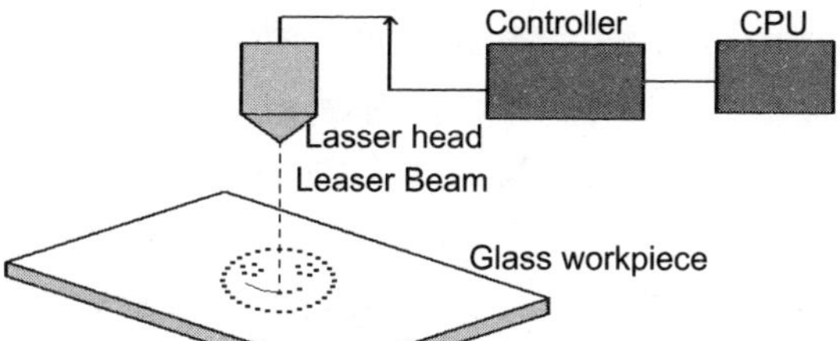

चित्र 4.41: ग्लास काटने की गैर-पारंपरिक विधि

रोचक तथ्य

- 17वीं शताब्दी के अंत में बोहेमिया एक महत्वपूर्ण कांच-उत्पादक क्षेत्र बन गया, और यह २०वीं शताब्दी की शुरुआत तक महत्वपूर्ण बना रहा। 17वीं शताब्दी तक इंग्लैंड विनीशियन परंपरा में कांच बना रहा था जो अपनी सादगी के लिए उल्लेखनीय था।
- कांच निर्माता जॉर्ज रेवेन्सक्रॉफ्ट ने लगभग 1675 में पता लगाया कि विनीशियन-प्रकार के ग्लास में लेड ऑक्साइड मिलाने से एक ठोस, भारी कांच बनता है। लेड क्रिस्टल, जैसा कि ज्ञात था, उसके बाद बढ़िया टेबलवेयर के लिए एक पसंदीदा प्रकार का कांच बन गया।

- रोमन और मिस्र के लोग संभवतः सिलिका के लिए कच्चे माल के रूप में जमीन के सीपियों के साथ मिश्रित रेत और सोडा के स्रोत के रूप में चूने और हार्ड लकड़ी की राख का उपयोग करते थे।
- काँच भौतिक रूप में ठोस (या तरल) होते हुए भी आसानी से टूट सकता है। लेकिन क्या आप जानते हैं कि शीशा किस रफ्तार से टूटता है? दिलचस्प बात यह है कि कांच की दरारें लगभग 3000 मील/घंटा या 4828 किलोमीटर/घंटा की अविश्वसनीय गति से चलती हैं। इसकी तुलना में शुष्क हवा में ध्वनि की गति लगभग 767 मील/घंटा है।
- कांच को पूरी तरह से विघटित होने में लगभग 1 मिलियन वर्ष लगते हैं। नतीजतन, कांच वास्तव में अन्य सामग्रियों की तुलना में पर्यावरण के अनुकूल नहीं है।

वीडियो संसाधन

Glass

Glass Processing

Glass Processing

यूनिट सारांश

- बढ़ईगीरी का काम मुख्य रूप से इमारतों, जहाजों, लकड़ी के पुलों, कंक्रीट फॉर्मवर्क आदि के निर्माण में निर्माण सामग्री को काटने, आकार देने और स्थापित करने के लिए होता है। अधिकांश जटिल भागों को आमतौर पर कास्टिंग प्रक्रिया के साथ निर्मित किया जाता है।
- एक बढ़ई का काम आंतरिक डेकोरेशन तक भी हो सकता है, जिसके लिए एक जॉइनर के कुछ कौशल की आवश्यकता होती है। ये कार्य शामिल है : दरवाजे के फ्रेम, अलमारियाँ, काउंटरटॉप्स, और मिश्रित मोल्डिंग और ट्रिम बनाना ।
- काटने के उपकरण में सॉ, छेनी और गॉज शामिल हैं। इनका उपयोग मूल रूप से लकड़ी को वांछित आकार, प्रकार और आयामों में काटने के लिए किया जाता है। आमतौर पर परिष्करण कार्य विभिन्न प्रकार की छेनी से किया जाता है।
- बढ़ईगीरी के काम में इस्तेमाल होने वाले प्रहार उपकरण वजन में हल्के होते हैं और हल्के वार के लिए उपयोग किए जाते हैं। बढ़ईगीरी की दुकान में आम तौर पर मैलेट और कुछ कास्ट आयरन हथौड़ों का उपयोग प्रहार उपकरण के रूप में किया जाता है।
- पॉवर उपकरण दक्षता बढ़ाते हैं और इनसे निकट सहिष्णुता और उत्तम सटीकता प्राप्त की जा सकती है।
- 'प्लास्टिक' शब्द ग्रीक शब्द 'प्लास्टिकोस' से लिया गया है, जिसका अर्थ "मोल्डिंग के लिए उपयुक्त" है। जब भी हम मैटेरियल्स के बारे में बात करते हैं तो हम प्लास्टिसिटी शब्द का उपयोग करते हैं, यह सभी सामग्रियों का सामान्य गुण है जिसमें बिना टूटे स्थायी विरूपण प्राप्त होता है।

अभ्यास

विषयात्मक प्रश्न

क्र.	प्रश्न	CO	BL	PO	PI कोड
1.	व्यावसायिक शिक्षा में बढ़ईगीरी की आवश्यकता की विवेचना कीजिए ।	4	L1	1	1.4.1

क्र.	प्रश्न	CO	BL	PO	PI कोड
2	विभिन्न क्षेत्रों में लकड़ी के अनुप्रयोगों को सूचीबद्ध करें ।	4	L1	1	1.4.1
3	काटने के विभिन्न उपकरणों का वर्णन कीजिए ।	4	L1	1	1.4.1
4	काष्ठ उद्योगों में पॉवर उपकरणों की आवश्यकता की विवेचना कीजिए ।	4	L1	1	1.4.1
5	बढ़ईगीरी के काम में ड्रिलिंग उपकरणों का वर्णन करें ।	4	L1	1	1.4.1
6	उपयुक्त उदाहरणों के साथ प्लास्टिक के प्रकारों की व्याख्या करें ।	4	L1	1	1.4.1
7	प्लास्टिक के अनुप्रयोग क्षेत्रों को सूचीबद्ध करें ।	4	L1	1	1.4.1
8	उपयुक्त रेखाचित्र के साथ इंजेक्शन मोल्डिंग विधि का वर्णन करें ।	4	L1	1	1.4.1
9	स्वच्छ चित्र के साथ घूर्णी मोल्डिंग प्रक्रिया की चर्चा करें ।	4	L1	1	1.4.1
10	चर्चा करें कि आपको कांच की आवश्यकता क्यों है ।	4	L1	1	1.4.1
11	काँच बनाने की सतत विधि का वर्णन कीजिए ।	4	L1	1	1.4.1
12	कांच काटने की किसी एक गैर-पारंपरिक प्रक्रिया पर चर्चा करें ।	4	L1	1	1.4.1

बहुविकल्पीय प्रश्न

क्र.	प्रश्न	उत्तर	CO	BL	PO	PI Code*
1	निम्न में से किस उपकरण का प्रयोग सतह को समतल बनाने के लिए किया जाता है? (a) धातु जैक प्लेन (b) मैलेट (c) ट्राई स्क्रायर (d) छेनी	(a)	4	L1	1	1.4.1
2	निम्नलिखित में से कौन काटने का उपकरण नहीं है? (a) छेनी (b) रिप सॉ (c) फ़ाइल (d) ट्राय स्क्रायर	(d)	4	L1	1	1.4.1
3	लंबी प्लास्टिक की छड़ें और ट्यूब किसके द्वारा निर्मित होते हैं । (a) संपीड़न मोल्डिंग (b) एक्सट्रूज़न (c) इंजेक्शन मोल्डिंग (d) ब्लो मोल्डिंग	(b)	4	L1	1	1.4.1
4	निम्नलिखित में से कौन थर्मोप्लास्टिक सामग्री का उदाहरण है? (a) कैमरा बॉडी (b) ऑटोमोबाइल पार्ट्स (c) इलेक्ट्रिक प्लग (d) इलेक्ट्रिक इन्सुलेशन	(d)	4	L1	1	1.4.1
5	खोखले काँच के उत्पादन के लिए किस फोर्मिंग विधि का उपयोग किया जाता है? (a) ब्लोइंग (b) प्रेसिंग (c) ड्रॉइंग (d) कास्टिंग	(a)	4	L1	1	1.4.1

*प्रदर्शन संकेतक कोड एआईसीटीई परीक्षा सुधार दस्तावेज से संदर्भित है ।

अधिक जानिए

- शिक्षकों को बढ़ईगीरी के काम में इस्तेमाल होने वाले विभिन्न पॉवर उपकरणों और जॉब सामग्री को पकड़ने के लिए जिग्स और फिक्सचर के बारे में पता होना चाहिए ।
- निर्माण और इंजीनियरिंग कार्य के लिए अनुप्रयोगी लकड़ी और अन्य संबद्ध सामग्री के विभिन्न रूप ।
- इंजीनियरिंग उत्पादों के लिए प्लास्टिक मोल्डिंग के अनुप्रयोग । प्लास्टिक को आकार देने वाली छोटी गतिविधियाँ ।
- सौंदर्य और शिल्पविद्या-संबंधी अनुप्रयोगों के लिए कांच का निर्माण ।

संदर्भ एवं अध्ययन हेतु सुझाव

1. Hajra Choudhury S.K., Hajra Choudhury A.K. and Nirjhar Roy S.K., "Elements of Workshop Technology", Vol. I 2008 and Vol. II 2010, Media promoters and publishers private limited, Mumbai.
2. Groover, Mikell P, "Fundamentals of modern manufacturing: materials, processes and Systems", 4th Ed. 2007, John Wiley & Sons, Inc.
3. Salman Nisar, Lin Li, M. A. Sheikh, "Laser glass cutting techniques—A review", Journal of Laser Applications Volume 25, Number 4 August 2013.
4. Roy A. Lindberg, "Processes and Materials of Manufacture", 4th edition, Prentice Hall, India, 1998.
5. NPTEL course on "Processing of non-metals" by Dr. Inderdeep Singh, Department of Mechanical Engineering, IIT Roorkee.

5 धातु ढलाई, वेल्डिंग, ब्रेज़िंग

यूनिट विशिष्ट

इस यूनिट में निम्नलिखित विषयों पर विस्तार से चर्चा की गई है:

- धातु कास्टिंग का वर्गीकरण
- स्थायी मोल्ड कास्टिंग
- ढलाई अभिकल्पन के विचार
- आर्क वेल्डिंग और गैस वेल्डिंग
- ब्रेज़िंग ऑपरेशन

पाठकों में जिज्ञासा और रचनात्मकता पैदा करने के लिए यहां विषयों के औद्योगिक और सामान्य अनुप्रयोगों पर चर्चा की गई है।

भूमिका

हम उस दुनिया में रह रहे हैं जहां हर कोई ढलाई (कास्टिंग) पर निर्भर है, ढलाई के बिना कोई ऑटोमोटिव, एयरोस्पेस, पवन ऊर्जा टर्बाइन, सिंचाई पंप, कृषि उपकरण, गहने, मूर्तियां, घरेलू उपकरण, चिकित्सा उपकरण और बहुत कुछ नहीं होगा । इस तरह कास्टिंग ने सभी की जिंदगी को छू लिया है। धातु की ढलाई एक आधुनिक प्रक्रिया है जिसकी जड़ें प्राचीन काल से जुड़ी है । धातु की ढलाई प्रक्रिया में, पिघली हुई धातु को एक सांचे की कैविटी में डालकर धातु की आकृतियाँ बनाई जाती हैं, जहाँ इसे ठंडा किया जाता है और बाद में सांचे से निकाला जाता है । धातु की ढलाई यकीनन इतिहास की सबसे प्रारंभिक और सबसे प्रभावशाली औद्योगिक प्रक्रिया है। इसका उपयोग हमारे दैनिक जीवन में उपयोगी अनेक धातुओ की वस्तुओं को बनाने के लिए किया जाता है । साथ ही धातु ढलाई-घर, कच्चे माल के लिए धातु रीसाइक्लिंग पर "लागत-कुशल स्रोत" के रूप में भरोसा करते हैं, स्क्रैप धातु को काफी कम बर्बाद करते हैं जो अन्यथा गड्ढों की भराई में खत्म हो जाती ।

वेल्डिंग दो या दो से अधिक, समान या भिन्न सामग्रियों के बीच, एक निश्चित तापमान पर, प्रेशर के प्रयोग के साथ या बिना, या अकेले प्रेशर द्वारा, भराव सामग्री के साथ या बिना, बनाया एक स्थायी जोड़ है । वेल्डिंग का सभी इंजीनियरिंग क्षेत्रों में व्यापक रूप से अनुप्रयोग किया जाता है । ब्रेज़िंग भी उच्च तापमान पर स्थायी जोड़ बनाने की प्रक्रियाओं में से एक है । यह प्रक्रिया विभिन्न आधार सामग्रियों को स्थायी रूप से जोड़ने का अवसर प्रदान करती है । ब्रेज़िंग प्रक्रिया घरेलू से औद्योगिक क्षेत्रों तक के लिए अनुप्रयोगी साबित हुई है ।

निम्नलिखित चित्र आपको कास्टिंग, वेल्डिंग और ब्रेजिंग के अनुप्रयोगों को समझने में मदद करेंगे । ट्रैक्टर और ट्रकों के रिम (व्हील ड्रम्स) कास्टिंग ऑपरेशन द्वारा बनाए जाते हैं, वेल्डिंग न केवल मानव ऑपरेटर द्वारा किया जाता है बल्कि रोबोट का उपयोग

स्वचालित उद्योगों में भी किया जाता है । उच्च तापमान पर विभिन्न सामग्रियों में जोड़ने के लिए ब्रेज़िंग का उपयोग किया जाता है, रेफ्रिजरेटर कंप्रेसर को ब्रेज़िंग ऑपरेशन द्वारा ब्रेज़ किया जाता है ।

व्हील ड्रम कास्टिंग

रोबोटिक वेल्डिंग

कंप्रेसर-ब्रेजिंग

पूर्व अपेक्षित ज्ञान

- ड्राइंग
- सामान्य सुरक्षा उपाय
- हाथ उपकरण
- मैटेरियल्स के बारे में जानकारी: स्टील, लकड़ी, प्लास्टिक और कांच

यूनिट आउटकम्स (UOs)

विद्यार्थी सक्षम होंगे:

U5-O1:	विभिन्न ढलाई प्रक्रियाओं की पहचान करना ।
U5-O2:	ढलाई अभिकल्पन के विचार समझना ।
U5-O3:	वेल्डिंग ऑपरेशन्स की आवश्यकता समझना ।
U5-O4:	दी गई ड्राइंग के अनुसार वेल्डिंग मॉडल बनाना ।
U5-O5:	ब्रेजिंग ऑपरेशन से परिचित होंना ।

कोर्स आउटकम्स (COs) के साथ यूनिट आउटकम्स (UOs) का परस्पर संबंध

यूनिट – 5 आउटकम्स (UOs)	कोर्स आउटकम्स (COs) के साथ अपेक्षित संबंध (1- कमजोर सहसंबंध; 2- मध्यम सहसंबंध; 3- मजबूत सहसंबंध)				
	CO-1	CO-2	CO-3	CO-4	CO-5
U5-O1					1
U5-O2					1
U5-O3					1
U5-O4					2
U5-O5					1

5.1 ढलाई (कास्टिंग)

यह वह प्रक्रिया जिसमें पिघली हुई धातु को वांछित आकार और प्रकार के खोखले कैविटी वाले सांचे में डाला जाता है, बाद में इसे जमने दिया जाता है । प्राप्त ठोस कॉम्पोनेन्ट (उत्पाद) को और साथ ही इस प्रक्रिया को भी कास्टिंग कहा जाता है । अंतिम उत्पाद मोल्ड को तोड़कर या बाहर निकाल कर प्राप्त किया जाता है । कास्टिंग प्रक्रिया सिंगल पीस में कंपोनेंट बनाने में इंजीनियरों को सक्षम बनाती है, जो अक्सर प्रारंभिक कटाई, सतह की तैयारी, मशीनिंग, असेंबली और फेब्रिकेशन और कई अन्य चरणों को को हटा देती है । कास्टिंग प्रक्रिया सरल पार्ट्स से लेकर अत्याधिक जटिल डिजाइन वाले पार्ट्स तक के लिए उपयुक्त है । ढलाई प्रक्रिया अन्य विनिर्माण प्रक्रियाओं के साथ तुलनात्मक रूप से किफायती है । यूनिट 1 में हमने कास्टिंग प्रक्रिया की मूल शब्दावली को समझा । उसी के क्रम में अब आइए कास्टिंग के अन्य पहलुओं का अध्ययन करें ।

5.1.1 कास्टिंग प्रकिया

उद्योगों में सुविधा, आवश्यकता और आर्थिक परिस्थितियों के आधार पर विभिन्न प्रकार की कास्टिंग प्रक्रियाओं का उपयोग किया जाता है । यहाँ एक सामान्य कास्टिंग प्रक्रिया पर निम्नलिखित पंक्तियों में चर्चा की गई है ।

जब पिघली हुई धातु को पोरिंग बेसिन के माध्यम से डिज़ाइन किए गए कैविटी में डाला जाता है, तो पिघली हुई धातु स्प्रू के माध्यम से सिस्टम में प्रवेश करती है, फिर गेटिंग चैनल, अंत में अन्तर्भाग तक पहुँचती है और कैविटी में जमा होती है । कास्टिंग मूल रूप से एक ठोस प्रक्रिया है जहां पिघला हुआ पदार्थ मोल्ड में डाला जाता है और डिज़ाइन किए गए अंतिम आकार में जमने दिया जाता है । पिघली हुई अतिरिक्त धातु राईज़र के माध्यम से उपर उठती है और सिकुड़न की भरपाई करने के लिए अन्तर्भाग की मदद करती है । जब अन्तर्भाग पूरी तरह से भर जाता है तो जमने की प्रक्रिया शुरू हो जाती है । अधिकांश संरचनात्मक विशेषताएं जो अंततः उत्पाद गुणों को नियंत्रित करती हैं, जमने की प्रक्रिया के दौरान निर्धारित की जाती हैं । उसी समय, कई कास्टिंग दोष जैसे गैस सरंध्रता (गैस पोरोसिटी) और ठोसकरण संकोचन (सोलिडीफिकेशन श्रीन्केज) को ठोसकरण प्रक्रिया की निगरानी करके कम या समाप्त किया जा सकता है ।

सॉलिडिफिकेशन दो चरणों में होता है, अर्थात् न्यूक्लिएशन और ग्रोथ, ठोस कास्टिंग प्राप्त करने के लिए इन दोनों चरणों को नियंत्रित करना बहुत अधिक वांछनीय है । न्यूक्लियेशन पिघले हुए तरल के भीतर से शुरू होता है । जब कोई पदार्थ अपने गलनांक से नीचे के तापमान पर होता है, तो ठोस अवस्था में तरल की तुलना में कम ऊर्जा होती है । जैसे ही सॉलिडिफिकेशन होता है, आंतरिक ऊर्जा निकलती है । उसी समय, हालांकि, नए ठोस और मूल तरल के बीच इंटरफ़ेस सतहें बननी चाहिए । आप कल्पना कर सकते हैं कि रेफ्रिजरेटर में एक ट्रे में बर्फ क्यूब्स कैसे बनते हैं, प्रारंभिक सोलिड्स कंटेनर की दीवारों पर बनते है । यही घटना धातुओं और अन्य इंजीनियरिंग मैटेरियल्स के साथ भी उम्मीद की जा सकती है ।

निश्चित अवधि के बाद कास्टिंग को अन्तर्भाग से निकाल लिया जा सकता है और कास्टिंग के प्रकार के आधार पर मोल्ड का पुन: उपयोग या ढहा दिया जा सकता है । अधूरी अपरिष्करित कास्टिंग को मशीनिंग या अनुप्रयोगों के आधार पर किसी भी अन्य उपयुक्त ओपरेशन द्वारा अंतिम परिष्करण के लिए भेजा जा सकता है ।

5.1.2 धातु कास्टिंग का वर्गीकरण

धातु कास्टिंग प्रक्रिया को वर्गीकृत करने के लिए विभिन्न मानदंड हैं; यह गुरुत्वाकर्षण, प्रेशर, मोल्ड डिजाइन आदि पर आधारित हो सकता है । निम्नलिखित चित्र 5.1 में दिखाया गया वर्गीकरण वृक्ष उनमें से एक है जो कास्टिंग के प्रमुख क्षेत्रों को दर्शाता है ।

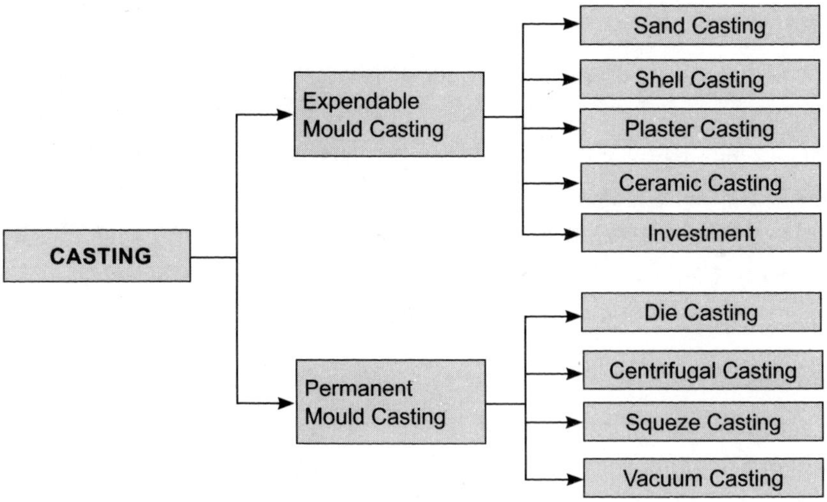

चित्र 5.1: *कास्टिंग का वर्गीकरण*

5.1.3 एक्सपेंडेबल मोल्ड / अस्थाई मोल्ड ढलाई

एक्सपेंडेबल मोल्ड कास्टिंग एक अस्थायी या एकल-उपयोग मोल्ड कास्टिंग विधि है । यहां मोल्ड को तोड़कर या ध्वस्त करके कास्टिंग को निकाला जाता है । इस प्रकार अगले उत्पाद के संचालन के लिए नए मोल्ड की आवश्यकता होती है । एक्सपेंडेबल मोल्ड कास्टिंग के सबसे सामान्य रूप हैं: रेत कास्टिंग, शेल कास्टिंग (आवरण ढलाई), प्लास्टर कास्टिंग, निवेश (लुप्त मोम) कास्टिंग और सिरेमिक कास्टिंग ।

रेत ढलाई (सैंड कास्टिंग)

यह एक एक्सपेंडेबल मोल्ड कास्टिंग या एकल-उपयोग मोल्ड कास्टिंग प्रकार की विधि है जहां प्रत्येक कास्टिंग के लिए मोल्ड बनाने की आवश्यकता होती है । यहां, मोल्डिंग रेत को मोल्डिंग बॉक्स के ड्रैग वाले हिस्से में भर दिया जाता है और लगातार रैमिंग की जाती है । पर्टिंग लाइन के पास पैटर्न का आधा भाग (स्प्लिट पैटर्न) रखा गया है, चित्र 5.2 में इसे संख्या 1 के साथ दिखाया गया है । समतल करने वाले की सहायता से फाउंड्री रेत की उपरी सतह पर एकरूपता प्राप्त की जाती है । एक बार ड्रैग तैयार हो जाने के बाद, बिना सतह को प्रभावित किए कैविटी बनाने के लिए, पैटर्न को धीरे-धीरे हटा दिया जाता है । यहां 2 के रूप में उल्लिखित अन्य आधा पैटर्न कोप में रखा गया है और उसी प्रक्रिया का पालन में किया जाता है जो ड्रैग में की गई थी । पिघली हुई धातु डालने के लिए स्प्रू को उपयुक्त स्थान पर रखा जाता है । सिकुड़न की भरपाई के लिए कैविटी में पिघली हुई धातु के स्तर को बनाए रखने के लिए उपयुक्त स्थान पर राईज़र लगया जाता है । उत्सर्जित गैसों को मोल्ड से बाहर निकलने का रास्ता देने के लिए एयर वेंट होल प्रदान किए जाते हैं । यूनिट को पर्याप्त समय के लिए रखा जाएगा यह देखने के लिए कि पिघली हुई धातु पूरी तरह से जम गई है । उसके बाद कास्टिंग उत्पाद को निकालने के लिए सांचे को तोड़ा जाता है । अधिकांश समय मोल्ड रेत को पुनः उपयोग किया जाता है और उसके लिए उसकी मरम्मत की जाती है ।

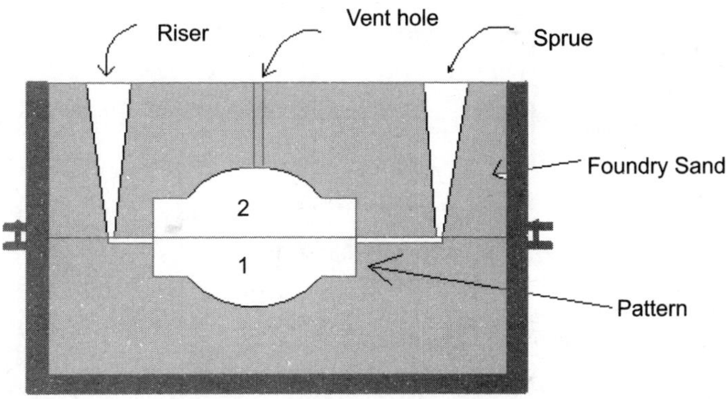

Brass Metal Casting

चित्र 5.2: सैंड कास्टिंग

रेत ढलाई विधि के अनुप्रयोग मूर्ति निर्माण, मोटर वाहन इंजन के पुर्जे, पंप के पुर्जे आदि में मिलते है ।

शैल कास्टिंग (खोल आवरण ढलाई)

प्रक्रिया एक शैल बनाने के लिए रेज़ीन लेपित रेत का उपयोग करती है । प्रक्रिया को नीचे पांच चरणों में समझाया गया है ।

चरण-1: सांचे में रेत भरी जाती है और पैटर्न को मोल्ड बॉक्स के ऊपर रखा जाता है । पैटर्न पर वांछित आकार बनाया जाता है और यह देखने के लिए कि पैटर्न का आकार मोल्ड बॉक्स के आकार के अंदर फिट होना चाहिए ।

चरण-2: मोल्ड को अब घुमाया जाता है और हीटिंग कॉइल के ऊपर रखा जाता है ताकि पैटर्न गर्म हो जाए । जब इसे उल्टा रखा जाएगा तो रेत पैटर्न पर गिरेगी । जब धीरे-धीरे 250 डिग्री सेंटीग्रेड के आसपास हीटिंग कॉइल की मदद से गर्म किया जाता है, तो रेत पैटर्न की सतही रूपरेखा पर जमा होकर चिपक जाती है जिसे सैंड शैल (रेत खोल आवरण) के रूप में जाना जाता है । इस समय रेत लगभग पैटर्न का आकार ले लेती है ।

चरण-3: मोल्ड बॉक्स को अब मूल स्थिति में वापस लाया जाता है, तथा अतिरिक्त रेत को मोल्ड बॉक्स में वापस गिरा दी जाती है और निश्चित मात्रा में रेत की परत पैटर्न की सतही रूपरेखा पर चिपक जाती है ।

चरण-4: यहां इस स्टेप में, पैटर्न को मोल्ड बॉक्स से सावधानीपूर्वक हटा दिया जाता है और कुछ समय के लिए ठंडा होने के लिए रख दिया जाता है । सैंड शैल को धीरे-धीरे पैटर्न से हटा दिया जाता है और एक तरफ रख दिया जाता है । एक या अधिक प्रयास से, सैंड शैल की ऐसी ही आकृति बनती है ।

चरण 5: इस प्रकार बनाये हुए सैंड शेल्स, पिघली हुई धातु को डालने के लिए, कोर की तरह उपयोग किये जाते है । यहां सैंड शेल्स को मोल्ड बॉक्स में रखा जाता है और सैंड शेल्स को चारो तरफ से ग्रीन सैंड से ढक दिया जाता है । वांछित आकार प्राप्त करने के लिए. पिघला हुआ धातु, शैल कैविटी में डाला जाता है ।

कुल प्रक्रिया चित्र 5.3 में दिखाई गई है । यह प्रक्रिया उत्कृष्ट आयामी सटीकता (डाइमेंशनल एक्यूरेसी) प्रदान करती है। शैल-मोल्ड रेत सामान्य फाउंड्री रेत की तुलना में आम तौर पर बेहतर होती है, और प्लास्टिक रेज़ीन के संयोजन से, शुक्ष्म विवरण और चिकनी कास्टिंग सतह प्राप्त करने में सक्षम होती है । यह मोल्ड प्रक्रिया उत्पाद स्थिरता का उत्कृष्ट स्तर प्रदान करती है और सफाई, मशीनिंग और अन्य परिष्करण लागत को काफी कम किया जा सकता है ।

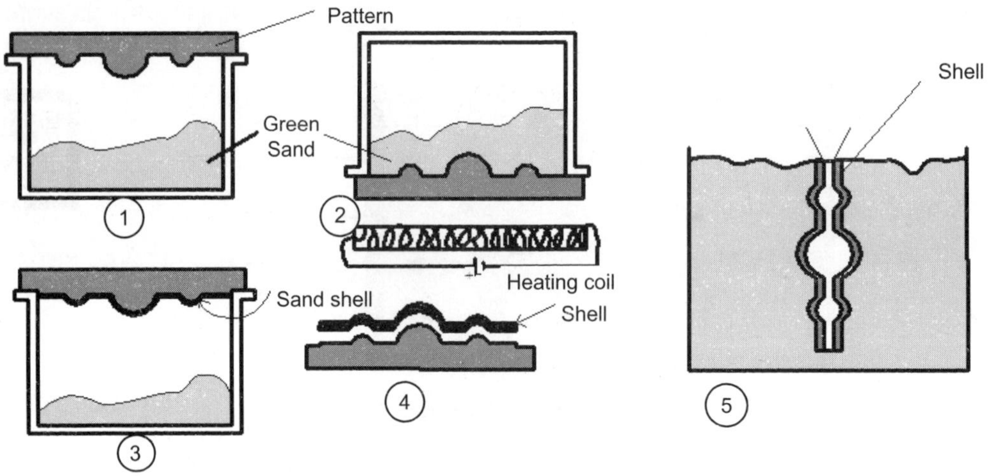

चित्र 5.3: शैल कास्टिंग

प्लास्टर कास्टिंग

प्लास्टर मोल्ड कास्टिंग भी सैंड कास्टिंग के समान है, सिवाय इसके कि यहाँ मोल्डिंग सामग्री रेत के बजाय प्लास्टर ऑफ पेरिस होती है । सांचे को प्लास्टर ऑफ पेरिस से बनाया जाता है और पिघली हुई धातु को मनचाहा आकार देने के लिए कैविटी में डाला जाता है । व्यापक रूप से इस प्रक्रिया का उपयोग अलौह सामग्री (नॉन फेरस मैटेरियल्स) के लिए किया जाता है । कलात्मक मूर्तियों में और चिकित्सा अनुप्रयोगों जैसे फ्रैक्चर हीलिंग उपचार में प्लास्टर ऑफ पेरिस का उपयोग किया जाता है। चित्र 5.4 प्लास्टर मोल्डिंग अनुप्रयोगों को दर्शाता है ।

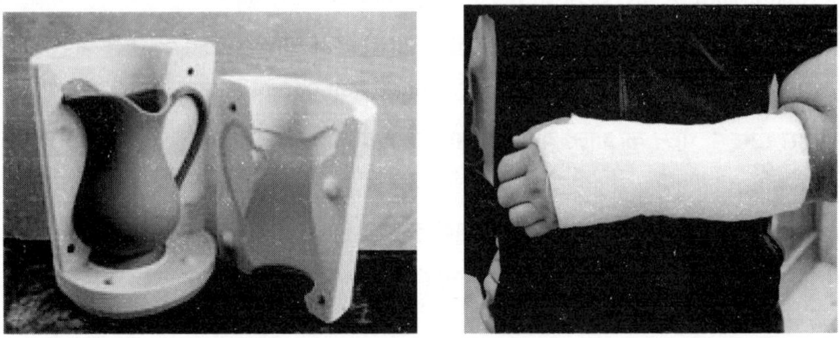

चित्र 5.4: प्लास्टर कास्टिंग (सोर्स: in.pinterest.com, collinsdictionary.com)

सिरेमिक कास्टिंग

यह कास्टिंग प्रक्रिया सिरेमिक को मोल्ड सामग्री के रूप में उपयोग करती है । यह प्लास्टर मोल्ड कास्टिंग और निवेश कास्टिंग का एक संयोजन है ।

इन्वेस्टमेंट कास्टिंग (निवेश ढलाई) / लॉस्ट वैक्स कास्टिंग (लुप्त मोम ढलाई)

निवेश कास्टिंग का उपयोग आमतौर पर जटिल आकार के घटकों को बनाने के लिए किया जाता है, साथ ही सटीक टॉलरेंसेस, पतली दीवारें और बेहतर सतह फिनिश आवश्यक हैं । यह कास्टिंग अपने मोल्ड बनाने की विशिष्टता के कारण बहुत ही खास है । यहां

कॉम्पोनेन्ट का पैटर्न मोम से बनाया जाता है । मोम या तो मधुमक्खी का हो सकता है या आजकल रासायनिक मोम का उपयोग किया जाता है । पैटर्न एक मोम के पेड़ से जुड़े होते हैं जिसे बाद में कोलाइडल सिलिका और एल्यूमिना युक्त महीन सिरेमिक घोल में डुबोया जाता है । डूबे हुए पेड़ को सुखाया जाता है और ओवन के अंदर लगभग 1000 डिग्री सेंटीग्रेड तक मोम को पिघलाने के लिए गरम किया जाता है । मोम को अगले चक्र में पुन: उपयोग करने के लिए वापस एकल किया जाता है । पेड़ को रेत से तलछट (सिक्त) किया गया है और अब यह पिघली हुई धातु डालने के लिए तैयार है । मोल्ड के ठंडा होने के बाद कोटिंग को हटाने और कास्टिंग को साफ करने के लिए कंपन या वॉटर जेट का उपयोग किया जाता है । इस कास्टिंग का व्यापक रूप से उपयोग सटीक पार्ट्स के लिए किया जाता है । एयरोस्पेस, रक्षा, चिकित्सा, मोटर वाहन, तेल और गैस और अन्य क्षेत्रों में इस प्रक्रिया का अनुप्रयोग होता है । मोम पेड़ (वैक्स ट्री) को चित्र 5.5 में दिखाया गया है ।

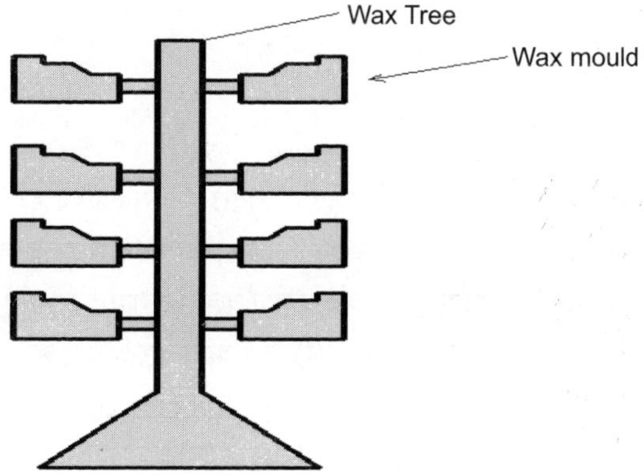

चित्र 5.5: इन्वेस्टमेंट कास्टिंग

5.1.4 स्थायी मोल्ड कास्टिंग

स्थायी मोल्ड कास्टिंग का उपयोग, बड़ी संख्या में कास्टिंग के उत्पादन के लिए, एकल पुन: प्रयोज्य मोल्ड का उपयोग करके किया जाता है । आमतौर पर मोल्ड स्टील तत्वों द्वारा बनाया जाता है । इस कास्टिंग प्रक्रिया में पिघले हुए धातु को मोल्ड कैविटी में डाला जाता है, बाद में यह ठंडा हो जाता है और जम जाता है । कुछ समय बाद, कास्टिंग को निकालने के लिए मोल्ड को खोला जाता है । चूंकि मोल्ड स्थायी होता है इसलिए इसे अगले चक्र के लिए पुन: उपयोग किया जाता है । विभिन्न प्रकार के स्थायी मोल्ड का उपयोग, कई कास्टिंग प्रक्रियाओं, जैसे ग्रेविटी डाई कास्टिंग (जी.डी.सी.), लो प्रेशर डाई कास्टिंग (एल.पी.डी.सी.), हाई प्रेशर डाई कास्टिंग (एच.पी.डी.सी.), सेंट्रीफ्यूगल कास्टिंग (सी.एफ.सी.), स्क्वीज कास्टिंग (एस.सी.), सतत कास्टिंग (सी.सी.) में किया जाता है ।

डाई कास्टिंग

इस प्रक्रिया में पुन: उपयोग के लिए स्थायी धातु/स्टील डाई बनाई जाती है । डाई कास्टिंग के विभिन्न रूप हैं: ग्रेविटी डाई कास्टिंग, हाई प्रेशर डाई कास्टिंग, लो प्रेशर डाई कास्टिंग । प्रक्रिया चित्र 5.6 में दिखाई गई है । यह लगभग इंजेक्शन मोल्डिंग मशीन जैसा दिखता है । प्रेशर डाई कास्टिंग में उचित संग्रहण के लिए पिघली हुई धातु को कैविटी में धकेला जाता है । प्रेशर रेंज 10 से 210 एम.पीए. तक हो सकती है । ग्रेविटी डाई कास्टिंग के मामले में, पिघली हुई धातु गुरुत्वाकर्षण बल द्वारा कैविटी में डाली जाती है । कुछ निश्चित अवधि के बाद कैविटी में सोलिडीफिकेशन होता है । मोल्ड को इजेक्टर पिन की मदद से पीछे धकेला जाता है । तैयार कास्टिंग निकाल ली जाती है और मोल्ड अगले चक्र संचालन के लिए तैयार हो जाएगा । डाई कास्टिंग का उपयोग ऑटोमोटिव, इलेक्ट्रिकल और अन्य घरेलू / औद्योगिक उपकरणों में किया जाता है ।

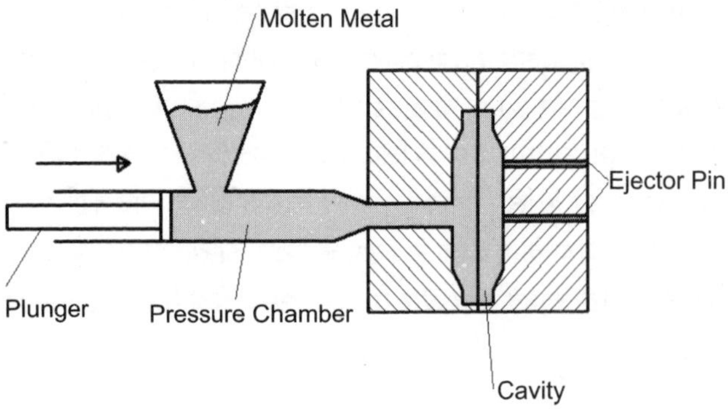

चित्र 5.6: डाई कास्टिंग

अपकेंद्री ढलाई (सेन्ट्रीफ्यूगल कास्टिंग)

यह विधि ट्यूबलर पाइप और छोटे व्यास के पाइप बनाने के लिए उपयुक्त है । मोल्ड को इलेक्ट्रिक मोटर की मदद से क्षैतिज या ऊर्ध्वाधर दिशा में घुमाया जाता है और पिघली हुई धातु को करछुल (लेडल) की मदद से डाला जाता है । प्रक्रिया पिघली हुई धातु को पहले से गरम, स्पिनिंग डाई में डालने के साथ शुरू होती है । गुरुत्वाकर्षण बल से लगभग 100 गुना अधिक प्रेशर पर मोल्ड में पिघली हुई धातु को फैलाने के लिए केन्द्रापसारक बल (सेन्ट्रीफ्यूगल फ़ोर्स) यहां कार्य करता है । इस लागू दबाव और नियंत्रित ठोसकरण प्रक्रिया के कारण यह बेहतर गुणवत्ता वाले पुर्जों का उत्पादन करता है । एक बार कास्टिंग जमने के पार्ट को डाई से निकाल लिया जाता है । यह प्रक्रिया पाइप और छोटे व्यास के सिलेंडर उत्पादन में अनुप्रयोगित होती है । प्रक्रिया चित्र 5.7 में दिखाई गई है ।

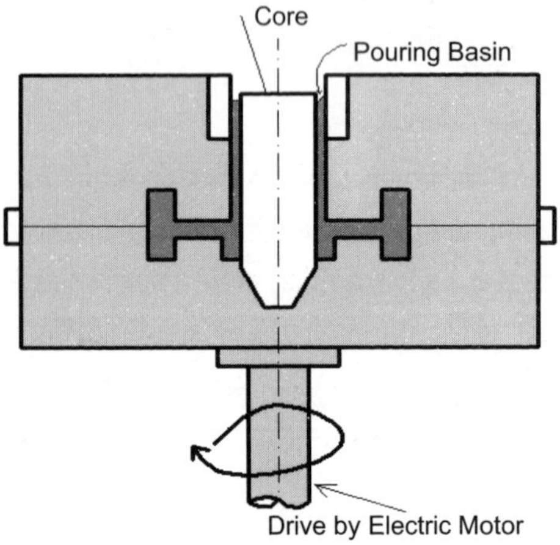

चित्र 5.7: अपकेंद्री ढलाई (सेन्ट्रीफ्यूगल कास्टिंग)

निचोड़ ढलाई (स्क्वीज़ कास्टिंग)

स्क्वीज़ कास्टिंग जैसा कि नाम से ही पता चलता है कि ढलाई पिघली हुई धातु को निचोड़कर की जाती है । इसे तरल फोर्जिंग के रूप में भी जाना जाता है । दूसरे शब्दों में यह एक हाइब्रिड धातु फोर्मिंग प्रक्रिया है जो डाई फोर्जिंग के साथ स्थायी मोल्ड कास्टिंग का संयुक्तिकरण है । विशिष्ट मात्रा में पिघला हुआ धातु एलाय, पहले से गरम और चिकनाई युक्त नीचले डाई हिस्से में डाला जाता है और बाद में ऊपरी डाई द्वारा निचले डाई पर दबाव डाला जाता है । ऊपर की और नीचे की दोनों डाई पर वांछित आकृति बनाई जाती है । जमने के बाद, निचोड़ी हुई ढलाई को, नीचली डाई से निकाल लिया जाता है । इसे चित्र 5.8 में दिखाया गया है ।

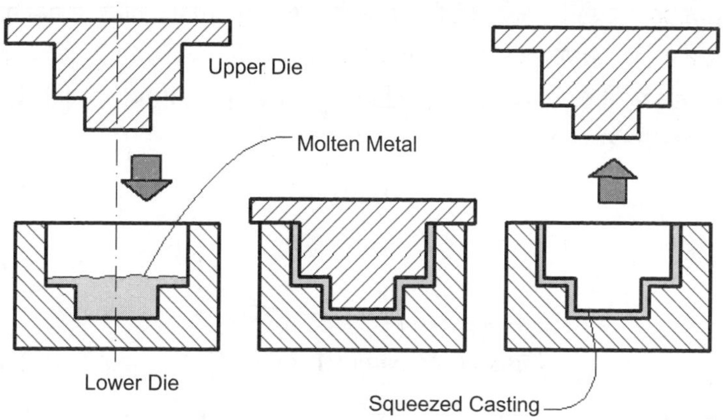

चित्र 5.8: स्क्वीज़ कास्टिंग

वैक्यूम कास्टिंग

वैक्यूम फोर्मिंग प्रक्रिया में प्लास्टिक शीट को गर्म किया जाता है और फिर इसे वांछित आकार की ढलाई में बनाने के लिए मोल्ड पर रखा जाता है । वैक्यूम को मोल्ड के नीचे से लगाया जाता है इसलिए मोल्ड, कैविटी पर सेट हो जाता है । अगले चरण में, प्लास्टिक शीट को सख्त होने तक ठंडा किया जाता है । फिर तैयार भाग को सांचे से निकाल लिया जाता है । इस प्रक्रिया को थर्मोफॉर्मिंग प्रक्रिया के रूप में भी जाना जाता है क्योंकि प्लास्टिक की चादरें मोल्ड में आने से पहले ही गरम होती हैं । प्रक्रिया चित्र 5.9 में दिखाई गई है । वैक्यूम कास्टिंग प्रक्रिया एयरोस्पेस, ऑटोमोटिव पार्ट्स, मेडिकल डिवाइसेज, कंज्यूमर गुड्स, प्रोस्थेटिक्स, सजावटी वस्तुएं, आभूषण, शोपीस और दीवार सजावट पट्टिका में अनुप्रयोगित होती है ।

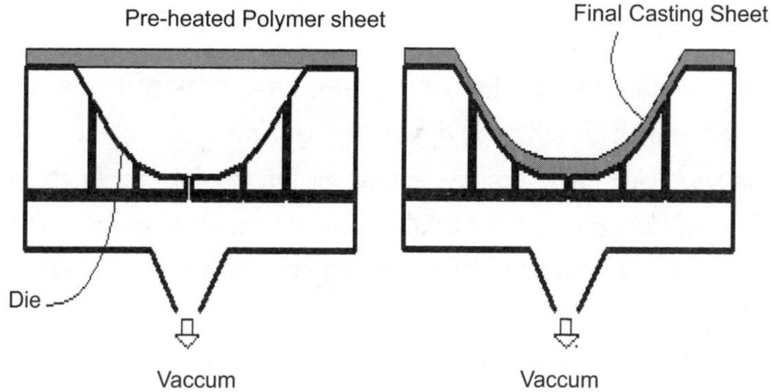

चित्र 5.9: वैक्यूम कास्टिंग

5.1.5 ढलाई अभिकल्पन के विचार (कास्टिंग डिजाईन कन्सिडरेशंस)

ठोस कास्टिंग बनाने के लिए निम्नलिखित डिजाइन विचारों का पालन किया जाना है ।

- **फिलेट त्रिज्या का प्रावधान:** तेज कोनों को गोल किया जाना चाहिए ताकि यह कॉम्पोनेन्ट की एंडड्यूरेंस लिमिट को बढ़ाए और कास्टिंग के दौरान भंगुर ठंडा किनारों के निर्माण को कम कर सके । अन्यथा यह नुकीला कोना एक तनाव संकेंद्रक (स्ट्रेस कांसेंन्ट्रेटर) के रूप में कार्य करता है । यह चित्र 5.10 में दिखाया गया है ।

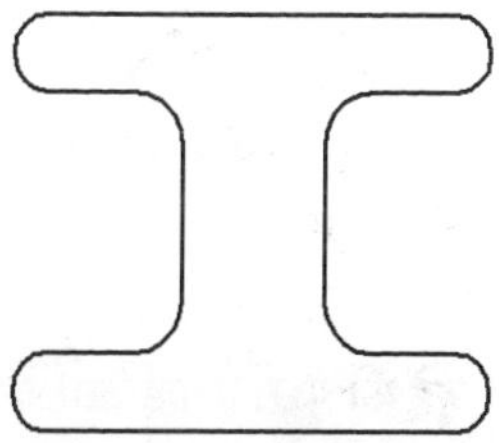

चित्र 5.10: आई सेक्शन

- क्रॉस-सेक्शन में अचानक परिवर्तन से बचें: कास्टिंग के क्रॉस-सेक्शन में अचानक परिवर्तन या विषम परिवर्तन से बचना चाहिए क्योंकि इसके परिणामस्वरूप उच्च तनाव सांद्रता (हाई स्ट्रेस कांसेंन्ट्रेशन) होती है । यदि आवश्यक हो तो मोटाई में धीरे-धीरे बदलाव कर सकते है । यह चित्र 5.11 में दिखाया गया है । यह अनुशंसा की जाती है कि जहां तक संभव हो मोटाई को पूरी लंबाई में एक समान रखना चाहिए ।

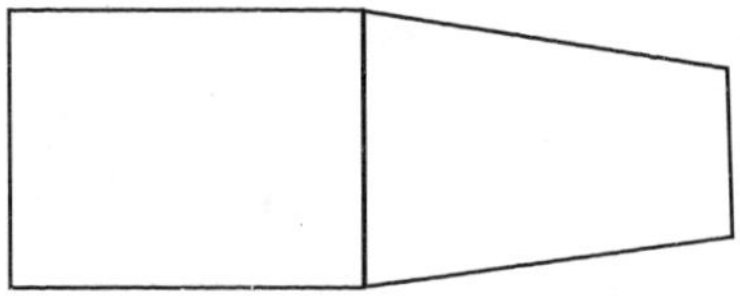

चित्र 5.11: शंकु अनुभाग (टेपर सेक्शन)

- **टेंशन की तुलना में कम्प्रेशन में घटक का डिज़ाइन:** आधार को शीर्ष की तुलना में चौड़ा डिज़ाइन किया जाना चाहिए ताकि पूरा कॉम्पोनेन्ट टेंशन की तुलना में कम्प्रेशन का अनुभव करे ।
- **पूर्ण कोर का उपयोग करें:** संयुक्त आधे कोर के बजाय पूर्ण कोर होना हमेशा बेहतर होता है । लागत को कम किया जा सकता है और अधिक आयामी सटीकता (डाईमेंशनल एक्यूरेसी) प्राप्त की जा सकती है ।
- **गेट, रनर और राइजर डिजाइन:** इन्हें पिघला हुआ धातु डालने के लिए पैटर्न के साथ जोड़ा जाना आवश्यक है, उन्हें ठीक से रखा जाना चाहिए और आयामों में अचानक बदलाव से बचा जाना चाहिए ।
- **सतह फिनिश:** कास्टिंग की सतह फिनिश पूरी तरह से पैटर्न की सतह फिनिश पर निर्भर करती है, इसलिए यह वांछनीय है कि पैटर्न में अच्छी सतह फिनिश होनी चाहिए ।
- **एकरूप मोटाई:** पैटर्न की मोटाई और सेक्शन को यथासंभव एक समान रखा जाना चाहिए ।

5.1.6 कास्टिंग दोष

पैटर्न के खराब डिज़ाइन, मोल्ड, गेटिंग डिज़ाइन, पोरिंग विधि और कई अन्य कारणों से निम्नलिखित दोष पाए जा सकते हैं ।

- **पिनहोल:** ये छेद जैसी संरचनाएं हैं जो कास्टिंग की सीमाओं पर दिखाई देती हैं ।
- **ब्लोहोल:** कास्टिंग के अंदर दिखाई देता है, सामान्यतः जब तक मशीनिंग नहीं होती दिखाई नहीं देता ।
- **निशान (स्कर) और छाला (ब्लिस्टर):** अनुचित गैस निकास के कारण एक उथला आघात/चोट उत्पन्न हो सकता है जिसे निशान के रूप में पहचाना जाता है । एक छाला भी निशान की तरह, एक उथला आघात/चोट होता है जिसके उपर धातु की पतली परत ढकी होती है ।
- **स्कैब:** यह दोष तब होता है जब मोल्ड के सतह का एक हिस्सा हट जाता है या टूट जाता है।
- **ड्रॉप:** एक मोल्ड में ड्रॉप या क्रश, कास्टिंग की कोप सतह पर एक अनियमित आकार का प्रक्षेपण (इर्रेगुलर शेप्ड प्रोजेक्शन) है ।
- **गर्म आँसू (हॉट टीयर्स):** गर्म आँसू गर्म दरारें होती हैं जो एक गहरे ऑक्सीडाइज्ड फ्रैक्चर सतह के साथ अनियमित दरारों के रूप में दिखाई देती हैं ।
- **सूजन (स्वेल):** सूजन एक हल्का और चिकना उभार होता है जो आमतौर पर कास्टिंग के ऊर्ध्वाधर सतहों पर पाया जाता है।
- **चूहे की पूंछ:** ढलाई उत्पाद पर एक अनियमित रेखा या दरार के रूप में दिखाई देती है, जब मोल्डिंग रेत की सतह ऊपर उठ जाती है ।

- **कोल्ड शट:** तब होता है जब दो धातु धाराओं के दो वेवफ्रंट मिलते हैं, लेकिन फ्यूज नहीं होते हैं ।
- **मिस रन:** तब होता है जब तरल धातु पूरी तरह से मोल्ड कैविटी को नहीं भर पाता और एक अधूरा भाग छोड़ देता है ।

रोचक तथ्य

- मोटर वाहन और मशीन निर्माण उद्योगों के तेजी से विस्तार के साथ 20 वीं शताब्दी की शुरुआत में रेत की ढलाई वास्तव में शुरू हुई । 1924 में, फोर्ड मोटर कंपनी ने दस लाख कारों का उत्पादन किया और यह अमेरिका में कुल रेत ढलाई उत्पादन का एक तिहाई हिस्सा था । इस मांग ने कास्टिंग के लिए नए मशीनीकरण और स्वचालन विधियों को जन्म दिया।
- क्रिसेंट फाउंड्री ब्लॉग (2017) के अनुसार, लोहे की ढलाई 100 साल तक चल सकती है, जिसका अर्थ है कि कास्ट घटक बेहद टिकाऊ और लागत प्रभावी हैं। कास्टिंग प्रक्रिया भी बेहद लचीली है। यदि किसी सामग्री को पिघलाया जा सकता है, तो उसे ढलाई में बदला जा सकता है । अन्य तत्वों को जोड़कर, आप विभिन्न गुणों के साथ विभिन्न प्रकार के मिश्रण बना सकते हैं। उनका उपयोग विभिन्न प्रकार के घटकों को अनंत प्रकार की जटिल आकृतियों में डालने के लिए किया जा सकता है जो कई अलग-अलग वातावरणों का सामना कर सकते हैं।
- गुरुत्वाकर्षण दबाव द्वारा कास्टिंग के विपरीत - दबाव इंजेक्शन द्वारा डाई कास्टिंग के शुरुआती उदाहरण - 1800 के दशक के मध्य में हुए । 1849 में प्रिंटिंग प्रकार की ढलाई के लिए पहली मैन्युअल रूप से संचालित मशीन के लिए स्टर्गेस को पेटेंट प्रदान किया गया था । यह प्रक्रिया अगले 20 वर्षों के लिए प्रिंटर के प्रकार तक ही सीमित थी, लेकिन अन्य आकृतियों का विकास सदी के अंत में बढ़ने लगा । 1892 तक, व्यावसायिक अनुप्रयोगों में फोनोग्राफ और कैश रजिस्टर के लिए पुर्जे शामिल थे, और कई प्रकार के पुर्जों का बड़े पैमाने पर उत्पादन 1900 की शुरुआत में शुरू हुआ।

वीडियो संसाधन

Metal Casting | Casting and Joining | Casting

5.2 वेल्डिंग

वेल्डिंग एक स्थायी जोड़ने की प्रक्रिया है जिसका उपयोग धातुओं या थर्मोप्लास्टिक्स को एक साथ जोड़ने के लिए किया जाता है । इस प्रक्रिया में जुड़ने वाले वर्कपीस को जॉइनिंग इंटरफेस पर पिघलाया जाता है और बाद में पिघले हुए पदार्थ का एक पूल बनाने के लिए एक भराव सामग्री को जोड़ा जाता है जो जम जाता है और एक मजबूत जोड़ बनाता है । कई संदर्भों में वेल्डिंग की नियमित परिभाषा को इस प्रकार उद्धृत किया गया है : "दबाव और भराव सामग्री के साथ या बिना, ऊष्मा का प्रयोग करके, धातुओ को जोड़ने की प्रकिया" । धातुओं को पिघलाने के लिए हमें स्थानीय स्तर पर ऊष्मा की आवश्यकता होती है । हीट विभिन्न स्रोतों जैसे ईंधन, रसायन, विद्युत आदि से उत्पन्न हो सकती है । जॉइनिंग विधियाँ टॉपिक में वेल्डिंग प्रक्रिया का वर्गीकरण इस पुस्तक की इकाई-1 में सूचीबद्ध है । इस प्रसंग में हम दो प्रमुख वेल्डिंग तकनीकों का अध्ययन करेंगे; वे आर्क वेल्डिंग और गैस वेल्डिंग हैं । निम्नलिखित छवियां आपको वेल्डिंग के विभिन्न अनुप्रयोगों की कल्पना करने के लिए प्रेरित करेंगी । अब वेल्डिंग न केवल मैन्युअल रूप से की जाती है, बल्कि रोबोट भी वेल्डिंग तकनीक में सहायता कर रहे हैं ।

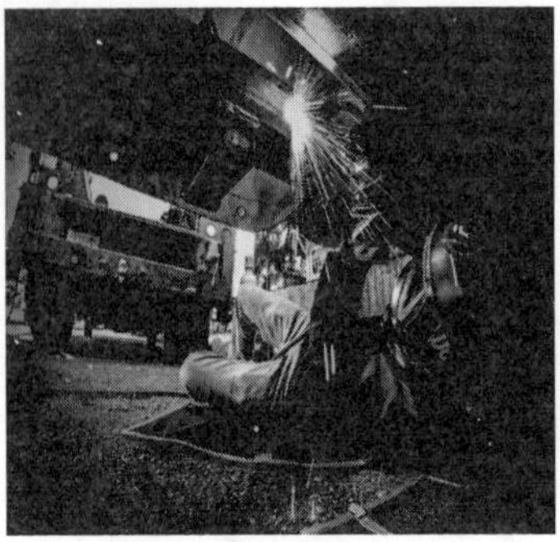

ऑटोमोटिव वेल्डिंग

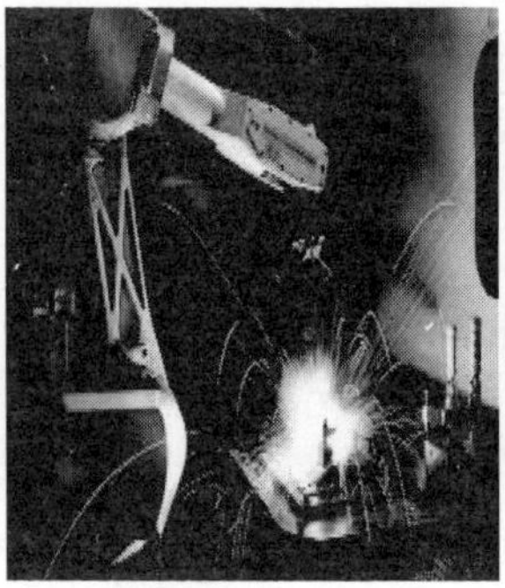

रोबोटिक वेल्डिंग

शिप वेल्डिंग

5.2.1 आर्क वेल्डिंग

धातु वेल्डिंग प्रक्रिया के लिए उपयोग की जाने वाली विधियों में से एक है: आर्क वेल्डिंग । यह बेस मेटल और इलेक्ट्रोड स्टिक या तार के बीच एक आर्क बनाने के लिए विद्युत शक्ति स्रोत का उपयोग करता है । इस विद्युत घटना को आर्क डिस्चार्ज कहा जाता है ।

आर्क वेल्डिंग सबसे प्रसिद्ध वेल्डिंग विधियों में से एक है । आर्क प्रक्रियाओं में धातु सामग्री को एक साथ जोड़ने के लिए विद्युत आर्क की केंद्रित ऊष्मा का उपयोग होता है । ये प्रक्रियाएँ मोटे तौर पर दो श्रेणियों में आती हैं: उपभोज्य (कंस्युमेबल) इलेक्ट्रोड विधियाँ और गैर-उपभोज्य (नॉन-कंस्युमेबल) इलेक्ट्रोड विधियाँ । यह विशिष्टता बताती है कि क्या प्रक्रिया में इलेक्ट्रोड को पिघलना है और वेल्डेड जॉइंट का हिस्सा बनना है, या पिघलना नहीं है और केवल एक आर्क कंडक्टर के रूप में कार्य करना है ।

आर्क वेल्डिंग तकनीकों को फिर से उप-विभाजित किया जा सकता है:

फ्लक्स-कॉर्ड आर्क वेल्डिंग (FCAW)

यह उद्योग में सबसे अधिक इस्तेमाल की जाने वाली आर्क वेल्डिंग तकनीक है । करंट की आपूर्ति ट्रांसफार्मर के माध्यम से अल्टरनेटिंग करंट (AC) या डायरेक्ट करंट (DC) के रूप में की जाती है । आमतौर पर ए.सी. की आपूर्ति ट्रांसफार्मर द्वारा की जाती है । जब इन दो अलग-अलग इलेक्ट्रोडों के बीच वोल्टेज लागू होता है और धीरे-धीरे बढ़ता है जब तक कि वायु इन्सुलेशन टूट नहीं जाता है और इलेक्ट्रोड के बीच धरा प्रवाह नहीं हो जाता । एक इलेक्ट्रोड का कार्य, विद्युत-आर्क करंट के लिए केवल एक कंडक्टर के रूप में कार्य करने से कहीं अधिक है, यह एक फिलर रॉड के रूप में भी कार्य करता है । इस प्रकार की आर्क वेल्डिंग फ्लक्स से भरे ट्यूबलर इलेक्ट्रोड का उपयोग करती है । जबकि उत्सर्जक फ्लक्स, आर्क को हवा से ढाल प्रदान करता है, गैर-उत्सर्जक फ्लक्स को परिरक्षण गैसों की आवश्यकता हो सकती है ।

जब इलेक्ट्रोड बेस मटेरियल से टकराता है, जिसके परिणामस्वरूप एक ही समय में तेज प्रकाश चिंगारी और उच्च ऊष्मा का उत्सर्जन होता है । इस उत्पन्न आर्क आकार के प्रकाश को विद्युत आर्क कहा जाता है । कोर तार आर्क में पिघल जाता है और पिघली हुई धातु की छोटी-छोटी गोलियां (ग्लोब्यूल्स) वेल्डिंग के दौरान आर्क के आर-पार पिघले हुए वेल्ड पूल में विस्फोटक रूप से स्थानांतरित हो जाते हैं । पिघली हुई धातु की ये छोटी-छोटी गोलियां तुरंत बेस मटेरियल से चिपक जाते हैं । वे गुरुत्वाकर्षण बल द्वारा स्थानांतरित नहीं होती हैं अन्यथा ओवरहेड वेल्डिंग संभव नहीं होती, बल्कि ये आर्क करंट बनाने के लिए विस्फोटक रूप से आर्क के चारों ओर स्थानांतरित हो जाती है ।

आर्क वेल्डिंग में, इलेक्ट्रोड पर धनात्मक वोल्टेज लगाया जाता है और बेस मटेरियल पर ऋणात्मक वोल्टेज लगाया जाता है । यह बेस मटेरियल से इलेक्ट्रोड तक एक आर्क उत्पन्न करता है । जब आप वेल्डिंग मशीन को चालू करते हैं, सेटिंग्स को समायोजित करते हैं, सुरक्षा गियर लगाते हैं, और बेस मेटल के विरुध इलेक्ट्रोड को खरोंच या टैप करते हैं, तो आर्क उत्पन्न होता है । आर्क का तापमान लगभग 5,000 से 20,000 डिग्री सेंटीग्रेड होता है । गर्म आर्क धातुओं को पिघला देता है जहां उन्हें जोड़ा जाना होता है

। पिघला हुआ पदार्थ, अक्सर भराव सामग्री (फिलर मटेरियल) के साथ, एक वेल्ड जॉइंट के रूप में तैयार किया जा सकता है । यह चित्र 5.12 में दिखाया गया है और विस्तृत दृश्य चित्र 5.13 में दिखाया गया है ।

SMAW Welding

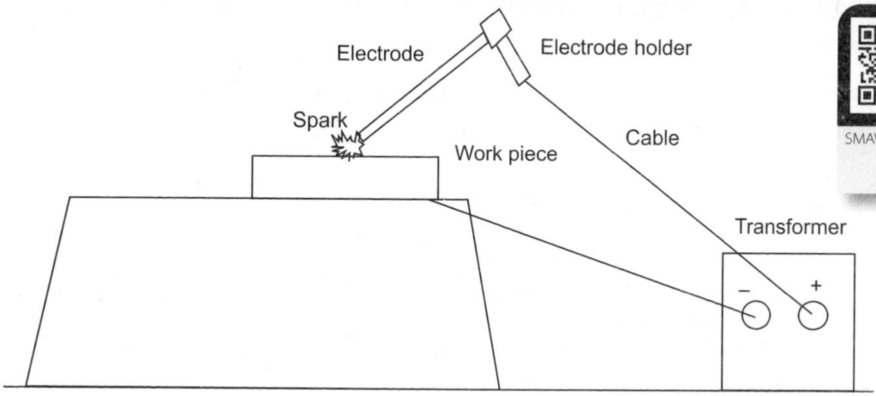

चित्र 5.12: फ्लक्स-कॉर्ड आर्क वेल्डिंग (FCAW)

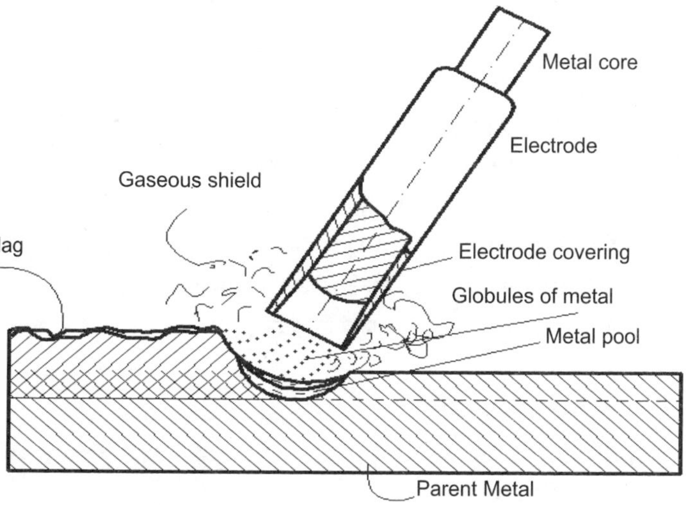

चित्र 5.13: फ्लक्स-कॉर्ड आर्क वेल्डिंग का विस्तृत दृश्य

गैस मेटल आर्क वेल्डिंग (GMAW) / मेटल इनर्ट गैस (MIG) वेल्डिंग / धातु अक्रिय गैस वेल्डिंग

यह पतली और मोटी शीट वेल्डिंग के लिए उपयोग की जाने वाली एक विशेष तकनीक है । इसे आमतौर पर धातु अक्रिय गैस या मेटल इनर्ट गैस (MIG) वेल्डिंग के रूप में जाना जाता है । प्रक्रिया चित्र 5.14 में दिखाई गई है । यह किसी भी अन्य वेल्डिंग प्रक्रिया के समान है जिसमें थोड़ा सा अंतर होता है । यहां, एक तार इलेक्ट्रोड के छोर और वोर्कपीस के बीच एक आर्क उत्पन्न किया जाता है । वेल्ड पूल बनाने के लिए दोनों को पिघलाया जाता है । तार को तांबे की संपर्क ट्यूब के माध्यम से फीड किया जाता है जो तार में वेल्डिंग करंट का संचालन करता है । तार, वेल्डिंग जोड़ के लिए 'ऊष्मा स्रोत' और 'भराव धातु' दोनों के रूप में कार्य करता है । तार के चारों ओर, एक नोजल के माध्यम से फीड की गई एक परिरक्षण गैस द्वारा, वेल्ड पूल को आसपास के वातावरण से सुरक्षित किया जाता

है । परिरक्षण गैस हीलियम या ऑर्गन गैस हो सकती है, यह अनुप्रयोग के आधार पर वेल्ड की जा रही सामग्री पर निर्भर करती है । प्रक्रिया उच्च उत्पादकता प्रदान करती है, क्योंकि तार को लगातार फीड किया जाता है । इस पद्धति के कई लाभ हैं: सरल, बहुमुखी, किफायती, कम तापमान और आसानी से स्वचालित ।

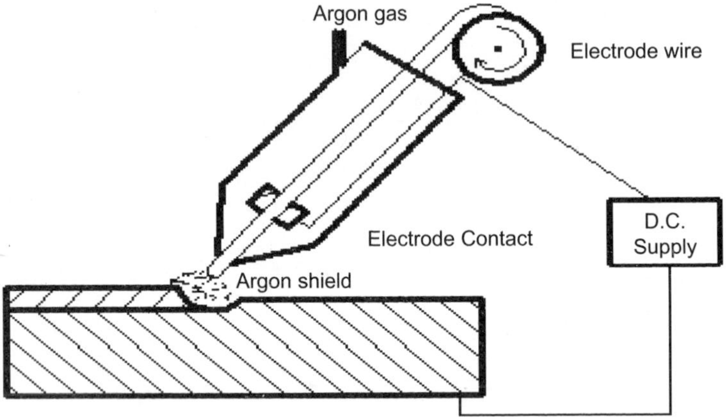

चित्र 5.14: मेटल इनर्ट गैस (MIG) वेल्डिंग

गैस टंगस्टन आर्क वेल्डिंग (GTAW) / टंगस्टन अक्रिय गैस वेल्डिंग (TIG)

GTAW या TIG वेल्डिंग को अक्सर महत्वपूर्ण वेल्डिंग प्रक्रिया के रूप में माना जाता है । गैस टंगस्टन आर्क वेल्डिंग के लिए एक गैर-उपभोज्य (नॉन कांसुमेब्ल) टंगस्टन इलेक्ट्रोड, एक स्थिर करंट शक्ति स्रोत और एक प्लाज्मा आर्क बनाने के लिए एक अक्रिय परिरक्षण गैस (इनर्ट शील्डिंग गैस) की आवश्यकता होती है । आर्क बनाने के लिए इलेक्ट्रोड टंगस्टन से बना होता है । वेल्डिंग के दौरान वेल्ड की सुरक्षा ढाल के लिए अक्रिय गैसों जैसे आर्गन या हीलियम या दोनों के मिश्रण का उपयोग किया जाता है । इस विधि में स्लैग का निर्माण शून्य होता है इसलिए आपको स्वच्छ वेल्डिंग सतह मिलेगी । चूंकि यह विधि ऑपरेशन में साफ़ सुथरी है इसलिए स्टेनलेस स्टील और अलौह धातु के उत्पादों की वेल्डिंग के लिए उपयुक्त है, जहां दिखावट प्रमुख महत्व रखती है ।

प्लाज्मा आर्क वेल्डिंग (PAW)

प्लाज्मा आर्क वेल्डिंग (PAW) एक आर्क वेल्डिंग प्रक्रिया है जो TIG वेल्डिंग के समान है क्योंकि आर्क एक नुकीले टंगस्टन इलेक्ट्रोड और वर्क पीस के बीच बनता है । यह आर्क वेल्डिंग तकनीक, आयनित गैसों और इलेक्ट्रोड का उपयोग करती है जो वेल्डिंग क्षेत्र में, गर्म प्लाज्मा जेट बनाती हैं । इस प्रकार की वेल्डिंग में, तीन प्रकार की गैस आपूर्ति का उपयोग किया जाता है, अर्थात् प्लाज्मा गैस, परिरक्षण गैस और एक बैक-पर्ज गैस । पूरे नोजल से प्लाज्मा गैस की आपूर्ति की जाती है जो आयनित हो जाती है । परिरक्षण गैस की बाहरी नोजल द्वारा आपूर्ति की जाती है और जोड़ की

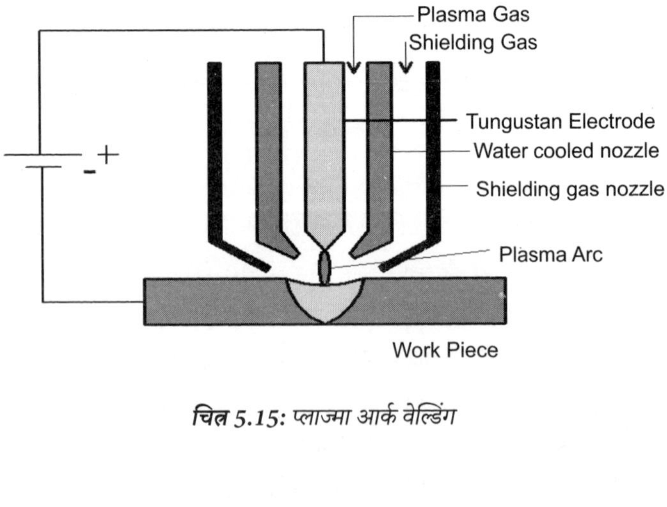

चित्र 5.15: प्लाज्मा आर्क वेल्डिंग

वातावरण से रक्षा करती है । बैक-पर्ज गैस का उपयोग मुख्य रूप से तब किया जाता है जब विशेष प्रकार के मटेरियलस का उपयोग किया जा रहा हो । प्लाज्मा का तापमान 20000 डिग्री सेल्सियस से अधिक होता है और वेग ध्वनि की गति तक पहुंच सकता है ।

परिरक्षित धातु आर्क वेल्डिंग (SMAW)/ शील्डेड मेटल आर्क वेल्डिंग

SMAW सबसे सरल, सबसे पुरानी और सबसे अनुकूलनीय आर्क वेल्डिंग विधियों में से एक है, जो इसे बहुत लोकप्रिय बनाती है । आर्क तब उत्पन्न होता है जब लेपित इलेक्ट्रोड टिप, वेल्डिंग क्षेत्र को छूता है और फिर आर्क को बनाए रखने के लिए इसे कुछ दुरी हटा लिया जाता है। ऊष्मा टिप, कोटिंग और धातु को पिघला देती है, जिससे कि मिश्र धातु (अलॉय) के जमने के बाद वेल्ड का निर्माण होता है। इस तकनीक का उपयोग आमतौर पर पाईपलाइन के काम, जहाज निर्माण और निर्माण के कार्यों में किया जाता है।

सबमर्ज्ड आर्क वेल्डिंग (SAW) / डूबी हुई लौ वेल्डिंग

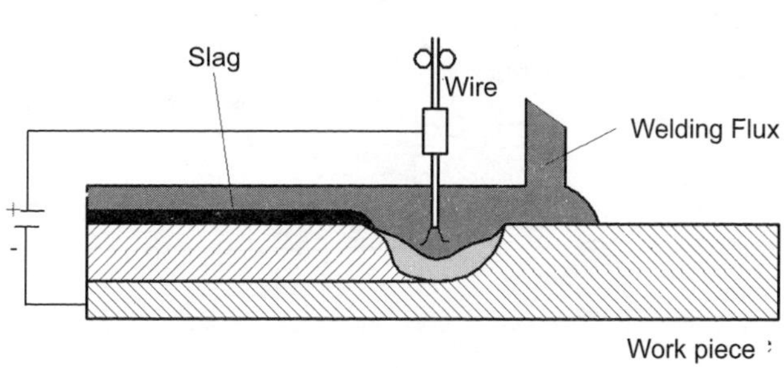

चित्र 5.16: सबमर्ज्ड आर्क वेल्डिंग (SAW)

यह एक और विशेष प्रकार की वेल्डिंग है; नाम पहली बार देखकर आपको भ्रमित कर सकता है । इसका नाम इसलिए रखा गया है क्योंकि वेल्ड और आर्क ज़ोन, फ्लक्स के एक आवरण के नीचे डूबे होते है । पाउडर फ्लक्स का एक आवरण, एक सुरक्षात्मक गैस ढाल और लावा उत्पन्न करता है । फ्लक्स सामग्री पिघलने पर कंडक्टिव हो जाती है, जिससे इलेक्ट्रोड और वर्कपीस के बीच करंट गुजरने का रास्ता बन जाता है । इस वेल्डिंग में प्रयुक्त फ्लक्स एक दानेदार इंसुलेटिंग सामग्री है जो कई छोटे कणों से बना होता है । यह विधि गहरी ऊष्मा पैठ बनाती है क्योंकि यह थर्मल इंसुलेटर की तरह काम करती है । SAW का उपयोग हाई-स्पीड शीट या प्लेट स्टील वेल्डिंग के लिए किया जाता है ।

Submerged Arc Welding

5.2.2 गैस वेल्डिंग

गैस वेल्डिंग एक अन्य प्रकार की वेल्डिंग प्रक्रिया है जहां ऑक्सीजन की मदद से ईंधन गैसों को जलाने से उच्च तापमान की एक केंद्रित लौ (कंसेंट्रेटेड फ्लैम) बनती है । यह लौ सीधे वेल्ड क्षेत्र से टकराती है और वेल्ड सतह और भराव सामग्री को पिघला देती है । उद्योग में पांच प्रकार की गैस वेल्डिंग प्रक्रिया का उपयोग किया जाता है । वे है :

- ऑक्सी-एसिटिलीन गैस वेल्डिंग
- ऑक्सी-गैसोलीन गैस वेल्डिंग
- मिथाइल एसिटिलीन-प्रोपाडीन-पेट्रोलियम (एम.ए.पी.पी.) गैस वेल्डिंग
- ब्यूटेन या प्रोपेन वेल्डिंग
- हाइड्रोजन गैस वेल्डिंग

ऑक्सी-एसिटिलीन गैस वेल्डिंग सबसे अधिक इस्तेमाल की जाने वाली गैस वेल्डिंग तकनीक है । यह गैस मिश्रण, उपलब्ध ईंधन गैसों का उच्चतम ज्वाला तापमान भी प्रदान करता है; हालांकि एसिटिलीन आम तौर पर सभी ईंधन गैसों में सबसे महंगी है । एसिटिलीन एक अस्थिर गैस है और इसके लिए विशिष्ट हैंडलिंग और भंडारण प्रक्रियाओं की आवश्यकता होती है ।

$$2\ C_2H_2 + 5\ O_2 \rightarrow 4\ CO_2 + 2\ H_2O + \text{Heat Energy}$$

ऑक्सी-एसिटिलीन गैस वेल्डिंग

इस प्रकार की वेल्डिंग में, ऑक्सी-एसिटिलीन वेल्डिंग एसिटिलीन गैस और ऑक्सीजन गैस के मिश्रण को वेल्डिंग टॉर्च को आपूर्ति प्रदान करती है । एक ऑक्सी-ईंधन गैस की लौ सामान्य उपयोग में अधिकांश इंजीनियरिंग सामग्री को पिघलाने के लिए पर्याप्त उच्च तापमान पर आवश्यक ऊष्मा प्रदान करती है । प्रतिक्रियाओं को निम्नलिखित समीकरण में दिखाया गया है ।

एसिटिलीन 3200 डिग्री सेल्सियस के अधिकतम तापमान के साथ ज्वाला देने के लिए, उच्च दबाव वाले सिलेंडरों से आपूर्ति की जाने वाली व्यावसायिक रूप से शुद्ध ऑक्सीजन के संयोजन के साथ उपयोग करने के लिए सबसे किफायती गैस है । चित्र 5.17 दिखाता है कि लौ बनाने से पहले वेल्डिंग इकाई में गैस का मिश्रण कैसे होता है ।

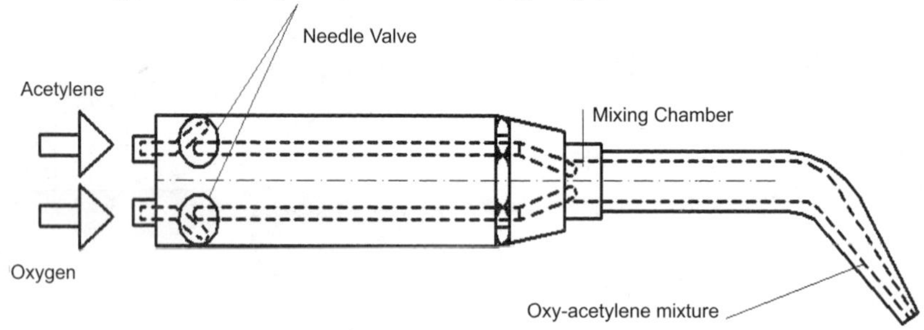

चित्र 5.17 : ऑक्सी-एसिटिलीन गैस मिक्सिंग चैम्बर

ऑक्सीजन को, एक मोटी दीवार वाले ठोस खींचे विधि से निर्मित किये गए, स्टील सिलेंडर में संग्रहित किया जाता है जिसे आमतौर पर पहचान के लिए काले रंग से रंगा जाता है । गैस को आमतौर पर लगभग 13660 kN/m^2 माइल्ड स्टील सिलेंडर और 17240 kN/m^2 अलॉय स्टील सिलेंडर में संग्रहित किया जाता है । सिलेंडर की क्षमता 3.4 m^3 से 6.8 m^3 तक बदलती है । एसिटिलीन की आपूर्ति, एक मोटी दीवार वाले ठोस खींचे विधि से निर्मित किये गए, स्टील सिलेंडर से की जाती है जिसको मैरून रंग से रंगा जाता है । ये आसान पहचान के लिए ऑक्सीजन सिलेंडर से छोटे और कम जगह घेरते है । उच्च दाब एसिटिलीन खतरनाक रूप से अस्थिर है, और इस कारण से, यह एसीटोन में घोला जाता है जो बड़ी मात्रा में गैस को अवशोषित करने और सिलेंडर में दबाव कम करने पर इसे छोड़ने में सक्षम है । एसिटिलीन को सिलेंडर में 1152 kN/m^2 के दाब पर संग्रहित किया जाता है । संपीड़ित एसिटिलीन खतरनाक विस्फोटों के लिए अतिसंवेदनशील होती है और इस कारण सिलेंडर एक अक्रिय झरझरा पदार्थ (इनर्ट पोरस मटेरियल) से भरा होता है जो घुली एसिटिलीन को अवशोषित कर सकता है ।

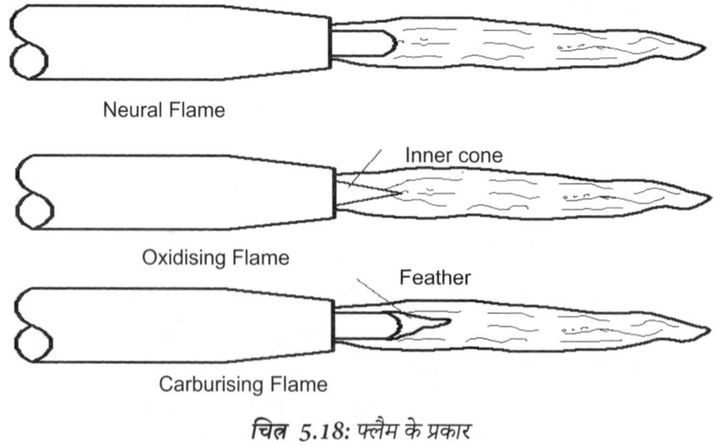

चित्र 5.18: फ्लैम के प्रकार

इन दोनों गैसों के मिश्रण को एडजस्टेबल वॉल्व की मदद से मिक्सिंग चैम्बर में नियंत्रित किया जाता है । ऑक्सीजन और एसिटिलीन के अनुपात से विभिन्न प्रकार की लौ/फ्लेम्स/ज्वाला बनती हैं । इस ज्वाला को वेल्ड की जाने वाली सामग्री के प्रकार के आधार पर समायोजित किया जाता है । ज्वाला के प्रकार चित्र 5.18 में दिखाए गए हैं ।

निष्पक्ष ज्वाला (न्यूट्रल फ्लेम) : जैसा कि नाम से ही स्पष्ट है, इस ज्वाला में आयतन के हिसाब से ऑक्सीजन और एसिटिलीन गैसों की समान मात्रा होती है । यह ज्वाला ईंधन को पूर्ण रूप से जला देती है और वेल्ड की जाने वाली धातु पर कोई रासायनिक प्रभाव नहीं डालती है । वेल्डिंग टॉर्च नोज़ल की नोक/टिप पर, इसकी विशेषता स्पष्ट रूप से परिभाषित, सफेद आंतरिक शंकु (वाइट इनर कोन) द्वारा इसे आसानी से पहचाना जाता है । यह आमतौर पर माइल्ड स्टील, स्टेनलेस स्टील, कच्चा लोहा, तांबा आदि वेल्डिंग के लिए इसका उपयोग किया जाता है । यह थोड़ा धुआं पैदा करती है । इस ज्वाला के दो क्षेत्र हैं । आंतरिक क्षेत्र का रंग सफेद है और इसका तापमान लगभग 3100 डिग्री सेल्सिअस है और बाहरी क्षेत्र में नीला रंग है और इसका तापमान लगभग 1275 डिग्री सेल्सिअस है ।

ऑक्सीडाईजिंग ज्वाला: जब प्राकृतिक ज्वाला से एसिटिलीन की मात्रा कम हो जाती है या ऑक्सीजन की मात्रा बढ़ जाती है, तो आंतरिक शंकु गायब हो जाता है और प्राप्त लौ को ऑक्सीडाईजिंग ज्वाला के रूप में जाना जाता है । ऑक्सीडाईजिंग ज्वाला को छोटे और तेज नुकीले आंतरिक शंकु और एक शोर (गर्जना) दहन प्रक्रिया द्वारा पहचाना जाता है । यह न्यूट्रल ज्वाला से अधिक गर्म है और इसमें स्पष्ट रूप से परिभाषित दो ज़ोन / क्षेत्र होते है । आंतरिक क्षेत्र में बहुत चमकीला सफेद रंग होता है और इसका तापमान लगभग 3300 डिग्री सेल्सिअस होता है । बाहरी लौ का रंग नीला होता है । इस लौ का उपयोग ऑक्सीजन मुक्त तांबा मिश्र धातु जैसे पीतल, कांस्य आदि को वेल्ड करने के लिए किया जाता है ।

कार्बराइजिंग ज्वाला: इस ज्वाला में ईंधन गैस एसि धातु कार्बाइड बनाती है । इस कारण कार्बन को अवशोषित करने वाली धातु के साथ इस ज्वाला का उपयोग नहीं किया जाता है । यह धुएँ रूपी और शांत प्रकार की ज्वाला है । इस ज्वाला को, आंतरिक शंकु और बाहरी आवरण के बीच, गरमागरम कार्बन कणों के 'पंख' या 'फेदर' द्वारा पहचाना जाता है । इस ज्वाला के तीन क्षेत्र/ज़ोन हैं । भीतरी क्षेत्र में सफेद रंग होता है, मध्यवर्ती क्षेत्र लाल रंग का होता है और बाहरी शंकु का रंग नीला होता है । भीतरी शंकु का तापमान लगभग 2900 डिग्री सेल्सिअस होता है । इस ज्वाला का उपयोग मध्यम कार्बन स्टील, निकल, एल्यूमीनियम और इसकी मिश्र धातुओं आदि को वेल्ड करने के लिए किया जाता है ।

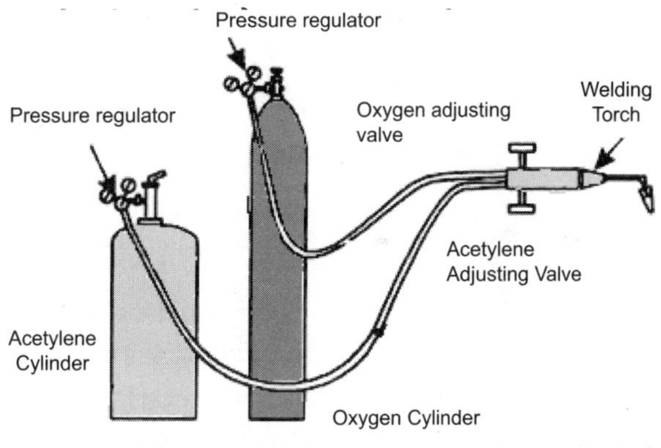

चित्र 5.19: ऑक्सी-एसिटिलीन गैस वेल्डिंग प्रक्रिया

Gas Welding

पूर्ण ऑक्सी-एसिटिलीन वेल्डिंग प्रक्रिया को चित्र 5.19 में दिखाया गया है ।

5.2.3 वेल्डिंग दोष

वेल्डिंग बहुत कुशल काम है; इसके लिए एक अनुभवी ऑपरेटर की आवश्यकता होती है । यदि ऑपरेटर अनुभवहीन है तो यह वेल्डिंग दोष का कारण हो सकता है । अधिकांश वेल्डिंग दोष, सामान्य वेल्डिंग उत्पादों के लिए, दृश्य निरीक्षण द्वारा पहचाने जाते हैं । लेकिन इंजीनियरिंग वेल्डिंग जॉइंट्स का परीक्षण गैर-विनाशकारी परीक्षण/नॉन-डिस्ट्रक्टिव टेस्टिंग (एन.डी.टी) विधियों द्वारा किया जाता है । वेल्ड की जांच के लिए, सबसे आम गैर-विनाशकारी परीक्षण तरल प्रवेश, चुंबकीय कण, एडी करंट, अल्ट्रासोनिक,

ध्वनिक उत्सर्जन और रेडियोग्राफी आदि हैं । कुछ कारणों से वेल्डिंग में पाए जाने वाले कुछ सामान्य दोष निम्नलिखित हैं । निम्नलिखित तालिका में, इसके कारण और उपायों के साथ सूची बनाई गई है ।

तालिका 5.1: वेल्डिंग दोष कारण और उपाय

वेल्डिंग दोष	कारण	उपाय
दरार (क्रेक) 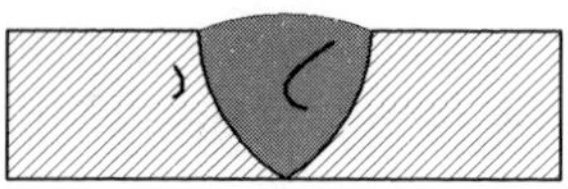	• ठोसकरण संकोचन के कारण अवशिष्ट तनाव । • आधार धातु संदूषण (कांटेमीनेशन) । • खराब जोड़ डिजाइन । • धातु में सल्फर और कार्बन की उच्च मात्रा ।	• उचित जॉइंट डिजाइन का प्रयोग करें । • अशुद्धियों को दूर करें । • उपयुक्त धातु का उपयोग करें । • पर्याप्त अनुभागीय क्षेत्र को वेल्ड करना सुनिश्चित करें।
सरंध्रता (पोरोसिटी) 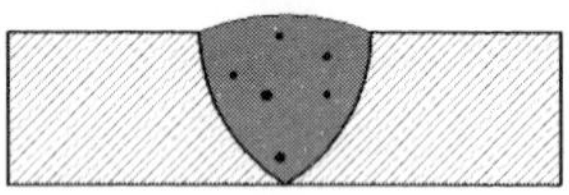	• अपर्याप्त इलेक्ट्रोड डीऑक्सीडेंट । • नमी की उपस्थिति । • गलत सतह उपचार । • जंग, पेंट, ग्रीस या तेल की उपस्थिति ।	• वेल्डिंग शुरू करने से पहले सामग्री को साफ करें । • सूखे इलेक्ट्रोड और सामग्री का प्रयोग करें । • सही आर्क दूरी रखें । • सही इलेक्ट्रोड का प्रयोग करें ।
अंडरकट (अंडर कट) 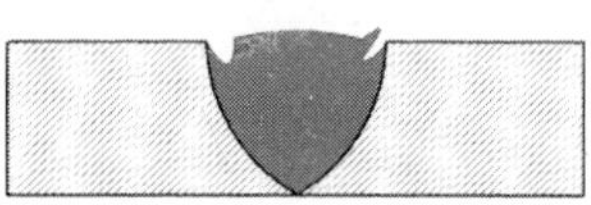	• बहुत अधिक वेल्ड करंट । • बहुत तेज वेल्ड गति । • गैस परिरक्षण का गलत उपयोग । • खराब वेल्ड तकनीक ।	• आर्क की लंबाई कम करें । • इलेक्ट्रोड की चलने की गति कम करें, लेकिन यह भी बहुत धीमी नहीं होनी चाहिए । • एक सही वेल्डिंग तकनीक चुनें जिसमें अत्यधिक वीविंग शामिल न हो ।
लावा समावेश (स्लैग इन्क्लुशन) 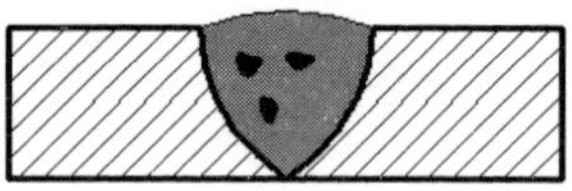	• वेल्ड की गति बहुत तेज होना । • नया शुरू करने से पहले वेल्ड पास की सफाई न करना। • वेल्ड पूल बहुत तेजी से ठंडा होना ।	• करंट डेंसिटी बढ़ाएँ । • तेजी से ठंडा करना कम करें । • पिछले मनके/बीड से किसी भी धातुमल/लावा को हटा दें । • वेल्डिंग की गति को समायोजित करें ।
छींटे (स्पेटर) 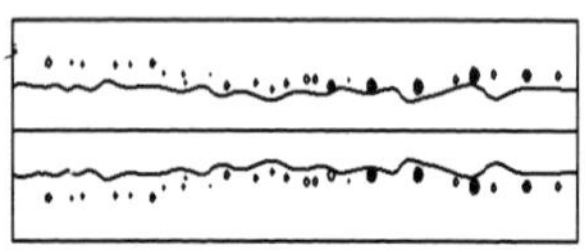	• वोल्टेज सेटिंग बहुत कम है । • इलेक्ट्रोड का कार्य कोण बहुत ढालुआँ है । • आर्क बहुत लंबा है । • गलत ध्रुवता/पोलारिटी ।	• वेल्डिंग से पहले सतहों को साफ करें । • आर्क की लंबाई कम करें । • उचित ध्रुवता का प्रयोग करें ।
अधूरा प्रवेश (इनकम्प्लीट पेनेट्रेशन) 	• जिन धातुओ को आप एक साथ वेल्ड कर रहे हैं, उसके बीच बहुत अधिक जगह थी । • बड़े व्यास का इलेक्ट्रोड । • गलत संरेखण (मिस एलाइनमेंट) । • अनुचित जोड़ ।	• उचित आकार के इलेक्ट्रोड का प्रयोग करें । • आर्क चलाने की गति कम करें। • उचित वेल्डिंग करंट चुनें । • उचित संरेखण की जाँच करें ।
अधूरा फ्यूज़न (इनकम्प्लीट फ्यूशन) 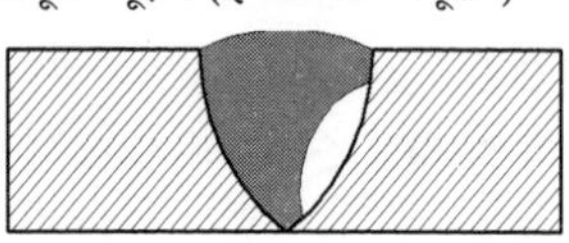	• इलेक्ट्रोड कोण गलत है । • आपके द्वारा वेल्डिंग की जा रही सामग्री की मोटाई के लिए इलेक्ट्रोड व्यास गलत है । • इलेक्ट्रोड चलाने की गति बहुत तेज है ।	• उपयुक्त आर्क वोल्टेज के साथ पर्याप्त रूप से उच्च वेल्डिंग करंट का उपयोग करें । • वेल्डिंग शुरू करने से पहले, धातु को साफ कर लें । • पिघले हुए पूल को आर्क द्वारा बाढ़ से बचाएं ।

5.3 ब्रेज़िंग

ब्रेज़िंग फिर एक धातु-जुड़ने की प्रक्रिया है जिसमें समान या भिन्न वस्तुओं की दो या दो से अधिक धातुओ को एक साथ जोड़ दिया जाता है और एक भराव गलाकर धातुओ के जोड़ में प्रवाहित किया जाता है । आमतौर पर भराव धातु का गलनांक, आधार धातु की तुलना में कम होता है । भराव धातु का गलनांक 450 डिग्री सेल्सियस से ऊपर होता है, लेकिन हमेशा जोड़ने वाले भागों के गलनांक से कम होता है । यह विशिष्टता इस प्रक्रिया को वेल्डिंग से अलग करती है जहां आधार धातुओं को एक साथ पिघलाने के लिए उच्च तापमान का उपयोग किया जाता है ।

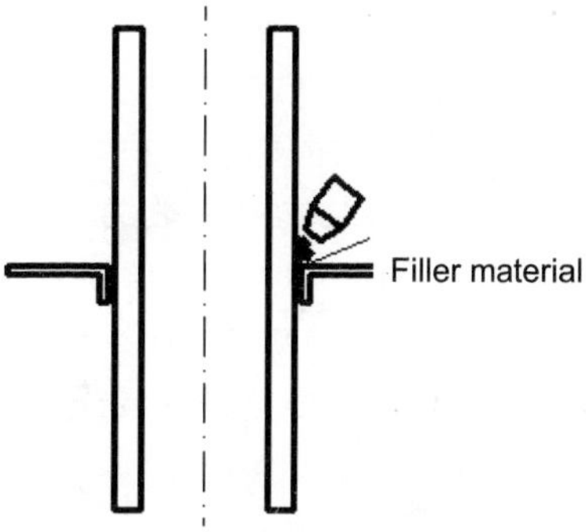

चित्र 5.20: ब्रेज़िंग प्रकिया

भराव धातु को गलनांक से थोड़ा ऊपर गर्म किया जाता है, और एक उपयुक्त वातावरण द्वारा संरक्षित होता है जो अक्सर एक फ्लक्स होता है । पिघला हुई भराव धातु, ठंडा होने पर, समान या भिन्न धातुओं के वर्क पीस के बीच मजबूत जोड़ प्रदान करती है । जिन वातावरणों में ब्रेज़िंग की प्रक्रिया की जा सकती है, उनमें हवा, दहनशील ईंधन गैस, अमोनिया, नाइट्रोजन, हाइड्रोजन, निष्क्रिय गैसें, अकार्बनिक वाष्प और वैक्यूम, शामिल है, एवं विभिन्न प्रकार के ताप स्रोतों जैसे ब्रेज़िंग टॉर्च, भट्टी और प्रेरण कॉइल का उपयोग किया जाता है । एक ठोस ब्रेज़्ड जोड़ प्राप्त करने के लिए, फिलर और मूल सामग्री धातुकर्म संगत होनी चाहिए, और जोड़ की डिजाइन में एक गेप होना चाहिए जिसमें पिघला हुआ ब्रेज़ फिलर डाला जा सके या केशिका क्रिया (कैपिलरी एक्शन) द्वारा फैलाया जा सकता हो । आवश्यक जोड़ गेप कई कारकों पर निर्भर है, जिसमें ब्रेज़िंग वातावरण, आधार सामग्री और ब्रेज़ अलॉय की संयोजन संरचना शामिल है ।

असमान धातुओं को जोड़ने के लिए आदर्श, ब्रेज़िंग एक व्यावसायिक रूप से स्वीकृत प्रक्रिया है जिसका उपयोग उद्योगों की एक विस्तृत श्रृंखला में किया जाता है जिसका कारण इस प्रकिया का लचीला स्वाभाव और उच्च अखंडता के जॉइंट्स का उत्पादन करना शामिल है । यह इसे महत्वपूर्ण और गैर-महत्वपूर्ण अनुप्रयोगों में विश्वसनीय बनाता है, और यह सबसे व्यापक रूप से उपयोग की जाने वाली जॉइनिंग विधियों में से एक है । ब्रेज़िंग एल्यूमीनियम, चांदी, तांबा, सोना और निकील जैसी असमान धातुओं को जोड़ सकता है । ब्रेज़िंग के दौरान अक्सर फ्लक्स का उपयोग किया जाता है । यह फ्लक्स एक तरल होता है जो तरलता को बढ़ावा देता है, जिससे भराव धातु जोड़ के हिस्सों पर आसानी से प्रवाहित हो जाता है । यह पार्ट्स के ऑक्साइड को भी साफ करता है ताकि भराव, धातु पार्ट्स को और अधिक मजबूती से जोड़ सके ।

ब्रेज़िंग मूल रूप से सोल्डरिंग के समान है, लेकिन यह सोल्डरिंग की तुलना में अधिक मजबूत जोड़ देता है । मुख्य अंतर कठोर भराव सामग्री का उपयोग करना है, जिसे व्यावसायिक रूप से स्पेलटर कहा जाता है, जो रेड हॉट से कुछ ऊपर तापमान पर फ़्यूज़ होता है, और जोड़ने वाले पार्ट्स के गलनांक से कुछ कम तापमान पर फ़्यूज़ होता है । प्रक्रिया चित्र 5.20 में दिखाई गई है । जुड़ने वाले जोड़ों को भराव सामग्री से भरा जाना चाहिए । टॉर्च का उपयोग धातु को गर्म करने के लिए किया जाता है । ऊष्मा के प्रयोग से भराव सामग्री, रिक्त स्थान के बीच पिघल जाती है और धातुओं के बीच की खाई/गेप को सील कर देती है ।

5.3.1 ब्रेज़िंग के फायदे

- भिन्न-भिन्न धातुओं और पतले सेक्शन वाले पार्ट्स को आसानी से जोड़ा जा सकता है ।
- ब्रेजिंग प्रकिया में बेस मेटल का धातुकर्मीय क्षति से बचाव होता है ।
- मजबूत जोड़ प्राप्त होता है ।
- किफायती और त्वरित प्रक्रिया है ।
- ब्रेज़्ड जोड़ प्रेशर टाइट होते हैं ।
- वेल्डिंग की तुलना में कम हीटिंग की आवश्यकता होती है ।

5.3.2 ब्रेज़िंग के अनुप्रयोग

- वैक्यूम इंटरप्टर्स ।
- निर्माण ।
- कला और आभूषण ।
- परिवहन अनुप्रयोग ।
- चिकित्सकीय संसाधन ।

रोचक तथ्य

- धातु अक्रिय गैस (MIG) वेल्डिंग को पहली बार 1949 में संयुक्त राज्य अमेरिका में एल्यूमीनियम वेल्डिंग के लिए पेटेंट कराया गया था । एक नंगे तार इलेक्ट्रोड का उपयोग करके आर्क और वेल्ड पूल को हीलियम गैस द्वारा संरक्षित किया गया था, जो उस समय आसानी से उपलब्ध था । लगभग 1952 से, यू.के. में एल्यूमीनियम वेल्डिंग के लिए, परिरक्षण गैस के रूप में आर्गन का उपयोग करके और कार्बन स्टील्स के लिए CO_2 का उपयोग करके प्रक्रिया लोकप्रिय हो गई । CO_2 और आर्गन-CO_2 मिश्रण को धातु सक्रिय गैस या मेटल एक्टिव गैस (MAG) प्रक्रियाओं के रूप में जाना जाता है । एम.आई.जी. को एम.एम.ए. का एक आकर्षक विकल्प माना है, जो उच्च जमा दर और उच्च उत्पादकता पेश करता है ।
- "फोर्ज वेल्डिंग" धातु के दो टुकड़ों को गर्म करके, फिर उन्हें एक साथ रखकर हथौड़े से पिट कर जोड़ने की प्रक्रिया है । यह प्रक्रिया कांस्य और लौह युग में यूरोप और मध्य पूर्व दोनों में उत्पन्न हुई - इसका उपयोग 3,200 ईसा पूर्व तक किया जा सकता था!
- आज की आधुनिक वेल्डिंग प्रक्रिया 1800 में सर हम्फ्री डेवी और 1802 में रूसी वैज्ञानिक वासिली पेट्रोव के साथ शुरू हुई - इन लोगों ने निरंतर विद्युत आर्क की खोज की जो आज भी वेल्डिंग में उपयोग की जाती है ।
- सोवियत संघ के रूसी अंतरिक्ष यात्रियों ने 1969 में 'सोयुज 6' पर अंतरिक्ष में पहली धातु को वेल्ड किया, जिससे इलेक्ट्रॉन बीम वेल्डिंग, प्लाज्मा आर्क वेल्डिंग और आर्क वेल्डिंग के साथ वेल्ड का निर्माण हुआ । उन्होंने बताया कि ये वेल्ड पृथ्वी-आधारित वेल्ड्स की तरह "उतना ही मजबूत" थे ।

वीडियो संसाधन

Weldability

Fundamentals of Welding

Joining

यूनिट सारांश

- कास्टिंग का उपयोग अक्सर जटिल आकार बनाने के लिए किया जाता है जो कि अन्य तरीकों से बनाना मुश्किल या गैर-किफायती होगा ।
- कास्टिंग प्रक्रियाओं में पिघला हुआ मटेरियल, आमतौर पर धातुओ का उपयोग शामिल होता है । इस पिघले हुए पदार्थ को फिर एक मोल्ड कैविटी में डाला जाता है जो तैयार उत्पाद का रूप ले लेता है । पिघला हुआ पदार्थ तब ठंडा हो जाता है, जब तक ऊष्मा आम तौर पर मोल्ड के माध्यम से निकाली जाती है, जब तक कि यह वांछित आकार में ठोस न हो जाए ।
- वेल्डिंग प्रक्रियाओं का उपयोग आमतौर पर एयरोस्पेस, ऑटोमोटिव, ऊर्जा और निर्माण सहित और अन्य कई उद्योगों में किया जाता है । वेल्डिंग विभिन्न प्रकार के अनुप्रयोगों जैसे धातुओं, थर्मोप्लास्टिक्स को जोड़ने के लिए प्रयुक्त होता है ।

- गैस वेल्डिंग, गैस की लौ/फ्लेम को नियंत्रित करके, वेल्ड ज़ोन में धातु के तापमान पर बेहतर नियंत्रण प्रदान करती है ।
- ब्रेज़िंग, धातु के दो टुकड़ों को जोड़ने की प्रक्रिया है जिसमें ऊष्मा और एक भराव धातु का प्रयोग शामिल है । यह भराव धातु का गलनांक, जुड़ने वाली धातुओं की तुलना में कम होता है । भराव धातु को या तो पहले से रखा जाता है या पार्ट्स के गर्म होने पर जॉइंट में डाला जाता है ।

अभ्यास

विषयात्मक प्रश्न

क्र.	प्रश्न	CO	BL	PO	PI कोड*
1.	कास्टिंग घटना का वर्णन करें ।	5	L1	1	1.4.1
2.	कास्टिंग प्रक्रियाओं को वर्गीकृत करें ।	5	L1	1	1.4.1
3.	स्थायी और अस्थायी कास्टिंग में अंतर करें ।	5	L1	1	1.4.1
4.	कास्टिंग डिजाइन में विभिन्न डिजाइन विचारों पर चर्चा करें ।	5	L1	1	1.4.1
5.	वेल्डिंग तकनीक का क्या महत्व है ?	5	L1	1	1.4.1
6.	आर्क वेल्डिंग की प्रक्रिया को समझाइए ।	5	L1	1	1.4.1
7.	गैस वेल्डिंग की प्रक्रिया को समझाइए ।	5	L1	1	1.4.1
8.	वेल्डिंग दोषों का वर्णन कीजिए ।	5	L1	1	1.4.1
9.	ब्रेजिंग ऑपरेशन पर चर्चा करें ।	5	L1	1	1.4.1
10.	ब्रेज़िंग के लाभों को सूचीबद्ध करें ।	5	L1	1	1.4.1
11.	ब्रेजिंग ऑपरेशन के अनुप्रयोगों को सूचीबद्ध करें ।	5	L1	1	1.4.1

बहुविकल्पीय प्रश्न

क्र.	प्रश्न	उत्तर	CO	BL	PO	PI कोड*
1.	पिस्टन रिंग्स किस पैटर्न का उपयोग करके बनाए जाते हैं ? (a) स्वीप पैटर्न (b) गेटेड पैटर्न (c) मैच प्लेट पैटर्न (d) लूज पीस पैटर्न	(c)	5	L1	1	1.4.1
2.	निम्नलिखित में से कौन सा मोल्डिंग रेत का एक प्रकार नहीं है? (a) लाल रेत (b) प्राकृतिक रेत (c) सिंथेटिक रेत (d) दोमट/लोम रेत	(a)	5	L1	1	1.4.1
3.	स्पॉट वेल्डिंग में प्रयुक्त इलेक्ट्रोड किस सामग्री से बने होते हैं? (a) केवल कॉपर (b) कॉपर और टंगस्टन (c) कॉपर और क्रोमियम (d) कॉपर और एल्यूमीनियम	(d)	5	L1	1	1.4.1
4.	निम्नलिखित में से किस जोड़ में उच्च संक्षारण प्रतिरोध (कोरोशन रेजिस्टेंस) होता है? (a) वेल्डिंग संयुक्त (b) रिवेटेड संयुक्त (c) बोल्ट संयुक्त (d) बट संयुक्त	(a)	5	L1	1	1.4.1

5.	ब्रेज़िंग में प्रयुक्त फिलर धातु का तरल तापमान ______डिग्री सेल्सिअस होता है । (a) 150 (b) 427 (c) 723 (d) 1000	(b)	5	L1	1	1.4.1

*प्रदर्शन संकेतक कोड (पी. ई. कोड) एआईसीटीई परीक्षा सुधार दस्तावेज से संदर्भित है ।

अधिक जानिए

1. सटीक धातुओं के लिए विभिन्न कास्टिंग तकनीक ।
2. कम लागत वाली कास्टिंग विधियों के अनुप्रयोग ।
3. धातुकर्म रूप से अस्थिर मैटेरियल्स के लिए वेल्डिंग के अनुप्रयोग ।
4. थर्मल स्टेशनों में ब्रेज़िंग का अनुप्रयोग ।

संदर्भ एवं अध्ययन हेतु सुझाव

1. Groover, Mikell P, "Fundamentals of modern manufacturing: materials, processes and Systems", 4th Ed. 2007, John Wiley & Sons, Inc.
2. Roger Timings, "Fabrication and Welding Engineering", Elsevier Ltd, USA
3. Rao P.N., "Manufacturing Technology", Vol. I and Vol. II, Tata McGrawHill House, 2017.
5. Gowri P. Hariharan and A. Suresh Babu,"Manufacturing Technology – I" Pearson Education, 2008.

भाग - ब

कर्मशाला अभ्यास
प्रयोगशाला

कर्मशाला अभ्यास प्रयोगशाला

भूमिका

एक प्रसिद्ध लेखक कन्फ्यूशियस कहते हैं, "**मैं सुनता हूं और मैं भूल जाता हूं, मैं देखता हूं और मुझे याद रहता है, मैं करता हूं और मैं समझ जाता हूं**", इस उद्धरण के साथ हम हाथ अभ्यास या प्रयोगशाला कार्य के महत्व को समझ सकते हैं । इंजीनियरिंग में सिद्धांत के अनुप्रयोग बहुत आवश्यक है और इसे प्रयोगशाला में निष्पादित किया जाता है । पाठकों की सुविधा के लिए, इस कर्मशाला / विनिर्माण अभ्यास विषय में, सैद्धांतिक पहलुओं को इस पाठ्यपुस्तक के भाग-अ में दिया गया है और पाठ्य पुस्तक के भाग-ब में संबंधित प्रयोगशाला/कर्मशाला अभ्यास पर चर्चा की गई है ।

हम जानते हैं कि प्रयोगशालाएं और कर्मशालाएं सीखने के लिए एक रोमांचक वातावरण प्रदान करती हैं । यह शिक्षार्थियों को वास्तविक जीवन के अनुभव प्रदान करती हैं ताकि वे कक्षा में सीखे गए सैद्धांतिक ज्ञान को लागू कर सकें । प्रयोगशालाएं और कर्मशालाएं, सिद्धांत और अभ्यास के बीच सेतु का कार्य करती हैं ।

कर्मशाला वह स्थान है जहां कोई भी विभिन्न सामग्रियों, उपकरणों, औजारों और विनिर्माण अभ्यासों के बारे में मूल शिक्षा और अनुभव प्राप्त कर सकता है जो विभिन्न विनिर्माण कार्यों और संचालन में देखे जाते हैं। इस प्रकार कर्मशाला अभ्यास, विभिन्न इंजीनियरिंग उत्पादों के उत्पादन के लिए आवश्यक बुनियादी कामकाजी ज्ञान देता है । यह विभिन्न कार्यरत औजारों , उपकरणों और मशीनों के निर्माण, कार्य, उपयोग और अनुप्रयोग की व्याख्या करता है । साथ ही कर्मशाला, कच्चे माल से उत्पाद बनाने की तकनीक का ज्ञान भी प्रदान करती हैं ।

प्रयोगशाला/कर्मशाला एक औद्योगिक वातावरण बनाती है जहां उद्योग के वास्तविक अभ्यासों का अनुभव कर सकते हैं । इसलिए कर्मशाला अभ्यास, वास्तविक औद्योगिक वातावरण की रीढ़ है जो उद्योगों में काम करने वाले तकनीशियन द्वारा आवश्यक कौशल के साथ-साथ योजना कौशल, समय प्रबंधन, दृश्य, कड़ी मेहनत, प्रासंगिक तकनीकी, सामाजिक, नैतिक, टीम वर्क, संचारकौशल और हस्त कौशल को विकसित करने और बढ़ाने में मदद करता है । इस तरह की गतिविधियों के कारण कर्मशाला रचनात्मकता, नवाचार और कौशल विकासघर का स्थान बन जाती है । कर्मशाला बहुत विशिष्ट कौशल सीखने का अवसर देती है जैसे टर्नर (मशीन शॉप), फिटर (फिटिंग शॉप), बढ़ई (लकड़ी के काम करने वाले) इलेक्ट्रीशियन (इलेक्ट्रिकल सर्किट), वेल्डर (वेल्डिंग), मेटल वर्कर (कास्टिंग), लोहार (स्मिथी) और प्लास्टिक मोल्डिंग ऑपरेटर, आदि । जरूरी स्किल्स के साथ-साथ सभी ऑपरेशंस में सुरक्षा सावधानियां सीखना जरूरी है ।

इस कर्मशाला अभ्यास को आयोजित करने के बाद विभिन्न लर्निंग आउटकम्स निम्न हैं ।

प्रयोगशाला लर्निंग आउटकम्स

विद्यार्थी सक्षम होंगे:

LO-1:	विनिर्माण प्रक्रिया की समझ के आधार पर विभिन्न मॉडलों को डायमेंशनल एक्यूरेसी और टॉलरेंसेस के साथ विकसित करना।
LO-2:	दिए गए मॉडलों के लिए ड्राइंग पढ़ने में दक्षता प्राप्त करना।
LO-3:	अंतिम उत्पाद को निष्पादित करने के लिए आवश्यक उपकरणों का उपयोग करना।
LO-4:	ड्राइंग आवश्यकताओं के आधार पर मॉडल बनाना।
LO-5:	कर्मशाला में आवश्यक सुरक्षा सावधानियों का अभ्यास करना।

मशीन शॉप

मशीन शॉप में लेथ मशीन, ड्रिलिंग मशीन, शेपिंग मशीन और मिलिंग मशीन शामिल है।

सुरक्षा सावधानियां

- मशीन शॉप में हमेशा लैबकोट पहनें । गर्म चिप्स से जलने और बिजली के झटके से बचने के लिए रबर सोल के बंद जूते पहनें।
- लेथ पर कार्य करते समय नेकटाई, चूड़ियां, कंगन, घड़ी, पहचान पत्र टैग आदि नहीं पहनें । इनके पहनने से लेथ पर काम करते समय उनके लेथ चक में उलझे या पकड़े जाने का खतरा ज्यादा होता है ।
- छात्राए लंबे खुले बाल, दुपट्टे, गले का हार एवं अन्य लटकदार गहने लेकर न जाएं ।
- मशीन को तब तक संचालित न करें जब तक कि आपको इसे संचालित करने का निर्देश न दिया जाए ।
- चक, व्हील्स, बेल्ट या घूर्णन पीसने वाले पहियों आदि जैसे चलते पार्ट्स को रोकने की कोशिश कभी भी न करें ।
- घूर्णन करते पार्ट्स से सुरक्षित दूरी बनाए रखें ।
- आग लगने की स्थिति में अग्निशामक यंत्रों का प्रयोग करें ।
- मशीनों को खुले हाथों से साफ न करें । मशीन की सफाई के लिए हमेशा वायर ब्रश का उपयोग करें ।
- दुर्घटना होने पर प्राथमिक उपचार बॉक्स का प्रयोग करें ।

लेथ मशीन

टर्निंग जॉब तैयारी

छात्रों को काम करने के लिए एक प्रयोगशाला प्रयोग में तीन से पांच ऑपरेशन दिए जा सकते हैं । आवंटित व्यावहारिक 10 घंटे में न्यूनतम तीन कार्य किए जा सकते हैं ।

लेथ मशीन की मदद से जॉब/मॉडल तैयार किए जा सकते हैं जिनमें निम्नलिखित ऑपरेशनस शामिल हो सकते हैं ।

- मार्किंग
- फेसिंग आपरेशन
- प्लेन टर्निंग
- स्टेप टर्निंग
- टेपर टर्निंग
- ग्रूविंग
- थ्रेडिंग
- नर्लिंग
- चम्फेरिंग, आदि

टर्निंग ऑपरेशन का नमूना मॉडल

निम्नलिखित चित्र लेथ मशीन पर किए जाने वाले ऑपरेशन्स को दर्शाता है ।

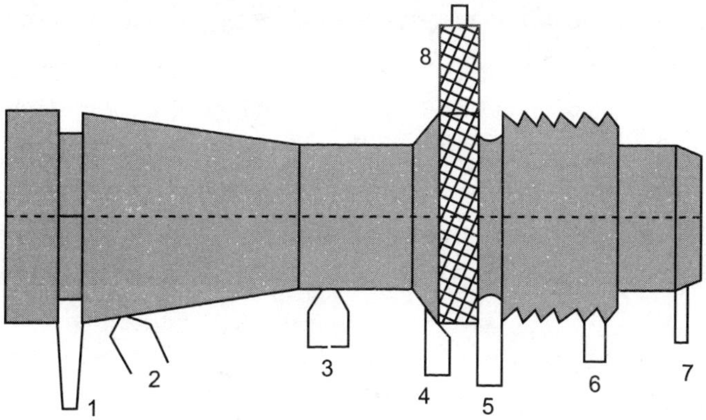

1. Parting Tool
2. Tapper Turining Tool
3. Turning Tool
4. Left Hand Turing Tool
5. Radius Tool
6. Thread Cutting Tool
7. Champer Tool
8. Knurling Tool

- **उद्देश्य:** उपलब्ध ड्राइंग के अनुसार, दिए गए माइल्ड स्टील वर्कपीस पर मशीनिंग ऑपरेशन करना ।
- **ड्राइंग:** टर्निंग ऑपरेशन के लिए दिए गए ड्राइंग को जोड़ें; सभी आयाम मिलीमीटर स्केल में होने चाहिए ।
- **आवश्यक उपकरण:** वर्नियर कैलिपर, सिंगल पॉइंट कटिंग टूल, पार्टिंग टूल, लेफ्ट हैंड टर्निंग टूल, नरलिंग टूल, चैम्फर टूल।
- **संचालन का क्रम:** फेसिंग, प्लेन टर्निंग, स्टेप टर्निंग, टेंपर टर्निंग, ग्रूव कटिंग, रेडियस कटिंग, थ्रेड कटिंग, नूरलिंग, चैम्परिंग।
- **प्रक्रिया:** गति, फ़ीड, कट की गहराई, टेपर कोण की गणना दिए गए आयामों के आधार पर बिन्दुवार की जा सकती है । (गणना के लिए सिद्धांतिक भाग देखें)
- **परिणाम:** उदाहरण दिया गया है; दी गई तालिका में दिए गए चित्र के अनुसार सभी आयामों को सूचीबद्ध किया गया है।

क्रमांक	ड्राइंग डाइमेंशन्स (दिया गया है) मिली मीटर में व्यास और लंबाई	वास्तविक डाईमेंश्न्स (काम पूरा होने के बाद मापा गया) मिली मीटर में	प्रयुक्त मापन उपकरणों का नाम
1.	20	20	वर्नियर कैलीपर्स
2.	Ø25	Ø25	वर्नियर कैलीपर्स

निष्कर्ष:

मिलिंग मशीन और शेपिंग मशीन

गियर काटने / शेपिंग ऑपरेशन्स का प्रदर्शन किया जा सकता है। * यदि संस्थान में सी.एन.सी. मशीन उपलब्ध है तो साधारण जॉब पर सी.एन.सी. मशीनिंग का प्रदर्शन किया जा सकता है।

फिटिंग शॉप

मशीन टूल्स, बड़े पैमाने पर तेजी से उत्पादन के लिए निर्मित किये गए है लेकिन कई ऐसे मौके होते हैं जहां मशीनरी को हाथ औजारों द्वारा बनाए गए कंपोनेंट्स की आवश्यकता होती है । कॉम्पोनेन्ट को बदलने या मरम्मत करते समय यह ध्यान रखना आवश्यक है कि पुन: संयोजन पर कॉम्पोनेन्ट किसी अन्य कॉम्पोनेन्ट के साथ सटीक रूप से फिट होना चाहिए । इस कार्य में कुछ हाथ फिटिंग की आवश्यकता शामिल है । मशीन टूल्स, जिग्स, गेज आदि की असेंबली में कुछ मात्रा में बेंच वर्क करना शामिल होता है । इसमें किए गए कार्य की सटीकता ऑपरेटर के अनुभव और कौशल पर निर्भर करती है । 'बेंच वर्क' शब्द का तात्पर्य बेंच पर हाथ से कंपोनेंट्स के उत्पादन से है, जबकि 'फिटिंग' का अर्थ कंपोनेंट्स की असेंबली से सम्बंधित है जिसमे अवांछित मेटल को निकाल कर वांछित फिट प्राप्त की जाती है । बेंच वर्क और फिटिंग दोनों के लिए कई साधारण हैंड टूल्स और मैनुअल प्रयासों की आवश्यकता होती है। उपरोक्त कार्यों में फाइलिंग, चिपिंग, स्क्रैपिंग, सॉइंग, ड्रिलिंग और टैपिंग ऑपरेशन्स शामिल हैं। सैद्धांतिक विवरण को आप इस पुस्तक के यूनिट-2 में पढ़ चुके है ।

सुरक्षा सावधानियां

फिटिंग ऑपरेशन के दौरान बरती जाने वाली सुरक्षा सावधानिया निम्नानुसार है ।

- वर्कशॉप सूट और जूते पहनें ।
- औजारों को खुले हाथों से न रगड़ें; हैकसॉ ब्लेड से काटते समय सावधान रहें ।
- दिए गए ऑपरेशन के लिए उपयुक्त उपकरणों का प्रयोग करें ।
- मार्किंग, फाइलिंग और कटिंग ऑपरेशन करते समय उचित शारीरिक मुद्रा बनाए रखें अन्यथा यह शरीर के अंगों पर खिचाव डालता है ।
- टेबल को केवल वायर ब्रश से साफ करें, हाथों से नहीं ।
- पंचिंग ऑपरेशन केवल एनविल पर ही किया जाना चाहिए ।
- मशीनों पर खाली पेट काम न करें । प्रयोगशाला में प्रवेश करने से पहले नाश्ता/भोजन करें ।

फिटिंग जॉब में ऑपरेशन्स

फिटिंग शॉप में विभिन्न ऑपरेशन इस प्रकार से हैं:

- **फेसिंग** - किनारों को फाइल करके सीधा किया जाना और ट्राई स्क्वायर से पुष्टि करना ।
- **चिपकाना** - चॉक पाउडर को सतह पर अंकित करना ।
- **मार्किंग** - हाइट गेज की सहायता से क्षैतिज और लंबवत रेखा अंकन करना ।
- **पंचिंग** - हैकसॉ ब्लेड को मार्किंग लाइन्स की दिशा रखते हुए कटाई के लिए गाइड करने हेतु ।
- **कटिंग** - हैकसॉ ब्लेड का उपयोग करना ।
- **रफ फाइलिंग** - अधिक अवांछित मटेरियल हटाना ।
- **स्मूथ फाइलिंग** - न्यूनतम अवांछित मटेरियल हटाना और धीरे-धीरे संचालित चलाना ।

फिटिंग ऑपरेशन में कम मात्रा में मटेरियल को चिह्नित करने और काटने के लिए एक कल्पना की आवश्यकता होती है जिससे की अंतिम वांछित फिट प्राप्त की जा सके । विभिन्न कंपोनेंट्स को मेल और फीमेल कंपोनेंट्स के रूप में नोट किया जा सकता है या आसान पहचान के लिए अल्फाबेट अक्षरों के साथ नामित किया जा सकता है । आइए एक नमूना प्रयोग का अध्ययन करें । निर्देशक

को सलाह दी जाती है कि वे मॉडल जॉब वर्क में बढ़ती हुई जटिलता के साथ ड्राइंग्स तैयार करें और 08 घंटे के प्रायोगिक कार्यक्रम में न्यूनतम दो मॉडल जॉब वर्क तैयार किए जा सकते हैं । मॉड्यूल को सभी प्रकार के फाइलिंग टूल का उपयोग सुनिश्चित करना चाहिए ।

प्रयोग : वी- जॉइंट तैयार करें ।

उद्देश्य: दिए गए डायमेंशन के लिए एक वी-जॉइंट तैयार करें ।

उपकरण: स्टील रूल, स्क्रिबर, सेंटर पंच, सरफेस प्लेट, वर्नियर हाइट गेज, हैक सॉ, फ्लैट फाइल, ट्राई स्क्वायर, आदि ।

ड्राइंग :

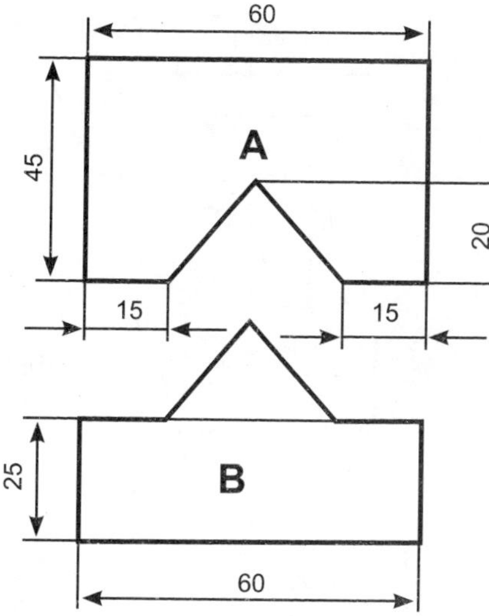

ऑपरेशन का क्रम: फेसिंग, मार्किंग, पंचिंग, कटिंग, रफ फाइलिंग, स्मूथ फाइलिंग ।

प्रक्रिया: चरणबद्ध ऑपरेशन अनुक्रम लिखे जाना है ।

नतीजा या परिणाम :

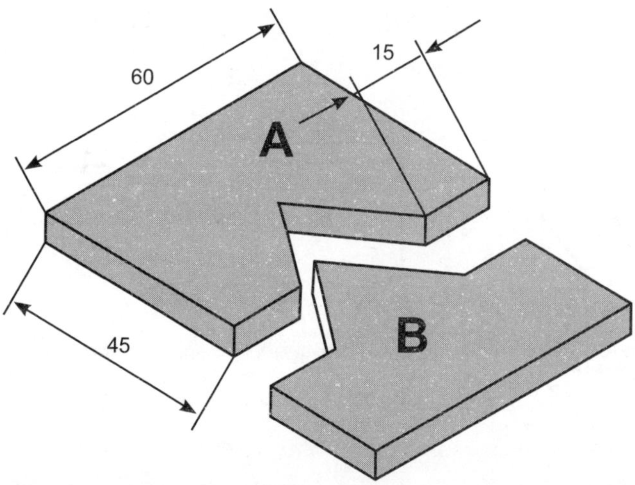

निष्कर्ष: आवश्यक वी-जॉइंट बनकर प्राप्त होता है ।

कुछ नमूना मॉडल का एक भाग (भाग-ए) यहां दिखाया गया है, इसी तरह के मॉडल अभ्यास के लिए दिए जा सकते हैं ।

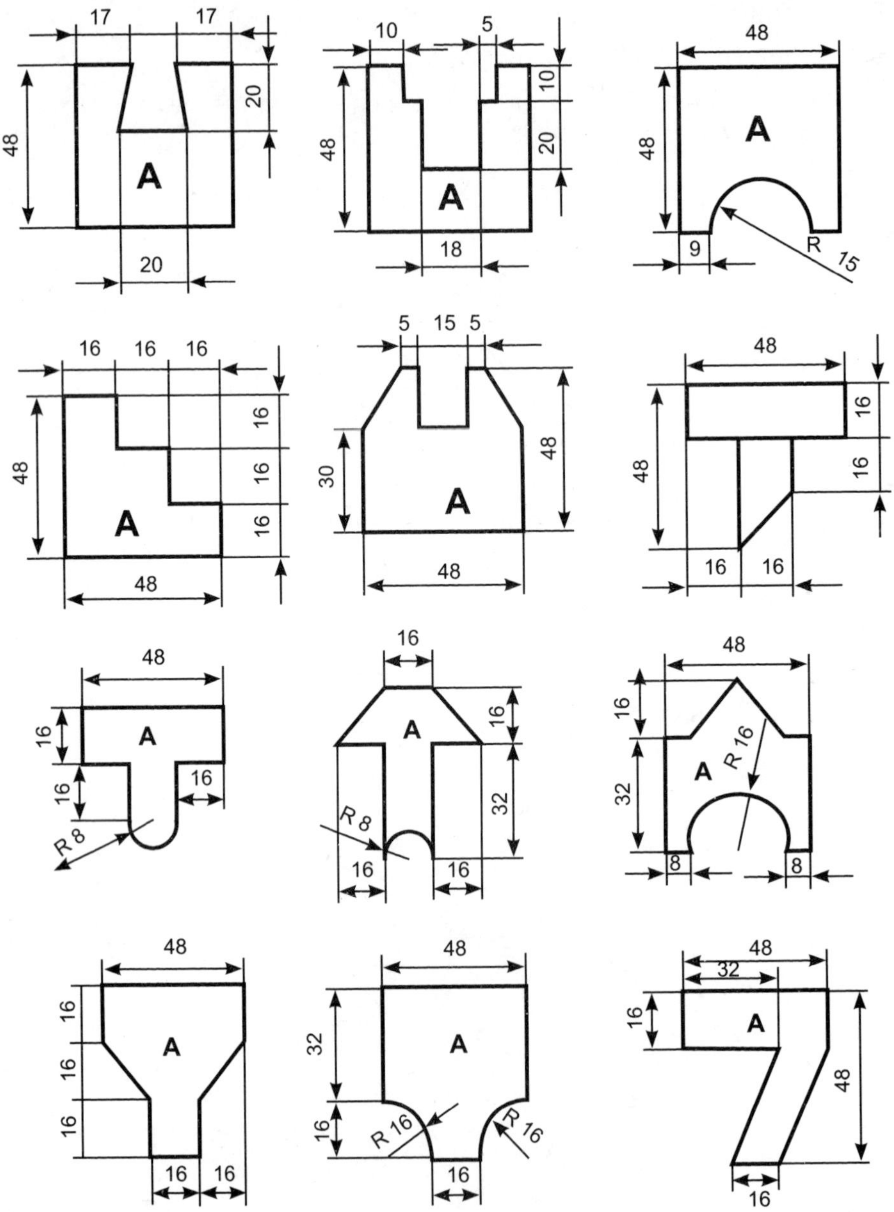

बढ़ईगीरी (कारपेंट्री)

बढ़ईगीरी एक कुशल काम है और आधुनिक औद्योगिक युग में एक व्यापार (ट्रेड) के रूप में मान्यता प्राप्त है । यह मूल रूप से लकड़ी और लकड़ी से बने उत्पाद निर्माण से संबंधित है । बढ़ईगीरी उतनी ही पुरानी है जितनी की मानव सभ्यता । इसकी सीमाए बड़े जहाज निर्माण से लेकर छोटे हारमोनियम स्ट्रिंग तक है ।

इस ट्रेड में ड्राइंग और सुचारू ऑपरेशन्स को समझने के लिए विशेष कौशल की आवश्यकता होती है । बढ़ईगीरी का अभ्यास करने वाले को बढ़ई के नाम से जाना जाता है । उनकी भूमिका लकड़ी को मापना, चिह्नित करना, काटना, आकार देना, फिटिंग करना और परिष्करण करना है । इस सिलसिले में उसे हाथ से चलने वाले औजारों का इस्तेमाल करना पड़ता है और आजकल बिजली उपकरण उसकी बहुत मदद करते हैं ।

इस प्रयोगशाला में हम दिए गए डायमेंशंन के अनुसार कुछ जॉइंट्स तैयार करने का अध्ययन करेंगे ।

सुरक्षा सावधानियां

बढ़ईगीरी कार्य के दौरान निम्नलिखित सुरक्षा सावधानियों का ध्यान रखा जाना चाहिए ।

- वर्कशॉप सूट, जूते पहनें ।
- औजारों को खुले हाथों से न छुएं; छेनी और हैकसॉ ब्लेड का प्रयोग करते समय सावधान रहें ।
- दिए गए ऑपरेशन के लिए उपयुक्त उपकरणों का प्रयोग करें ।
- मार्किंग, कटिंग ऑपरेशन करते समय शरीर की उचित मुद्रा बनाए रखें अन्यथा यह शरीर के अंगों पर खिचाव डालता है ।
- औजारों से मत खेलो ।
- छेनी और मैलेट का प्रयोग करते समय सतर्क रहें।

बढ़ईगीरी में छह घंटे का प्रयोगशाला कार्यक्रम है; इस प्रयोगशाला में कम से कम दो जॉब मॉडल तैयार किए जा सकते हैं ।

बढ़ईगीरी कार्य में ऑपरेशंस

- **प्लेनिंग** - सतह को दिए गए डायमेंशंस के साथ तैयार किया जाता है ।
- **मार्किंग** - वास्तविक दिए गए डायमेंशंस के लिए ।
- **कटिंग** - मार्किंग लाइनों पर हैक साँ का उपयोग करके कट करना ।
- **छेनी** - खुरदुरी छेनी से शुरू करें और कोनों और किनारों को उपयुक्त आकार की छेनी से फिनिशिंग करें ।
- **मापना** - दिए गए ड्राइंग डायमेंशंस और एक्चुअल प्राप्त डिमेंशन का सत्यापन करना ।
- **फिनिशिंग** - विविधताओं के अनुसार फिनिशिंग ऑपरेशन करना ।

बढ़ईगीरी जॉब के नमूने की चर्चा नीचे की गई है । उसी तर्ज पर प्रयोगशाला गतिविधियों का संचालन किया जा सकता है ।

प्रयोग: टी- लैप जॉइंट

उद्देश्य: दिए गए विनिर्देशों से एक टी-लैप जॉइंट तैयार करें ।

आवश्यक उपकरण: स्टील रूल, ट्राई स्क्वायर, मेटल जैक प्लेन, मार्किंग गेज, बढ़ईगीरी वाइस, हैंडसॉ ।

ड्राइंग :

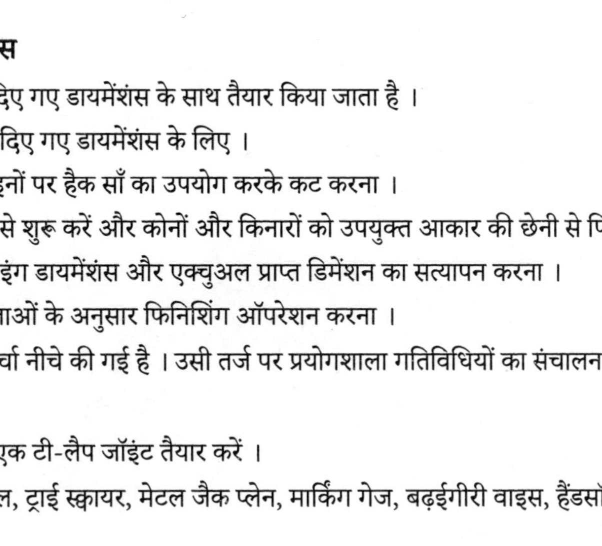

ऑपरेशंस का क्रम:

- प्लेनिंग
- मार्किंग
- कटाई
- छेनी कार्य
- फिनिशिंग

प्रक्रिया: ऑपरेशन संक्रियाओं को एक संक्षिप्त चरण में समझाया जाएगा ।

नतीजा या परिणाम :

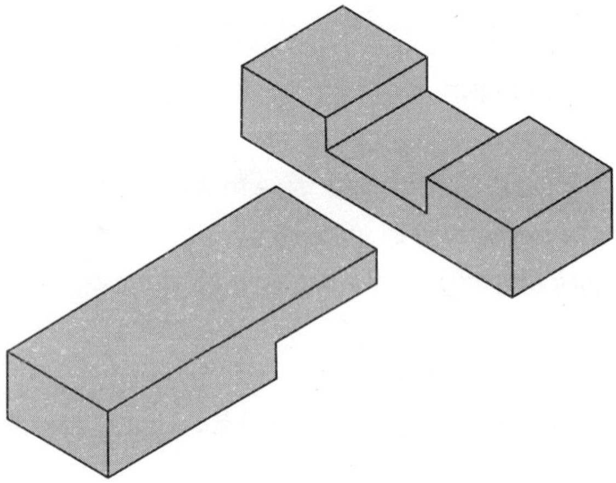

निष्कर्ष: दिए गए वर्कपीस से आवश्यक टी-लैप जॉइंट बनाकर प्राप्त किया गया ।

बढ़ईगीरी जॉइंट्स के विभिन्न आकार तैयार किए जा सकते हैं ।

डोव-टेल लैप जॉइंट:

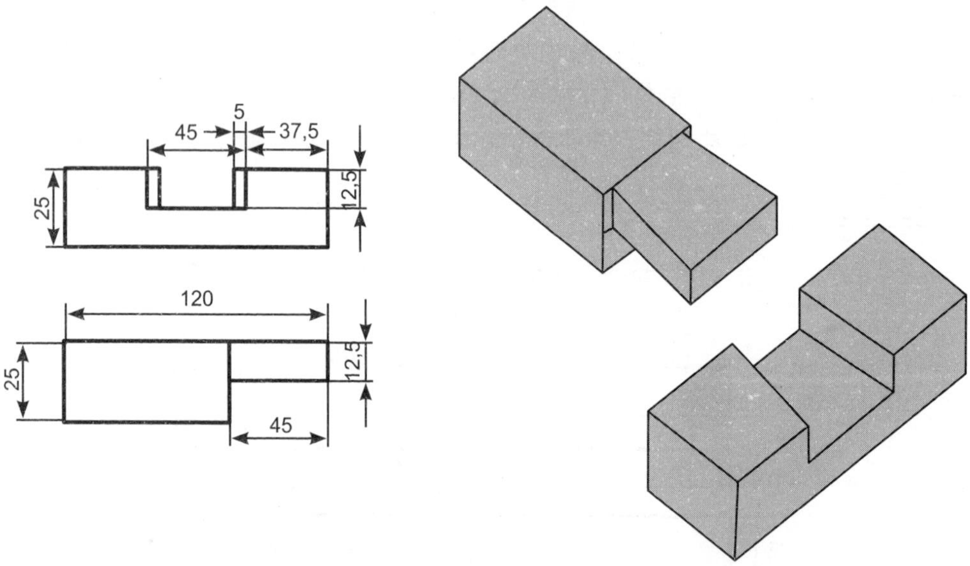

मोर्टिज़ और टेनन जॉइंट:

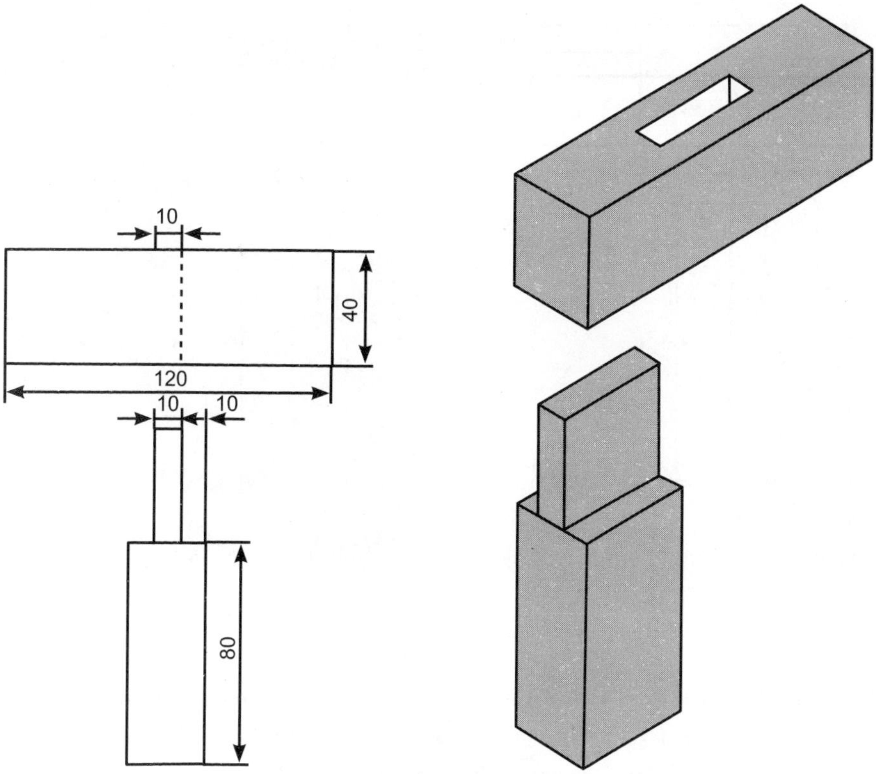

हल्विंग जॉइंट :

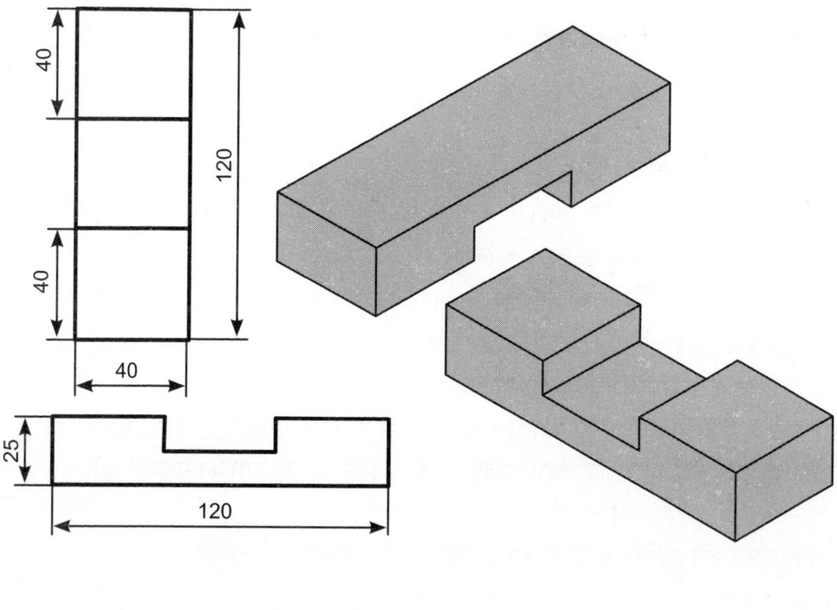

ब्रिड्ल जॉइंट:

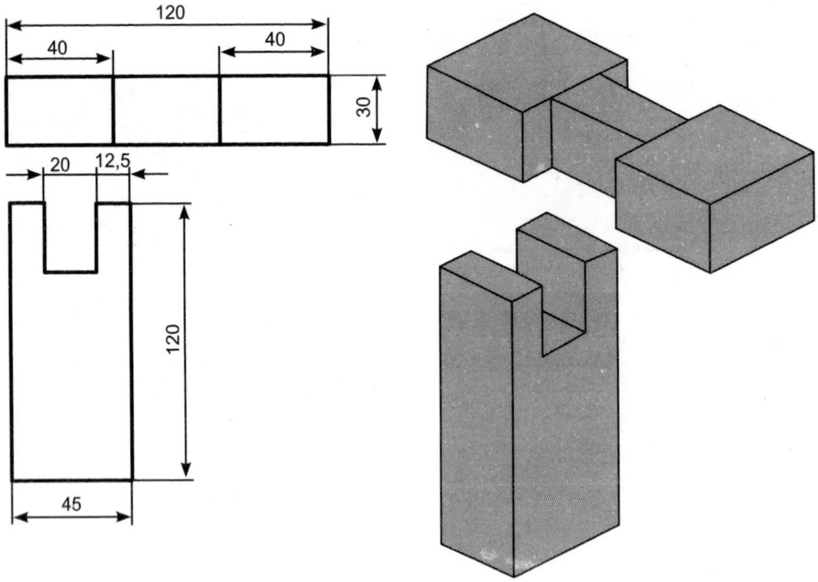

विद्युत और इलेक्ट्रॉनिक्स

विद्युत और इलेक्ट्रॉनिक्स प्रयोगशाला विद्युत संचरण, अनुप्रयोग और रूपांतरण की मूल बातें सिखाने के इरादे से रखी है । इलेक्ट्रॉनिक्स सूक्ष्म विद्युत अनुप्रयोगों से संबंधित है । इस प्रयोगशाला में आज के जीवन में उपयोग होने वाले इलेक्ट्रिकल और इलेक्ट्रॉनिक कंपोनेंट्स की बुनियादी बातों पर ध्यान केंद्रित किया जाना चाहिए और यह इंजीनियरिंग की सभी शाखाओ के लिए लागू है ।

सुरक्षा सावधानियां

- वर्कशॉप सूट, जूते पहनें ।
- उपयुक्त औजारों, उपकरणों और सुरक्षात्मक उपकरणों का उपयोग करें ।
- खुले सर्किट, लाइव तारों को न छुएं ।
- कम रोशनी में काम न करें ।
- गीले क्षेत्रों में या गीले जूतों या गीले कपड़ों में काम न करें ।
- औजारों और उपकरणों को साफ और अच्छी काम करने की स्थिति में एवं पानी और नमी से दूर रखें ।
- निर्देशक की सहमति के बिना मशीन पर काम न करें ।
- प्रयोग करने से पहले प्रक्रिया/निर्देशों को पढ़ें और उनका पालन करें ।
- सर्किट को लाइव वायर से न जोड़ें, बिजली कनेक्शन बंद करें और सर्किट बनाएं ।
- मशीनरी का संचालन करते समय फर्श पर मैट का प्रयोग करें।

इस विषय में 8 घंटे के प्रयोगशाला सत्र हैं, कम से कम दो प्रयोग किए जा सकते हैं । जैसा कि यह विषय अंतःविषय (इंटर डीसप्लिनरी) है, प्रयोगों को करने के लिए इलेक्ट्रिकल / इलेक्ट्रॉनिक इंजीनियरिंग विभाग का सहयोग और समर्थन मांगा जा सकता है ।

- **प्रयोग:** इलेक्ट्रिकल / इलेक्ट्रॉनिक इंजीनियरिंग प्रयोगशाला में उपकरण और संक्षिप्ताक्षर ।

- **उद्देश्य:** विभिन्न उपकरणों का अध्ययन और उनका उपयोग करना एवं उपयोग किए गए संक्षिप्ताक्षरों को समझना।
- **उपकरण:** चैनल लॉक प्लायर्स, लाइनमैन प्लायर्स, डायगोनल प्लायर्स, लॉन्ग नोज़ प्लायर्स, वायर स्ट्रिपर्स, क्रिम्प्स, रोटो स्प्लिट, वोल्ट मीटर, वोल्टेज टेस्टर, रिसेप्टकल टेस्टर, पाइप रीमर, इंसुलेटेड स्क्रूड्राइवर्स, स्क्रूड्राइवर सेट, स्क्वायर टिप स्क्रूड्राइवर, स्टब्बी स्क्रूड्राइवर, हेकसॉ, जैब / रॉक सॉ, रेजर नाइफ, टॉरपीडो लेवल, हैमर, मापने वाला टेप, आदि ।
- **संक्षिप्ताक्षरों की सूची:** प्रयुक्त संक्षिप्ताक्षरों की एक तालिका तैयार करें ।
- **प्रयोग:** स्विच कंट्रोल के साथ फ्लोरोसेंट ट्यूब लाइट के लिए वायरिंग बनाने का प्रयोग करना ।
- **आवश्यक उपकरण / सामग्री:** स्क्रू ड्राइवर, हैमर, प्लायर्स, लाइन टेस्टर, ट्यूब लाइट, ट्यूब बेस, स्टार्टर, चोक और वायर।

फ्लोरोसेंट लाइट के बारे में

फ्लोरोसेंट ट्यूब एक कम दबाव वाला पारा (मरकरी) वाष्प लैंप है । लैंप कम दबाव के कारण लंबी कांच की ट्यूब के रूप में होता है, जिसकी आंतरिक सतह पर फ्लोरोसेंट पाउडर कोटिंग होती है । बेरियम ऑक्साइड से लेपित टंगस्टन फिलामेंट्स को ट्यूब के प्रत्येक तरफ रखा जाता है । ट्यूब में कम दबाव में थोड़ी मात्रा में आर्गन गैस के साथ पारा की थोड़ी मात्रा होती है । जब तापमान बढ़ता है तो पारा वाष्प के रूप में बदल जाता है । ट्यूब के प्रत्येक छोर पर, सर्पिल रूप में इलेक्ट्रोड बेरियम उत्सर्जित करने वाले इलेक्ट्रॉनों से लेपित टंगस्टन से बना होता है । पावर फैक्टर में सुधार के लिए एक कैपेसिटर को पूरे सर्किट में जोड़ा जाता है । फ्लोरोसेंट लैंप सर्किट में एक चोक, एक स्टार्टर, एक फ्लोरोसेंट ट्यूब और एक फ्रेम होता है । आमतौर पर इस्तेमाल की जाने वाली फ्लोरोसेंट ट्यूब की लंबाई 100 सेमी. है; इसकी पावर रेटिंग 40 W और 230 V है । जब करंट आपूर्ति चालू की जाती है, तो करंट फिलामेंट्स को गर्म करता है और इलेक्ट्रॉनों का उत्सर्जन शुरू करता है । एक या दो सेकंड के बाद, स्टार्टर सर्किट खुलता है और चोक दो फिलामेंट्स में एक क्षणिक उच्च वोल्टेज वृद्धि को प्रेरित करता है । आर्गन के माध्यम से आयनीकरण होता है और यह उज्ज्वल प्रकाश उत्पन्न करता है ।

सर्किट आरेख

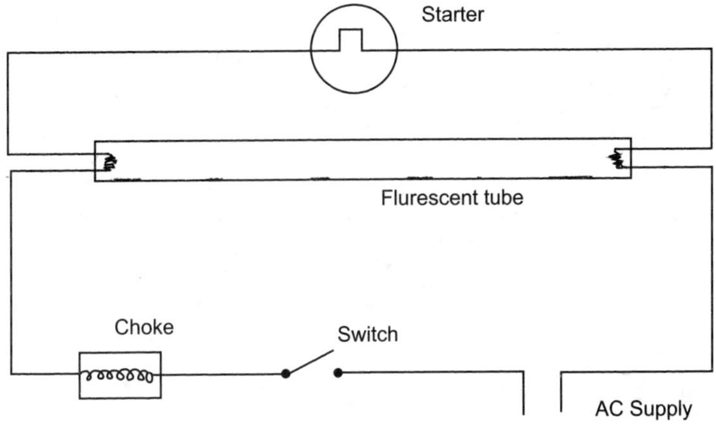

प्रक्रिया

- स्विच और ट्यूब लाइट के स्थान बिंदुओं को चिह्नित करें और लकड़ी के बोर्ड पर तारों के लिए रेखाएं बनाएं ।
- तारों को लाइनों के साथ लगाएं और क्लिप की मदद से उन्हें फिक्स करें ।
- ट्यूब होल्डर और चोक को ट्यूब बेस पर फिक्स करें ।
- फेज वायर को चोक में और न्यूट्रल वायर को डायरेक्ट ट्यूब से जुड़ा होता है ।

- फ्लोरोसेंट ट्यूब को होल्डर्स के बीच में फिक्स करें ।
- अंत में स्टार्टर को ट्यूब के साथ सीरीज में कनेक्ट करें ।
- वायरिंग डायग्राम के अनुसार वायरिंग को पूरा करें ।
- सर्किट को विद्युत आपूर्ति देकर ट्यूबलाइट की कार्यप्रणाली का परीक्षण करें ।

निष्कर्ष:

प्रयोग: सीढ़ीयों की रोशनी के लिए दो-तरफा स्विच (टू वे स्विच)

उद्देश्य: सीढ़ीयों की रोशनी के लिए दो-तरफा स्विच (टू वे स्विच) के लिए एक सर्किट आरेख तैयार करें और कनेक्शन को वेलीडेट करें ।

आवश्यक उपकरण / सामग्री: स्क्रू ड्राइवर, हैमर, प्लायर्स, लाइन टेस्टर, टू-वे स्विच, बल्ब होल्डर, बल्ब, ज्वाइंट क्लिप, वायर, स्क्रू, स्विच बोर्ड ।

दो-तरफा स्विच (टू वे स्विच) के कामकाज के बारे में

दो तरफा स्विच का उपयोग तब किया जाता है जब दूरी अधिक होती है और उस विशेष बिंदु पर प्रकाश को बंद करना सुविधाजनक होता है, तुलनात्मक रूप से प्रारंभिक स्थिति में वापस जाने के । यह वह वायरिंग है जो दो स्विच का उपयोग करती है, जिसमे प्रथम स्विच सीढ़ीयों की शुरुआत में बल्ब को संचालित करने के लिए और दूसरा स्विच सीढ़ीयों के दूसरे छोर पर बल्ब को बंद करने के लिए होता है । बल्ब का एक टर्मिनल मुख्य लाइन से जुड़ा होता है जिसकी वायर लाइन टू-वे स्विच के मध्य स्लॉट से जुड़ी होती है । उनके शेष पहले स्लॉट, क्रॉस किए गए नोड की तरह समानांतर में जुड़े हैं ।

सर्किट आरेख:

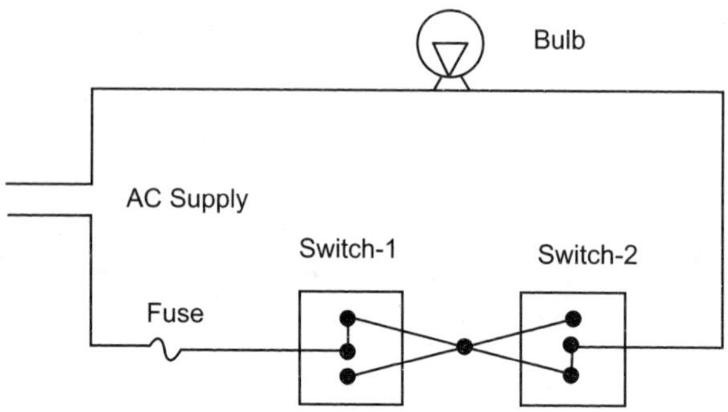

प्रक्रिया या विधि :

- लकड़ी के बोर्ड पर एक लेआउट तैयार करें ।
- स्विच और बल्ब स्थान बिंदुओं को चिह्नित करें और बोर्ड पर तारों के लिए लाइनों को चिह्नित करें ।
- वायर को चिह्नित लाइनों के साथ लगाएं और क्लिप की मदद से उन्हें फिक्स करें ।
- बोर्ड पर चिह्नित स्थान में टू-वे स्विच और बल्ब होल्डर को फिक्स करें ।
- वायरिंग डायग्राम के अनुसार पूरी वायरिंग और स्विच को कनेक्ट करें ।
- सर्किट को विद्युत आपूर्ति प्रदान कर बल्बों की कार्यप्रणाली का परीक्षण करें ।
- तालिका में परिणामों की पुष्टि करें ।

परिणाम :

स्विच स्थिति		लैंप की स्थिति
स्विच 1	स्विच 2	
बंद	बंद	बंद
चालू	बंद	चालू
बंद	चालू	चालू
चालू	चालू	बंद

निष्कर्ष:

वेल्डिंग शॉप

वेल्डिंग धातुओं को जोड़ने की एक विधि है जिसमे ऊष्मा ऊर्जा का उपयोग करके पार्ट्स को पिघलाकर, भराव सामग्री के साथ या बिना, एक जोड़ बनाया जाता है । विभिन्न ऊर्जा स्रोतों का उपयोग करके वेल्डिंग की जा सकती है, गैस की लौ, इलेक्ट्रिक आर्क, लेजर या अल्ट्रासाउंड एवं कोई अन्य ऊर्जा स्रोत हो सकता है । पहले वेल्डिंग का उपयोग हथियार बनाने के लिए किया जाता था अब इसने सभी क्षेत्रों में अपने क्षितिज का विस्तार कर लिया है । खराब हो चुके पुर्जों का रखरखाव/प्रतिस्थापन भी वेल्डिंग के द्वारा संभव है । कार्य की आवश्यकता के आधार पर आर्क या गैस वेल्डिंग का उपयोग किया जाता है । कृपया अधिक विवरण के लिए इस पाठ्य पुस्तक की इकाई-5 देखें, जिसमे इसकी चर्चा की गई है ।

सुरक्षा सावधानियां

आर्क वेल्डिंग

- आप सुनिश्चित करें कि हमेशा सुरक्षा के लिए हाथ के दस्ताने, एप्रन और चमड़े के जूते पहने हैं ।
- वेल्डिंग करते समय वेल्डिंग गॉगल, शील्ड का प्रयोग करें ।
- सुनिश्चित करें कि वेल्डिंग मशीन ठीक से ग्राउंडेड है और लीड ठीक से इंसुलेटेड हैं ।
- वेल्डिंग करते समय हमेशा फेस शील्ड का उपयोग करें; आर्क आपकी आँखों को गंभीर रूप से जला सकता है ।
- सुनिश्चित करें कि वेल्डिंग केबल्स गर्म धातु, पानी, तेल और ग्रीस के संपर्क में नहीं है ।
- वेल्डिंग शुरू करने से पहले ड्राई फुटिंग पर खड़े हो जाएं और बॉडी को इलेक्ट्रोड से इंसुलेटेड रखें ।
- सभी कनेक्टेड केबल्स का उचित इंसुलेशन सुनिश्चित करें ।
- काम छोड़ने से पहले मशीन को तुरंत बंद कर दें ।
- आसान पहुंच के लिए अग्निशामक यंत्र को निकटतम स्थान पर रखें ।

गैस वेल्डिंग

- सुनिश्चित करें कि आप हमेशा सुरक्षा के लिए हाथ के दस्ताने, एप्रन और चमड़े के जूते पहने हैं ।
- टोर्च जलाने के लिए माचिस की डिब्बी के बजाय स्पार्क लाइटर का उपयोग करें।
- ब्लो पाइप द्वारा सिलिंडर, होज़ या किसी अन्य उपकरण को गर्म करने की परिस्तिथि निर्मित न होने दें ।
- सुनिश्चित करें कि लगातार उपयोग के कारण होज़ पाइप गर्म ना हों ।

- वाल्व को नुकीले औजारों से संचालित ना करें ।
- गैस सिलेण्डरों को निर्धारित स्थानों पर/ट्रॉली पर रखें ।
- होज़ पाइपों में गैस के रिसाव की बार-बार जाँच करें ।
- गैस लीकेज को केवल साबुन के पानी से चेक किया जा सकता है, फायर स्टिक से नहीं ।
- आसान पहुंच के लिए अग्निशामक यंत्र को निकटतम स्थान पर रखें ।
- तेल और अन्य संवेदनशील सामग्री को वेल्डिंग जोन से दूर रखें ।
- कार्य करने से पहले प्रयोगशाला निर्देशक की सलाह लें ।

वेल्डिंग विषय में 8 घंटे के प्रयोगशाला सत्र होते हैं, प्रत्येक आर्क और गैस वेल्डिंग में न्यूनतम दो मॉडल का प्रदर्शन किया जा सकता है ।

वेल्ड कैसे तैयार करें

जब एक बार वेल्डिंग के लिए सामग्री तैयार हो जाती है तब वेल्डिंग करने के लिए जॉब के कटे टुकड़ों को चेक करें । वेल्डिंग ऑपरेशन से पहले वर्क पिस के टुकड़ों की सफाई सुनिश्चित करना आवश्यक है । बेस मटेरियल से किसी भी प्रकार के मिल स्केल, रसायन, संदूषक, तेल, ग्रीस और किसी भी कोटिंग को हटाना आवश्यक है । यह उचित वेल्ड पैठ सुनिश्चित करने में मदद कर सकता है और अशुद्धियों, सरंध्रता और किसी भी समावेशन को हटा सकता है । इस प्रकार यह दोष मुक्त वेल्डिंग की जाती है ।

वेल्डिंग के लिए वर्कपीस को ठीक से तैयार करना उच्च गुणवत्ता वाले परिणाम देने, लगातार उत्पादकता स्तर बनाए रखने और लागत को कम करने के लिए महत्वपूर्ण कारक है । प्रारंभ में वर्कपीस को स्वच्छ, सीधा और जितना संभव हो उतना सुसंगत बनाने से गुणवत्ता वाले वेल्डिंग का उत्पादन करना आसान हो जाएगा । वेल्डिंग के लिए वर्कपीस सतहों को तैयार करने हेतु कई उपकरण और तकनीकें हैं जैसे सैंड पेपर, कपड़ा और साल्वेंट, एंगल ग्राइंडर, चोप सॉ, बैंड सॉ, ओक्सी फ्यूल कटर, प्लाज्मा कटर आदि का उपयोग करना ।

वेल्डिंग के लिए आवश्यक कारक

साउंड वेल्डिंग आउटपुट प्राप्त करने के लिए कुछ महत्वपूर्ण आवश्यकताएं निम्नलिखित हैं ।

- उपयुक्त वर्कपीस
- वेल्डिंग के लिए उचित बेस प्लेट
- इलेक्ट्रोड का सही आकार
- उपयुक्त आर्क लंबाई या वोल्टेज की आवश्यकता
- सही करंट की आपूर्ति
- आर्क ट्रेवल गति
- वेल्डिंग करते समय होल्डिंग इलेक्ट्रोड कोण
- उपयुक्त सुरक्षा औजार और उपकरण
- वेल्डर की विशेषज्ञता
- गैस वेल्डिंग में गैस का उचित मिश्रण

आइए निम्नलिखित उदाहरणों के साथ कुछ प्रयोगशाला वेल्डिंग मॉडल तैयारियों का अध्ययन करें । उपयुक्त आकार और प्रकार निर्देशक द्वारा तय किया जा सकता है । लेकिन यह सुनिश्चित करने का अनुरोध किया जाता है कि वेल्डिंग जॉइंट्स में जटिलता छात्रों की वेल्डिंग क्षमता को बढ़ा सकती है । इस दृष्टिकोण से वेल्डिंग जॉइंट्स को प्रयोगशाला में तैयार और निष्पादित किया जा सकता है।

वेल्डिंग ऑपरेशन करते समय निर्देशकों को अत्यधिक सावधानी बरतने की सलाह दी जाती है ।

- **प्रयोग:** बट जॉइंट
- **उद्देश्य:** आर्क वेल्डिंग प्रक्रिया द्वारा बट जॉइंट तैयार करना ।
- **आवश्यक सामग्री:** माइल्ड स्टील प्लेट्स

  आवश्यक उपकरण और सहायक उपकरण: खुरदरी और चिकनी फाइलें, प्रोट्रैक्टर, आर्क वेल्डिंग मशीन, माइल्ड स्टील इलेक्ट्रोड और इलेक्ट्रोड होल्डर, ग्राउंड क्लैंप, चिमटे, फेस शील्ड, चिपिंग हैमर ।
- **ड्राइंग:** दिए गए आकार के वर्क पीसेस

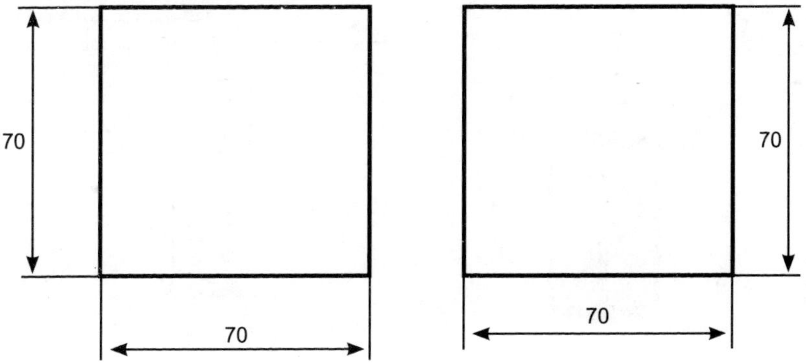

ऑपरेशन्स का क्रम :

- मार्किंग
- कटिंग
- फाइलिंग द्वारा किनारे की तैयारी (जंग, स्केल आदि को हटाना)
- ट्राय स्क्वायर लेवलिंग
- टैकिंग
- वेल्डिंग
- कुलिंग
- छिलना या चिपिंग

प्रक्रिया: प्रक्रिया को सरल चरणों में लिखें।

नतीजा :

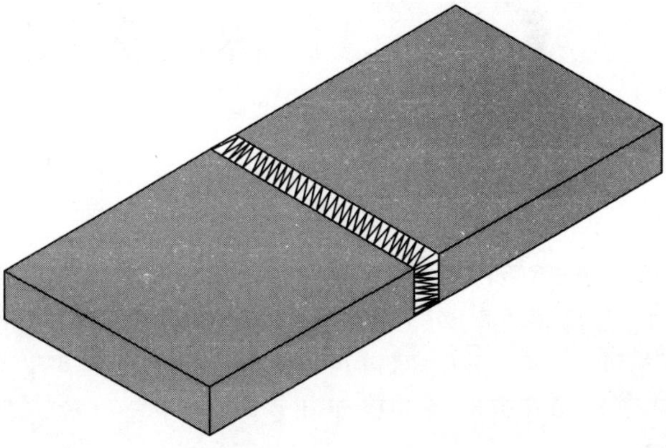

निष्कर्ष:

संदर्भ के लिए कुछ और जॉइंट प्रकारों का उल्लेख नीचे किया गया है ।

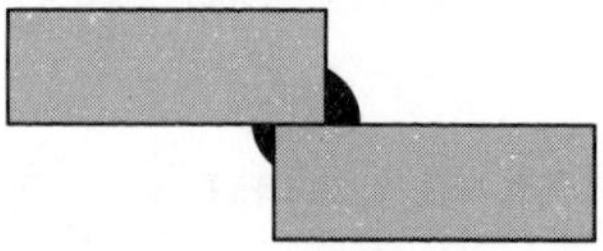

Lap Joint

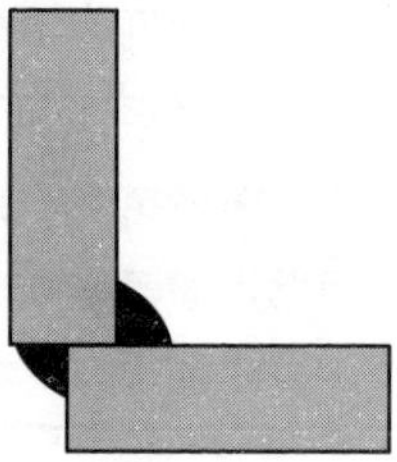

Corner Joint

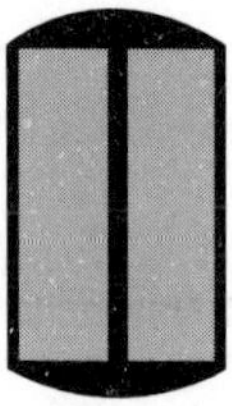

Edge Joint

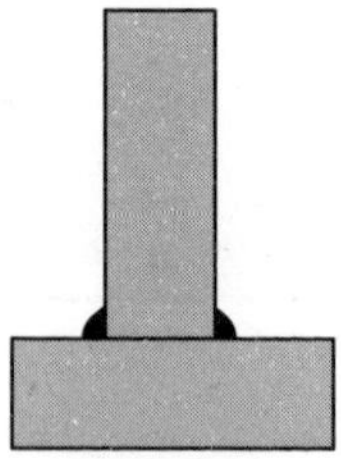

T-Joint

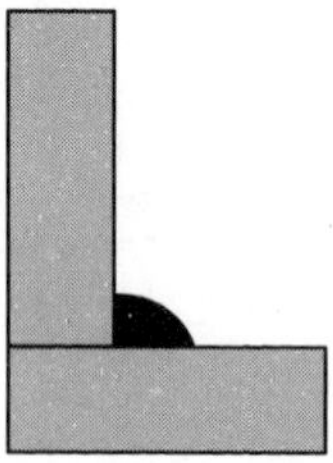

L-joint

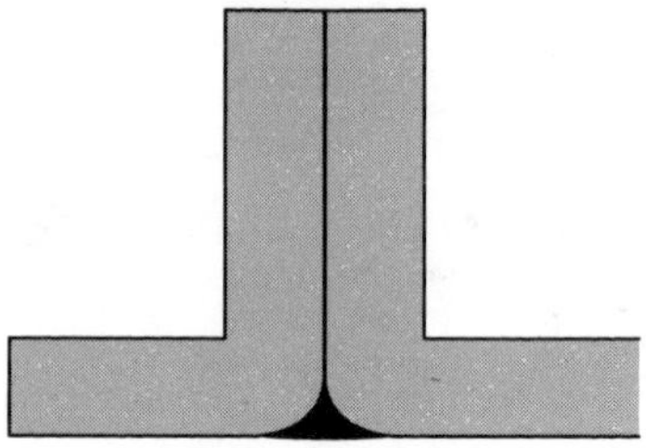

Flare V-Joint

Bevel Joint

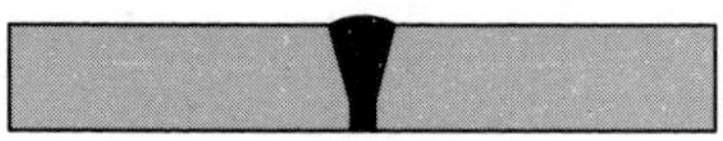

U-Groove

ढलाई या कास्टिंग

किसी भी निर्माण उद्योग में फाउंड्री अनुभाग कई वर्षों से एक महत्वपूर्ण स्थान रखता है । फाउंड्री में उत्पादों के जटिल आकार कम निवेश और कम समय में निर्मित किए जा सकते हैं । यह पिघला हुआ धातु आमतौर पर कच्चा लोहा, पीतल, एल्यूमीनियम आदि को लकड़ी या धातु के पैटर्न द्वारा तैयार किए गए सांचों में डालकर किया जाता है । धातुओं को ढालकर उन्हें आकार देने की प्रक्रिया में किसी भी अन्य निर्माण विधियों की तुलना में बहुत कम समय लगता है और तुलनात्मक सस्ता पढ़ता है । इसी प्रकार हर जगह पर कास्टिंग का अभ्यास किया जाता है ।

उत्पाद आकृतियों को पैटर्न के रूप में प्रतिकृति कर दोहराया जाता है । कास्टिंग प्रक्रिया में पैटर्न प्रमुख अवयव है । यह ढाली जाने वाली वस्तु का एक मॉडल या प्रतिकृति है । इस मॉडल का उपयोग रेत में गुहा या कैविटी बनाने के लिए किया जाता है । एक बार जब पैटर्न हटा दिया जाता है तो यह पिघली हुई धातु को भरने के लिए कैविटी बनाता है । एक बार जब कैविटी पिघली हुई धातु से भर जाती है तो जमने के लिए कुछ समय लेती है और यह एक कास्टिंग यानी आवश्यक अंतिम उत्पाद का निर्माण करती है । पैटर्न को हमेशा कास्टिंग यानी आवश्यक अंतिम उत्पाद से कुछ बड़ा बनाया जाता है । इन अतिरिक्त आयामों को पैटर्न भत्ते या पैटर्न अलाउंस के रूप में जाना जाता है । वे हैं: संकोचन भत्ता, मशीनिंग भत्ता और ड्राफ्ट या टेपर भत्ता । एक कास्टिंग के संकुचन को समायोजित करने के लिए संकोचन भत्ता प्रदान किया जाता है । कास्टिंग के अंतिम उत्पाद की फिनिश या चिकनी सतह प्राप्त करने के लिए मशीनिंग आपरेशनस की आवश्यकता होती है । मशीनिंग भत्ता द्वारा इसका समायोजन किया जाता है । टेंपर भत्ता एक सकारात्मक भत्ता है और पैटर्न की सभी ऊर्ध्वाधर सतहों पर दिया जाता है ताकि इसे मोल्ड से निकालना आसान हो जाए । सबसे अधिक इस्तेमाल की जाने वाली पैटर्न सामग्री लकड़ी है, क्योंकि यह आसानी से उपलब्ध है और हल्की है । साथ ही, इसे आसानी से आकार दिया जा सकता है और यह अपेक्षाकृत सस्ती है ।

सुरक्षा सावधानियां

कास्टिंग प्रयोगशाला में निम्नलिखित सुरक्षा सावधानियों का ध्यान रखा जाना चाहिए ।

- वर्कशॉप सूट, जूते पहनें ।
- उपयुक्त औजारों एवं उपकरणों का प्रयोग करें ।
- सभी उपकरणों को आवश्यकता के अनुसार व्यवस्थित करें ।
- पैटर्न बनाते समय रेत को कुटाई करते वक्त हाथों का ध्यान रखें ।
- मोल्ड बॉक्स कच्चे लोहे से बने और प्रकृति में भारी होते हैं, उन्हें सावधानी से संभालें ।
- प्रयोगशाला का काम खत्म होने के बाद हाथों को अच्छी तरह धो लें ।
- खाली पेट काम न करें ।
- निर्देशक के निर्देशों का नियमित रूप से पालन करें ।
- धातु को भट्टी में गर्म करते समय और पिघली हुई धातु के साथ सावधानी रखें ।
- पिघली हुई धातु और साँचे से निकलने वाली गैसों / धुएं को श्वास द्वारा अंदर लेने से बचें ।
- जब तक कास्टिंग पूरी तरह से ठंडा न हो जाए, तब तक उन्हें न छुएं ।
- मोल्ड्स में एक बार पिघली हुई धातु भर जाने के बाद, उन्हें हिलडुल न करें ।

ऑपरेशन्स का क्रम:

- आवश्यकता के आधार पर पैटर्न का चयन ।
- ग्रीन रेत तैयार करना ।
- मोल्डिंग रेत को पैटर्न, राइसर, स्प्रू के साथ कोप और ड्रैग में भरना ।
- पैटर्न निकालें ।
- कोप और ड्रैग के बीच पर्टिंग रेत की पतली परत लगाएं ।
- पिघली हुई धातु को स्प्रू में डालना और राइसर में पिघली हुई धातु को निकलते देखकर इसकी पुष्टि करना ।
- जमने के लिए छोड़ दें ।
- मोल्ड खोलें ।
- फिनिशिंग ऑपरेशन ।

विषय में 8 घंटे का प्रयोगशाला सत्र है; इस प्रयोगशाला में कम से कम दो मॉडल तैयार किए जा सकते हैं ।

प्रयोग: बियरिंग पैटर्न तैयार करना

उद्देश्य: दिए गए बियरिंग पैटर्न का उपयोग करके रेत का सांचा तैयार करें

ड्राइंग:

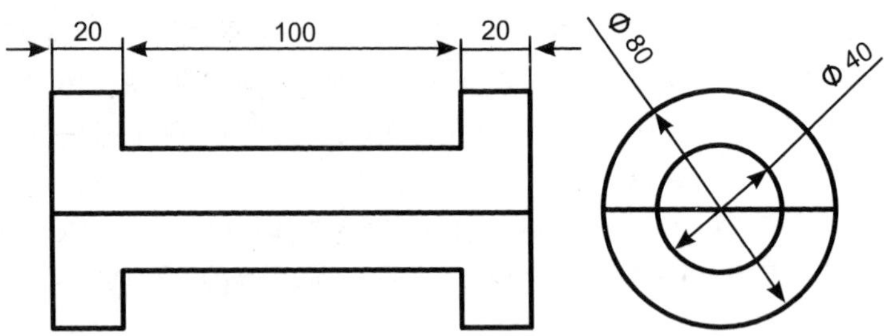

आवश्यक सामग्री: मोल्डिंग रेत, पर्टिंग रेत, पानी ।

आवश्यक उपकरण: कोप एंड ड्रैग मोल्ड बॉक्स, फावड़ा, हैंड रैमर, राउंड रैमर, स्ट्राइक ऑफ-बार, वेंट-वायर, ट्रॉवेल, स्लीक, लिफ्टर, स्प्रू, रनर एंड राइसर, हैंड रिडल या छन्नी, आदि ।

प्रमुख ऑपरेशन:

- ढलाई रेत की तैयारी
- पैटर्न का उपयोग करके मोल्ड कैविटी की तैयारी
- पैटर्न को निकालना
- गेट कटिंग
- फिनिशिंग

विधि या प्रक्रिया:

- पैटर्न का चयन करें ।
- मोल्डिंग रेत तैयार करें और गुणवत्ता की जांच करें ।
- ड्रैग बॉक्स को उपर की ओर करके जमीन पर रखें और पैटर्न के आधे हिस्से को रखें ।
- रेत को हाथ रेमर का उपयोग करते भर दें और स्ट्राइक-ऑफ बार का उपयोग करके अतिरिक्त रेत हटा दें ।
- ड्रैग बॉक्स को सामान्य स्थिति में रखें और पैटर्न के शेष आधे हिस्से को रखें, इस प्रकार मोल्ड तैयार करें ।
- पैटर्न को हटा दें और देखें कि मोल्ड कैविटी ख़राब तो नहीं हुई है ।
- पार्टिंग सैंड को ड्रैग बॉक्स के ऊपर छिड़कें और कोप बॉक्स को धीरे-धीरे रखें ।
- कोप बॉक्स को ड्रैग बॉक्स के ऊपर फिक्स करें और स्प्रू पिन लगाएं ।

परिणाम या नतीजा:

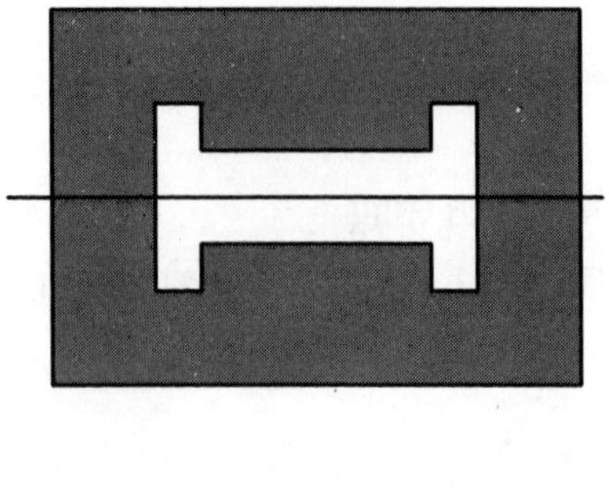

निष्कर्ष:

मोल्ड बनाने के लिए निम्नलिखित पैटर्नस का अभ्यास किया जा सकता है :

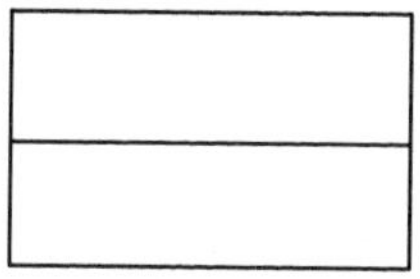

Cylindrical

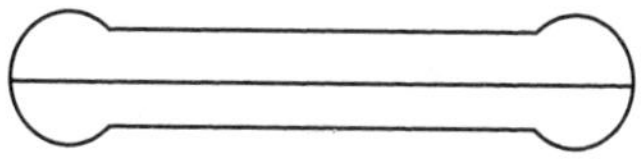

Dumb Bell

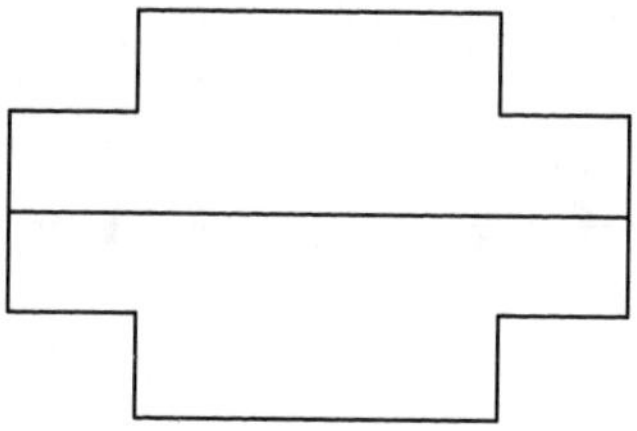

Stepped

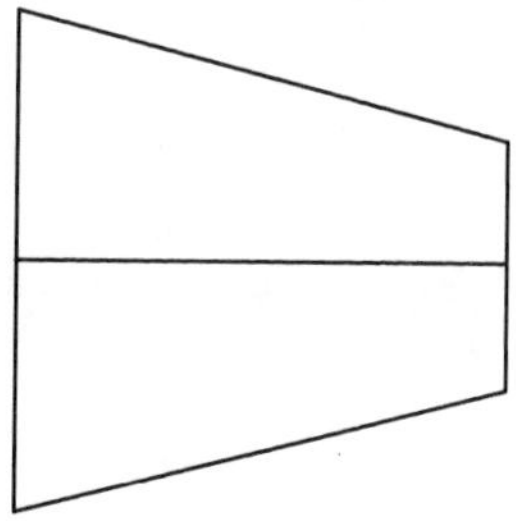

Trapered Cylilnder

लोहारी या स्मिथी

स्मिथी या हैंड फोर्जिंग एक प्राचीन ट्रेड है । यहां धातु के स्टॉक को तब तक गर्म किया जाता है जब तक वह लाल गर्म न हो जाए और साथ ही साथ प्लास्टिसिटी प्राप्त न कर ले । इस समय हाथ फोर्जिंग द्वारा हेमरिंग करके वांछित आकार और प्रकार प्राप्त होता है । यह वांछित आकार प्राप्त होने तक संपीड़न, बेन्डिंग, टैपिंग, आदि द्वारा प्राप्त किया जा सकता है । बड़े उपकरणों के लिए फोर्जिंग मशीनों का उपयोग किया जाता है । छोटे जॉब्स जिनकी हैण्ड फोर्जिंग होना है उनको गर्म करने के लिए चूल्हा या हर्थ का उपयोग किया जाता है । इस उद्देश्य के लिए गैस, तेल या कोयले की फायरिंग का इस्तेमाल किया जा सकता है। दहन के लिए आवश्यक हवा एक ब्लोअर द्वारा पाइप के माध्यम से प्रेशर पर हर्थ में आपूर्ति की जाती है । ब्लोअर या तो हाथ से संचालित हो सकते हैं या बिजली से ।

सुरक्षा सावधानियां

- वर्कशॉप सूट, जूते पहनें ।
- उपयुक्त औजारों और उपकरणों का प्रयोग करें ।
- हैमरिंग लापरवाही से नहीं करनी चाहिए ।
- निहाई या एनविल की पूंछ पर भारी प्रहार नहीं करना चाहिए ।
- हैमर हैंडल के लिए पर्याप्त लंबाई प्रदान की जानी चाहिए ।
- फोर्जिंग शॉप में कुंद या ब्लंट छेनी का प्रयोग नहीं करना चाहिए ।
- ठंडी धातु के लिए कभी भी फुलर और स्वेज का प्रयोग न करें ।
- आग को छोटी लेकिन भट्टी में गहरी रखें ।
- आग को क्लिंकर से मुक्त रखें ।
- आग के ऊपर फ्रेश कोक न डालें, इसे साइड से डालें ।

इस विषय में 6 घंटे का प्रयोगशाला सत्र है, इसलिए कम से कम दो मॉडल तैयार किए जा सकते हैं । दिए गए वर्कपीस को संकुचित या मोड़कर विभिन्न प्रकार के जॉब्स तैयार किए जा सकते हैं ।

प्रयोग: दिए गए वर्कपीस को वृत्ताकार से वर्गाकार में बदलें ।

उद्देश्य: हैंड फोर्जिंग ऑपरेशन का पालन करके दिए गए राउंड रॉड से स्क्वायर रॉड तैयार करें ।

ड्राइंग:

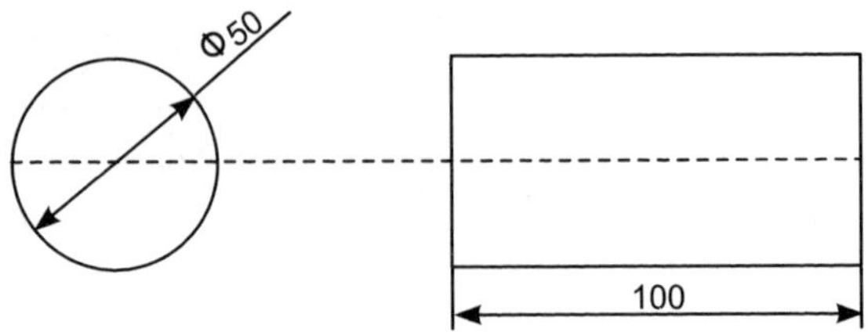

आवश्यक उपकरण: स्मिथ फोर्ज, एनविल, बॉल-पीन हैमर, फ्लैटर्स, स्वेज ब्लॉक, हाफ राउंड चिमटे या टोंग्स , पिक-अप टोंग्स, कोल्ड छेनी ।

ऑपरेशन्स का क्रम:

- दिए गए वर्कपीस के आयामों को मापें ।
- जॉब नमूने को गोल चिमटे से संभालें और भट्टी/खुले चूल्हे में तब तक गर्म करें जब तक कि वह लाल चेरी रंग का न हो जाए।
- हॉट वर्क पीस को एनविल पर रखें ।
- सभी किनारों पर चौकोर आकार प्राप्त करने के लिए जॉब को टोंग की मदद से पकड़कर स्लेज हथौड़े से वॉर किये जाते है ।
- यदि धातु बीच-बीच में ठण्डी हो जाती है तो उपर्युक्त सभी चरण दोहराए जाते हैं ।
- वर्कपीस के ठंडा होने के बाद आयामों की जांच करें ।

नतीजा या परिणाम :

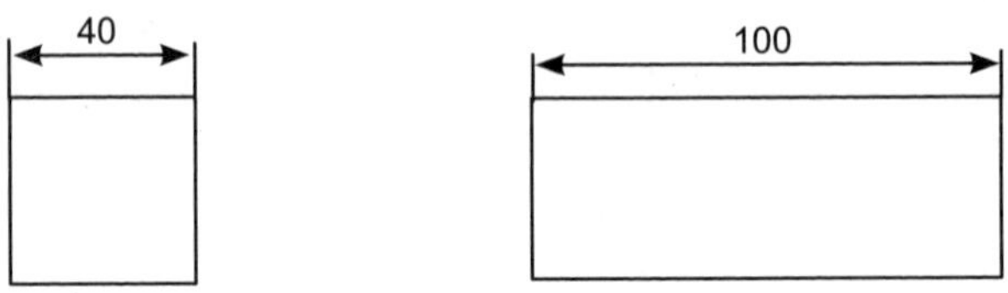

निष्कर्ष: आवश्यक स्क्वायर जॉब पूरा हो गया है ।

स्मिथी लैब में किए जाने वाले सैंपल जॉब में, दिए गए बार की लंबाई को कम करना, स्क्वायर को राउंड बार में बदलना, दिए गए लेंथ बार पर स्क्वायर हेड बनाना शामिल हो सकता है ।

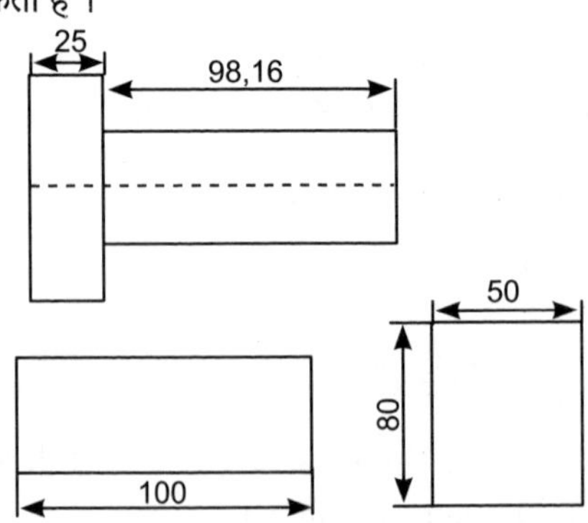

प्लास्टिक मोल्डिंग और ग्लास कटिंग

प्लास्टिक मोल्डिंग प्रक्रिया, इंजेक्शन मोल्डिंग मशीन में कंप्रेस करके अंतिम उत्पाद को आवश्यक आकार देती है । प्लास्टिक का उपयोग आवश्यकता के आधार पर तरल या कणिकाओं (ग्रेन्युलस) के रूप में किया जा सकता है । ग्लास कटिंग ऑपरेशन में मैनुअल या लेजर कटिंग तकनीक शामिल है । कांच काटने की प्रक्रिया में कांच की सतह में हीरे या विशेष टंगस्टन कार्बाइड के कटर व्हील के साथ एक निशान बनाना और फिर निशान लाइन पर कांच को तोड़ने के लिए कटर को चलाना या स्नैप करना शामिल है । टेम्पलेट का अनुसरण करने के लिए निशान लाइन सीधी या विशेष आकार की हो सकती है ।

सुरक्षा सावधानियां

- वर्कशॉप सूट, जूते पहनें ।
- उपयुक्त औजारों और उपकरणों का प्रयोग करें ।
- प्लास्टिक/ग्लास को हाथ दस्ताने के बिना न पकड़े ।
- ग्लास कटर का उपयोग करते समय सावधान रहें ।
- इंजेक्शन मोल्डिंग मशीन के हीटिंग कॉइल से दूर रहें ।
- प्लास्टिक के उत्सर्जन को श्वास में न लें ।

चूंकि इस विषय में 6 घंटे का प्रयोगशाला सत्र है, इसलिए दो प्रयोग किए जा सकते हैं । एक प्लास्टिक मोल्डिंग से और दूसरा ग्लास कटिंग पर ।

प्रयोग: इंजेक्शन मोल्डिंग मशीन ।

उद्देश्य: इंजेक्शन मोल्डिंग मशीन का उपयोग करके प्लास्टिक के पुर्जे तैयार करें ।

आवश्यक उपकरण / सामग्री: डाई सेट, प्लास्टिक के दाने ।

प्रक्रिया या विधि:

- हीटर के स्विच को चालू करें ।
- कच्चे माल को मशीन के हॉपर में डालकर भर दें ।
- हीटर के तापमान को 320 से 350 डिग्री सेल्सियस के आसपास समायोजित करें ।
- इंजेक्शन मोल्डिंग टूल को सही स्थिति में क्लैंप करे ताकि स्प्रू होल और बैरल होल की धुरी एक लाइन में हो ।
- साँचा आधा खोलें और पंप शुरू करें ।
- दबाव को समायोजित करें और लीवर द्वारा पिघले हुए प्लास्टिक को इंजेक्ट करने के लिए मैन्युअल रूप से दबाव डालें ।
- ठंडा होने दें ।
- डाई को बाहर निकालें और तैयार उत्पाद को निकाल ले ।

नतीजा या परिणाम :

प्रयोग: कांच काटना

उद्देश्य: दिए गए आयामों (डाईमेंशन) को प्राप्त करने के लिए कांच काटने का कार्य करें

उपकरण / सामग्री: कांच कटर, कांच

प्रक्रिया या विधि:

- कांच को समतल मेज पर रखना होता है और कपड़े को काटे जाने वाले कांच के नीचे रखना होता है ।
- कटिंग लाइन को चिह्नित करें या टेम्पलेट का उपयोग करें ।

- चिह्नित रेखा पर एचेंट लगाएं ।
- डायमंड कटर को धीरे-धीरे लाइन या टेम्प्लेट पर चलाये ।
- ग्लास को रबर मैलेट से टैप करें या ग्लास को काटने के लिए फ़्लायर का उपयोग करें ।
- इस प्रकार अंतिम उत्पाद प्राप्त होता है ।

नतीजा या परिणाम:

(सौजन्य से: https://www.instructables.com)

CO और PO अटैनमेंट तालिका

पाठ्यक्रम पूर्ण होने के उपरान्त कोर्स आउटकम्स (COs) को प्रोग्राम आउटकम्स (POs) के साथ मैप (परस्पर संबंध) किया जा सकता है तथा अन्तर का विश्लेषण करने के लिए POs प्राप्ति हेतु सहसंबंध स्थापित किया जा सकता है। POs प्राप्ति में अन्तर के उचित विश्लेषण पश्चात प्राप्त कमियों को दूर करने के लिए उचित उपाय भी कि ये जा सकते है।

CO और PO अटैनमेंट तालिका

कोर्स आउटकम्स (COs)	प्रोग्राम आउटकम्स (POs) के साथ अपेक्षित संबंध (1- कमजोर सहसंबंध; 2- मध्यम सहसंबंध; 3- मजबूत सहसंबंध)											
	PO-1	PO-2	PO-3	PO-4	PO-5	PO-6	PO-7	PO-8	PO-9	PO-10	PO-11	PO-12
CO-1												
CO-2												
CO-3												
CO-4												
CO-5												
CO-6												

उपरोक्त तालिका में उल्लेखित किये गए आंकड़ों का उपयोग अन्तर के विश्लेषण करने में किया जा सकता है ।

अनुक्रमणिका

एब्रेसिव	केन्द्रीय पंच
एडिटिव	सेन्ट्रीफ्यूगल कास्टिंग
एढेसिव	सिरेमिक
लाभ	छिलन हथौड़ा
भत्ता	छेनी
अलॉय कास्ट आयरन	चक
अलॉय स्टील	सर्कुलर सॉ
अल्युमीनियम	क्लोज्ड मोल्ड
निहाई या एनविल	सी.एन.सी.
अनुप्रयोग	कोटिंग्स
आर्क वेल्डिंग	कोल्ड छेनी
ऑटोमेशन	कोल्ड एक्सट्रूज़न
कुल्हाड़ी	कंपोजिट
बेंड सॉ	कंपाउंड
बैच प्रक्रिया	संकोचन
घंटी	शीतलक
बेवेल	कोप
बाइंडर	कोर
ब्लैंकेट	पैटर्न या प्रतिवस्तु
ब्लेड	रचनात्मकता
लुहार	क्रॉस कट सॉ
बोरिंग या वेधन	कटिंग एज
ब्रेज़िंग	काटने की गति
बट जॉइंट	काटने के उपकरण
कैड	दोष
कैलिपर	डिज़ाइन
संधारित्र	डिस्ट्रक्टिव परीक्षण
कार्बाइड	हीरा
कार्बन स्टील	डाई कास्टिंग
कार्बराइजिंग फ्लैम	नुकसान
बढ़ई वाईस	ड्रैग
बढ़ईगीरी या काष्ठकला	ड्रिलिंग

केसिंग	ड्रॉप-हथौड़ा
कास्टिंग या ढलाई	सूखी रेत
कास्टिंग दोष	डक्टाइल या नमनीय
सीमेंट	इलेक्ट्रिक आर्क
एक्सट्रूशन	विद्युत-आघात
फीड	इलेक्ट्रोड होल्डर
फ़ाइलें	इलेक्ट्रॉन बीम वेल्डिंग (EBW)
भराव सामग्री	विस्फोटक
परिष्करण उपकरण	लेथ
फर्मर छेनी	लीड स्क्रू
प्राथमिक चिकित्सा	मशीनरी
फिटिंग	मशीन शाप
ज्वाला या फ्लैम	आघातवर्धनीयता या मेंल्लेअबिलिटी
फ्लक्स लेपित इलेक्ट्रोड	मैलेट या मुंगरी
फोर्जिंग	बड़े पैमाने पर उत्पादन
फोर्मिंग	मापने के उपकरण
फाउंड्री या ढलाईघर	गलन
फ्रिक्शन वेल्डिंग	धातु कटिंग
भट्ठी या फर्नेस	धातु अक्रिय गैस वेल्डिंग (MIG)
गैस धातु आर्क वेल्डिंग (GMAW)	माइक्रोमीटर
गैस वेल्डिंग	मिलिंग
गेटिंग सिस्टम	नमी
गेजेस	तरल धातु
चश्मा	मोल्ड
ग्रेविटी डाई कास्टिंग	गैर-पारंपरिक मशीनिंग प्रक्रियाएं
ग्रीन सैंड	गैर विनाशकारी
ग्राइंडिंग	मूल
हैकसॉ	ऑक्सी एसिटिलीन
हाफ राउंड फाइल	पैटर्न या प्रतिरूप
हथौड़ा	स्थायी मोल्ड
हाथ फिटिंग	प्लानिंग
हाथ फोर्जिंग	प्लाज्मा आर्क वेल्डिंग
भट्ठी	प्लास्टिक मोल्डिंग
हीटर	प्लाईवुड
हीटिंग कॉइल	पौरिंग बेसिन

क्षैतिज मिलिंग मशीन	पाउडर कोटिंग
होज़ पाइप	प्रेशर डाई कास्टिंग
हॉट टीयर्स	चांदा
अशुद्धियाँ	पंच
इंडक्शन या प्रेरण मोटर	गुणवत्ता नियंत्रण
इंटरफेस	राबेट प्लेन
रंदा या जेक प्लेन	रेमर या दुरमुट
जॉइनिंग प्रक्रियाएं	पुन: क्रिस्टलीकरण
की वे	प्रतिरोध वेल्डिंग
सुरक्षा सावधानियां	रिप सॉ
रेत का साँचा	राईज़र
सॉ या आरी	TIG वेल्डिंग
स्क्राइबर या खुरचने का औजर	ट्रांसफार्मर
अर्द्ध परिष्कृत	ट्राय स्क्वायर या गुनिया
शेपिंग मशीन	ट्विस्ट ड्रिल
शैल मोल्ड	अपरंपरागत
शोवेल या बेलचा	अप सेटिंग
संकोचन भत्ता	वैक्यूम कास्टिंग
सोल्डरिंग	वेंट या छिद्र
विशेष उपकरण	वर्नियर कैलीपर्स
स्पॉट वैल्डिंग	वैक्स कास्टिंग
प्रहार उपकरण	वेल्डिंग
टेलस्टॉक	वेल्डिंग दोष
टेपर टर्निंग	वेल्डिंग क्षेत्र
टैपिंग	वायर ड्राइंग
थर्मो प्लास्टिक	यू ट्यूब
थर्मोसेटिंग प्लास्टिक	ज़ोन
थ्रेड कटिंग	

परिशिष्ट

परिशिष्ट- अ

अपशिष्ट या कचरे का निपटान

इस कर्मशाला प्रयोगशाला में पैदा होने वाले अपशिष्ट को शुरुआती स्तर पर अलग-अलग किया जाना है। प्रायोगिक कार्य करने के बाद विद्यार्थियों को संबंधित कूड़ेदानों में विशेष अपशिष्ट के निपटान के बारे में जागरूक किया जाना चाहिए।

प्रयोग का नाम	अपशिष्ट या कचरे का प्रकार	डिब्बे का रंग
मशीन शाला	धातु अपशिष्ट	 नीला
फिटिंग शाला	धातु अपशिष्ट	 नीला
बढ़ईगिरी	बायोडिग्रेडेबल या जैव निम्नीकरणीय अपशिष्ट (लकड़ी)	 हरा
विद्युत एवं इलेक्ट्रॉनिक्स	ई-अपशिष्ट	 काला
वेल्डिंग शाला	धातु अपशिष्ट और ई-अपशिष्ट	 नीला  काला
ढलाई	धातु अपशिष्ट	 नीला
लुहारखाना	धातु अपशिष्ट	 नीला
प्लास्टिक मोल्डिंग	प्लास्टिक अपशिष्ट	 नीला
कांच काटना	कांच अपशिष्ट	 नीला

परिशिष्ट-ब

प्रायोगिक कार्य के मूल्यांकन के लिए सूचक दिशा निर्देश

प्रक्रिया/उत्पाद संबंधित कौशल का मूल्यांकन सुविधाजनक पैमाने के साथ प्रत्येक प्रयोग के लिए ग्रेड/अंक को निम्नलिखित तालिका द्वारा किया जा सकता है (प्रत्येक प्रयोग के लिए 15 अंक हो सकते है ।)

निम्नलिखित तालिका के द्वारा प्रत्येक प्रयोग का मूल्यांकन 15 अंकों के पैमाने पर किया जा सकता है । प्रत्येक मानदंड में अधिकतम 3 अंक निर्धारित हैं । विकासशील के लिए 1 अंक दें, सक्षम के लिए 2 अंक और कुशल के लिए 3 अंक ।

मानदंड	विकासशील	सक्षम	कुशल
औजारों/उपकरणों का संचालन			
अवलोकनों को अभिलेखबद्ध करना (चालन के दौरान)			
समय प्रबंधन (कार्य प्रदर्शन के दौरान)			
सामूहिक प्रयास / व्यक्तिगत प्रयास			
अभिलेख जमा करना और मौखिक परीक्षा			
कुल			